重庆“走出去”战略与金砖国家研究协同创新中心论丛

# 中国与巴西
## 发展与聚焦

China and Brazil: Development and Focus

谌华侨◎主 编

Go Global

时 事 出 版 社
北京

# 总 序

2009 年，四川外国语大学国际关系学院正式成立。在服务国家战略和地方经济社会发展的背景下，学院以国际问题研究所为依托，围绕重庆对外交往与金砖国家内政外交开展了系列研究，主要包括重庆面向拉美“走出去”的风险、重庆与英国关系、重庆与金砖国家经贸投资、金砖国家相互定位、金砖国家与全球治理、金砖国家人文交流机制等，并在此基础上分别成立了城市外交研究中心与金砖国家研究院。2013 年，四川外国语大学成功申报并获批重庆“走出去”战略与金砖国家研究协同创新中心（省级）。本论丛即是该协同创新中心主要研究成果的集中体现。

重庆“走出去”战略与金砖国家研究协同创新中心论丛致力于发布与重庆实施“走出去”战略以及金砖国家内政外交相关的研究成果，具体包括《墨西哥中央—地方权力关系研究：发展路径与动因机制》《韩国政治转型中的政党政治研究》《当前金砖国家研究的若干问题》《金砖国家与全球治理》《经济视角下的中国与巴西关系研究》《中国与巴西：发展与聚焦》《重庆地方政府国际合作能力和机制建设研究》《中国“走出去”战略背景下的金砖国家非传统安全问题研究》《金砖国家智库研究》和《全球化时代金砖国家领事保护研究》等著作。我们希望本论丛对进一步推动重庆“走出去”战略研究与金砖国家研究以及二者之间相互关系问题的研究有所帮助，从而为重庆打造内陆开放高地和中央深化金砖国家合作提供政策建议和智力支持。

参与本论丛撰写的作者大都来自四川外国语大学国际关系学院。该团队最大的特点是年轻而富有朝气，奋发进取，积极关注国际关系研究领域的热点问题。近年来，他们结合自身专业方向与研究领域，在重庆对外交往和金砖国家研究方面进行了有益的尝试。或许这些年轻学者在研究功力上仍有待进一步提升，他们的研究成果也存在这样那样的局限，但我们相信，本论丛的出版对他们来说是激励和鞭策，同时我们也相信，他们能够以此为基础，在相关研究领域和议题上取得更多更具有影响力的成果。

感谢学校领导对论丛出版的大力支持，感谢协同创新中心参与单位对论丛编写的鼎力帮助，感谢时事出版社领导特别是编辑部的谢琳主任及其团队对论丛设计、编辑、出版等事务的全力付出。同时，还要感谢四川外国语大学国际关系学院的其他老师和同学们在文献收集和整理以及英文翻译等过程中发挥的重要作用。本论丛得以正式出版是大家共同努力的结果。我们一定不负众望，全力以赴为重庆“走出去”战略研究和金砖国家研究贡献自己的思想与行动。

**肖　肃**

2017年4月26日于四川外国语大学

# 目录 Contents

Contents

# 金丝雀眼中的巨龙：巴西的中国观

尼迪·布埃诺[*]　娜塔莉亚·科埃略[**]　雷纳塔·里贝罗[***]

马军兰[****]　译

在汉代，龙是皇权的象征。现代中国因实力的上升而被西方学者誉为龙。在中国，龙这一神话生物不仅与西方所描绘的恶兽无关，而且是代表国家繁荣的精神文化象征。而巴西与小金丝雀的联系最早源于国家足球队的黄色球衣。之后，由于巴西崛起对其影响和激励其他国家合作的独特能力，这一形象与友善、仁慈的鸟类相吻合。因此，如此独特的两种生物和两个国家让人不禁联想到：金丝雀如何看待龙？

本文重点介绍巴西对中国的认知。巴西对中国的普遍认知是冲突的。虽然在巴西人眼中“民主”和“信息获取”是损害中国形象的主题，但是“金砖五国”“文化”“体育”和“教育”则是有利于中国形象的主题。本文分为三个部分：首先，介绍获取和处理巴西“中国观”原始调查数据的方法；其次，介绍调查的实证结果，在本节中，介绍了与11个主题有关的22个正反假设议题指数，以及巴西对中国总体看法的指数；第三，通过搜集2016年巴西出版的有关

* 尼迪·布埃诺（Nidi Bueno），博士，巴西利亚大学国际关系学院博士后助理研究员，欧美大学中心教授。

** 娜塔莉亚·科埃略（Natália Coelho），巴西利亚大学国际关系研究所博士研究生。

*** 雷纳塔·里贝罗（Renata Ribeiro），巴西利亚大学国际关系研究所博士研究生。

**** 马军兰，四川外国语大学国际关系学院硕士，研究方向为地方外事。

中国的一般性和学术性文献，研究不同题目背后巴西对中国的认知。此外，将定性指数转化为定量指数，并将其重新定义为新的定性标准。

## 一、研究方法

为了调查巴西对中国的认知，本文运用了一个基于五步骤的具体分析模型。第一步，选择与中国有关的 11 个关键主题：

1. 金砖五国
2. 经济和贸易
3. 民主
4. 环境
5. 人权
6. 多边关系
7. 国内政治
8. 信息获取
9. 教育
10. 文化和体育
11. 宗教

第二步，为以上每个主题设计两个对等的问题。第一个问题（$t_1$）向受访者提出一个中国在特定主题表现积极假设的句子。例如，对于环境 $t_1$ 假设的问题是：

中国在温室气体减排投资方面是世界的领先者。

同时，第二个问题（$t_2$）向受访者提出一个关于中国在特定主题表现消极假设的句子。例如，针对环境 $t_2$ 的问题的假设是：

中国破坏环境。

表 1 显示了 11 组对立的问题，以发现巴西在 11 个不同主题上对中国的认知。

**表1 对立性问题调查**

| | |
|---|---|
| 金砖五国 | 问题1. 金砖五国是巴西发展的重要动力<br>问题2. 中国对金砖国家和巴西都不是非常重视 |
| 经济和贸易 | 问题1. 中国政府进行公平透明的贸易谈判<br>问题2. 中国制造业对巴西的就业构成威胁 |
| 民主 | 问题1. 中国的政治制度适合领土辽阔、人口众多的国家<br>问题2. 中国应因不是民主政权而受到谴责 |
| 环境 | 问题1. 中国在温室气体减排投资方面是世界的领先者<br>问题2. 中国破坏环境 |
| 人权 | 问题1. 中国政府尊重国际人权法<br>问题2. 中国的经济实力是建立在漠视劳动者人权的基础上的 |
| 多边关系 | 问题1. 中国在国际体系中代表着全球南方的利益<br>问题2. 对中国而言，中美关系比中国与世界发展中国家的关系更重要 |
| 国内政治 | 问题1. 中国的政治制度促进了中国社会的共同利益<br>问题2. 中国的腐败、有罪不罚以及政治违法行为都很严重 |
| 信息获取 | 问题1. 中国政府进行的互联网管理有积极作用<br>问题2. 中国没有新闻自由，获取信息的限制对中国民众不利 |
| 教育 | 问题1. 中国的教育制度比巴西的好<br>问题2. 中国的教育体系存在过度的压制 |
| 文化和体育 | 问题1. 巴西应该更多地探索中国传统智慧<br>问题2. 中国在文化和体育方面对巴西的贡献并不多 |
| 宗教 | 问题1. 中国宗教是与巴西融合（趋同）的要素<br>问题2. 佛教和儒教与巴西的基督教文化是相对立的 |

在此问卷调查中，受访问者只能进行单项选择。

a. 我完全不同意

b. 我不同意

c. 我没有意见

d. 我同意

e. 我完全同意

这次调查主要是由巴西政府、民间社会、第三部门和政党各个部门的主要决策者填写。此外，还对大学进行了调查，并汇集了经济学、社会学和国际关系等学者的观点。

同时，受访者中也有民间社会和商业团体的高级代表，例如南里奥格兰德州工业联合会（FIERGS）、圣卡塔琳娜州工业联合会的（FIESC）国际关系主任，以及计划部国际事务秘书（MPOG）、社会与农业发展部（MDS）等政府高层的观点。

有关"金砖国家"的主题主要调查了其他几位高级代表，例如古斯芒基金会国际关系研究所（IPRI-FUNAG）所长、巴西航天局（AEB）和国家水上运输局（ANTAQ）局长等。此外，国防部、旅游部以及外交部国际咨询部门的负责人，人权部协调员，古斯曼芒基金会主席等也填写了问卷。

关于"环境"问题，主要收集了非政府组织代表的观点，如"社会环境研究所"董事会主席。在"民主"方面，检察院和最高选举法院的回答对此调查也做出了主要贡献。在"宗教"问题上，主要调查了巴普蒂斯特长老会与公民社会其他成员的观点。关于"文化、体育和教育"，这些问题由非政府组织如艾尔顿·塞纳研究所（Instituto Ayrton Senna）和教育基金会（Educar DPaschoal）填写。

第三步，处理问卷调查的结果。在收集主题认知（t 指数）——该指数是本研究提出的三个指数中的第一个（见表 3）——的基础上使用数学运算方式将主观的认知转化为数值（见表 2）。为了实现这一目标，该模型通过对选项进行赋值进而将结果量化。

**表 2　量化认知**

| 选　项 | 相应的数值 |
|---|---|
| A. 完全同意 | 2 |
| B. 同意 | 1 |
| C. 没意见 | 0 |
| D. 不同意 | -1 |
| E. 完全不同意 | -2 |

因此，赋值方法为：A. “我完全同意”赋值为“2”；B. “我同意”赋值为“1”；C. “我对此没意见”赋值为“0”；D. “我不同意”赋值为“－1”；E. “我完全不同意”赋值为“－2”。

**表 3　巴西对中国的认知指数**

| 指数 | 具体目标（追踪：） | 指数公式 |
|---|---|---|
| *t* 认知 | 在特定主题中的认知 | $X=\frac{(R1+OR)}{NR}$<br>其中：<br>X＝*t* 认知指数<br>R1＝答案为－1<br>OR＝其他受访者答案<br>NR＝受访者总数 |
| *I* 认知 | 在特定问题中的认知 | $X=\frac{t1+t2}{2}$<br>其中：<br>X＝*i* 认知指数<br>t1＝主题 1 的结果<br>*t*2＝主题 2 的结果<br>2＝主题数目 |
| *a* 认知 | 总认知 | $X=\frac{i1+i2+i3+i4+i5+i6+i7+i8+i9+i10+i11}{11}$<br>其中：<br>X＝*a* 认知指数<br>i＝i 指数认知<br>11＝问题数量 |

由于模型假定某人对负面假设的不同意见反映了他/她对这个主题的正面认知，同意负面假设反映了他/她对此的负面认知。因此，问题 2 中的所有答案（其中包含负面假设的语句）都是相反的意思。

为了使该模型更恰当，问题2的每个结果都乘以 -1。例如，如果答复者对负面假设的答案是E（“我完全不同意”），对应于 -2，则将其乘以 -1，就是2。即“完全同意”同一主题下的正面假设语句。所以，-1乘数因子也适用于所有可能的答案，因此：

$(-2)x(-1)=2$；$(-1)x(-1)=1$；$0x(-1)=0$；$1x(-1)=-1$；$2x(-1)=-2$.

最后，i认知指数是将这些运算结果代入下列公式而得出：

$$X=\frac{R1+OR}{NR}$$

其中：

X = *t* 认知指数

R1 = 答案为1的结果

OR = 其他人的结果

NR = 人数

一旦应用了公式，按照这个原始模型，数学运算就变成了定性的假设。为此，我们必须考虑两种情况。

情况1：描述中国积极形象的语句假设。在此情况下，有以下5种可能的结果及相应的定性合理假设（QiRA）：

1. 我非常不同意（-2）：这意味着被访者的认知是非常消极的。

2. 我不同意（-1）：这意味着被访者的认知是否定的。

3. 我对此没有意见：这意味着这个话题对受访者的认知毫无影响。

4. 我同意（1）：这意味着被访者的认知是积极的。

5. 我非常同意（2）：这意味着被访者的认知是非常积极的。

情况2：关于描述中国消极（负面）形象的语句假设。在这种情况下，通过使用 -1 乘数法，有以下5个可能的结果及其相关的定性理性假设（*QiRA）：

1. 我强烈不同意 $[(-2)x(-1)]=2$：这意味着受访者的认知

是非常积极的。

2. 我不同意［(－1)x(－1)］=1：这意味着被访者的认知是积极的。

3. 我对此没有意见［(0)x(－1)］=0：这意味着这个话题对受访者的认知没有影响。

4. 我同意［(1)x(－1)］=－1：这意味着被访者的认知是负面的。

5. 我强烈同意［(2)x(－1)］=－2：这意味着被访者的认知往往是非常负面的。

对11个主题的积极假设的答案按照情况1进行处理并将结果代入下列公式：

$$X = \frac{R1 + OR}{NR}$$

另外，对11个主题消极假设的结果按照情况2处理，然后代入相同公式。当运算完22个假设的结果，便可得出每个主题的 $i$ 认知指数。

在第五步，跟踪问题的 $i$ 认知指数。使用下列公式：

$$X = \frac{t1 + t2}{2}$$

X = $i$ 认知指数

$t1$ = 主题1的结果

$t2$ = 主题2的结果

2 = 主题数目

## 二、实证研究结果

### （一）11个主题下22个问题的t和i认知指数

根据这项调查，巴西对中国在金砖五国中的形象持积极态度。尤其是当谈及对巴西经济发展的影响时，指数0.83（见表4）表明巴西人对中国评价积极。指数0.67（见表5）表明受访者认可中国对金砖五国整体发展，尤其是对巴西的重要性。因此，巴西人赞同中国和金砖国家作为巴西必要的合作伙伴以推动巴西的经济增长。

**表4　t认知指数1**

| 积极问题 | | |
|---|---|---|
| 金砖国家 | 金砖国家是巴西发展的重要动力 | 0.83 |
| 经济和贸易 | 中国政府进行公正透明的贸易谈判 | -0.60 |
| 民主 | 中国的政治制度适合广大领土和人口的国家 | -1.00 |
| 环境 | 中国是温室气体减排投资的领导者 | 1.00 |
| 人权 | 中国政府尊重国际人权法 | -0.60 |
| 多边关系 | 中国代表着南半球国家（即发展中国家）在国际体系中的利益 | 0.43 |
| 国内政治 | 中国的政治制度促进了中国社会的共同利益 | 0.80 |
| 信息 | 中国政府进行的互联网管理有积极的因素 | -2.00 |
| 教育 | 中国教育体系比巴西的好 | 1.00 |
| 文化和体育 | 巴西应该更多地探索中国传统智慧 | 1.50 |
| 宗教 | 中国宗教是与巴西融合的要素 | 1.00 |

就“经济与贸易”主题而言，调查结果表明巴西人对中国的商业努力持消极态度。-0.60（见表4认知1）指数表明，巴西人认为中国的贸易谈判并不像北京政府一样公平透明。同时，巴西人不认为中国公司与巴西公司是直接竞争对手。1.00（见表5）指数表明，巴西人在分析了中国工业对巴西就业的影响后，对中国工业持积极态度。

根据“民主”认知指数可知，大部分巴西人是持消极态度的。-1.00（见表4）指数表明，巴西人认为中国现有的政治制度不适合中国。此外，第二个-1.00（见表5）的负面认知表明，巴西人不认同中国的政治制度。因为巴西人很重视民主政治制度，所以中国的政治制度成为巴西人关注的焦点之一。

在“环境”问题上，巴西在中国控制温室气体排放的投资议题上（见表4）持积极态度（指数为1.00）。但在中国与环境恶化的关系的问题上持消极态度。-1.67（见表5）指数显示，巴西在此问题上持强烈的消极认知：认为中国是导致环境恶化的主要国家之一。

**表5 t认知指数2**

| 消极问题 | | |
| --- | --- | --- |
| 金砖国家 | 中国对金砖国家或巴西并不重视 | 0.67 |
| 经济和贸易 | 中国工业是对巴西工作岗位的威胁 | 1.00 |
| 民主 | 应该谴责中国并非民主政体 | -1.00 |
| 环境 | 中国恶化环境 | -1.67 |
| 人权 | 中国的经济实力是建立在对工人的不人道的基础上的 | -0.40 |
| 多边关系 | 中国与美国的关系比中国与发展中国家的联盟更重要 | -0.71 |
| 国内政治 | 中国的腐败程度很高，存在违法不究和非法的政治做法 | -0.60 |
| 信息 | 中国没有新闻自由。获取信息的限制对中国民众是不利的 | -1.00 |
| 教育 | 中国的教育制度过于压抑 | 0.00 |
| 文化和体育 | 中国在文化和体育方面对巴西没有什么贡献 | -0.50 |
| 宗教 | 佛教与儒教处于巴西基督教文化的对立面 | 1.00 |

在“人权”方面，巴西对中国在该主题的部分问题持消极态度，部分问题无明确认知。首先，-0.60（见表4）指数显示，巴西人认为中国存在时常违反国际人权准则的行为。但-0.40（见表5）的调查指数表明，在“中国工作条件”这一问题上巴西人没有一个较明确的态度。

在“多边关系”方面，巴西对中国在该主题的部分问题持消极态度，部分问题无统一认知。首先，巴西在“中国是发展中国家利益的代表者”的0.43（见表4）指数表明，巴西对此没有统一的认知。然而，巴西在第二个问题“中国认为与美国的双边关系比与发展中国家的关系更重要”（见表5）上持消极态度（-0.71认知指数）。

巴西对中国的“国内政治”有着较为矛盾复杂的认知。虽然巴西在评价“中国存在腐败、违法不究和非法政治行为”时，部分受访者同意此认知（见表5，-0.60指数）。但是，巴西在“中国政治制度促进中国社会共同利益”这一问题上持积极态度（见表4，0.80认知指数）。

关于“信息获取”。调查显示，巴西对中国在该主题上的表现持负面认知。受访者强烈不认同中国政府实施的互联网管控有积极作用（见表4，-2.00指数）。此外，大部分巴西人同意“中国没有新闻自由，信息限制对社会不利”这一认知（见表5，-1.00指数）。

巴西对中国“教育”的态度介于无明确认知和积极认知之间。表4中1.00的认知指数显示：巴西人对中国的教育体系持积极态度，认为中国的教育体系优于巴西的教育体系。但巴西人在“中国教育体系中的压制成分是否过度?”这一问题上没有一个明确的认知（表5中0.00的认知指数）。

调查结果显示：巴西对中国在“文化和体育”议题中的态度是矛盾的。一方面，表4中1.5指数表明，受访者对中国传统智慧持积极态度，认为巴西应对此深入了解。另一方面，表5中0.5指数表明，受访者认为中国在文化和体育方面对巴西的作用微乎其微甚至是负面的。

最后，调查显示巴西对中国“宗教”持积极的态度。表4中1.00指数表明，中国宗教中的部分因素可以与巴西宗教融合。同时，巴西并未将中国的佛教、儒家思想视为巴西基督教文化的竞争对手（表5中1.00指数）。

**表6　i的认知指数**

| | |
|---|---|
| 金砖国家 | 0.75 |
| 经济和贸易 | 0.20 |
| 民主 | -1.00 |
| 环境 | -0.33 |
| 人权 | -0.50 |
| 多边关系 | -0.14 |
| 国内政治 | 0.10 |
| 信息 | -1.50 |
| 教育 | 0.50 |
| 文化和体育 | 0.50 |
| 宗教 | 1.00 |

根据i的认知指数，巴西对中国的认知在“金砖五国、宗教、教育、文化和体育”等问题上是积极的，但是在“民主、人权、环境、获取信息”等问题上是消极的。同时，巴西对中国在“国内政治、经贸、多边关系”等问题无统一认知（认知指数为零或几乎为零）。如前所述，无统一认知并不意味着巴西人对这个问题没有任何认知，而是至少在同一主题上存在相互矛盾的认知。

## （二）认知聚合（认知指数）

**表7　一个认知指数**

```
I----I-----I----I-----I------I-----I-------I------I
2   1.5   1   0.5   0    -0.5  -1     -1.5   -2

                                                  |

                           -0.04 < > a Index
```

聚合认知指数为0.04，指的是冲突认知类别。这表明巴西人眼中的中国形象处于非绝对积极与非绝对消极的中间状态。这种中间状态意味着警戒状态，即这一聚合认知可以很容易、出人意料地转向积极或消极状态。如果认识到 -0.4 和0.4 之间的任何一种指数所包含的具体情况的变化和不稳定性，则似乎有理由相信，政策制定者和商人能够更好地实现其目标。

## 三、文献认知

下面（见表8）这项探索性调查旨在分析 2016 年在巴西出版的有关中国的主要书籍有多少、由谁出版，以及涉及哪些知识领域？这项调查还包括在巴西出版的对巴西有影响，并且得到巴西相关人士支持的中国书籍。

**表8　一般文献**

| 领域 | 题目 | 出版商/赞助商 |
|---|---|---|
| 金砖国家 | 后西方世界：新兴大国如何重塑全球秩序 | John Wiley & Sons |
| 经济和贸易 | 中国制造在巴西：巴西与主要贸易伙伴之间的两个世纪友好关系的特点、奇闻异事和历史 | Babilonia Cultura Editorial<br>State Grid Brazil Holding（sponsor） |
| | WTO 规则视角下的中国工商政策 | Confederação Nacional da Indústria（CNI） |
| | 批判性思维：亚洲视角 | Centro Internacional Celso Furtado de Políticas para o Desenvolvimento.<br>BNDES，CAIXA，Banco Nordeste，ADECE（sponsors） |
| 环境 | 气候变化的挑战：巴西和中国的案例 | Paco Editorial |
| 人权 | 中国的好女人们 | Companhia das Letras |

**续表**

| 领域 | 题目 | 出版商/赞助商 |
| --- | --- | --- |
| 双边和多边关系 | 巴西与中国：建交 40 周年 | FUNAG-Ministry of Foreign Relations（MRE） |
| 国内政治 | 中国的“文化大革命”：经济、社会和政治方面 | Editora União Brasileira de Escritores（UBE） |
| | 排挤者（言情） | Editora Nova Fronteira |
| | 蛙（言情） | Companhia das Letras |
| 教育 | 世界变革中的青年大学生：中国—巴西研究 | Instituto de Pesquisa Econômica Aplicada（IPEA）<br>Social Sciences Academic Press (SSAP) |
| 文化和体育 | 拆［chai］ | Fumproarte （sponsor） |
| | 中国古代历史文献 | Projeto Orientalismo |

关于金砖国家，调查（见表 8）找到了《后西方世界：新兴大国如何重塑全球秩序》一书。作者奥利弗·施廷克尔（Oliver Stuenkel）是圣保罗瓦加斯基金会（FGV）从事国际关系研究的助理教授，并且是卡内基新兴民主政体网络的成员。他不仅公开出版了多部关于金砖国家的著作，而且在他的博客 postwesternworld. com 也经常探讨新兴大国如何改变世界。

正如表 3 所示，“经济贸易”是巴西人最感兴趣的主题。《中国制造在巴西》一书是在对两国进行深入研究和访谈的基础上以双语（葡萄牙语—中文）形式出版的。这本书由巴西能源部门主要的中国投资者——国家电网巴西控股公司赞助出版。第二本关于经贸的书籍《WTO 规则视角下的中国工商政策》由巴西全国工业联合会（CNI）资助出版，该组织直接受到中国贸易政策的影响。该主题的最后一本书，《批判性思维：亚洲视角》由国家银行和巴西发展机构赞助出版，旨在全方位了解中国，尤其是中国经济的快速增长以及中国崛起对巴西的影响。

在“环境”（见表3）方面，有几位学者合著的《气候变化的挑战：巴西和中国的案例》。在“人权”的话题上展现的是中国记者欣然的著作《中国的好女人们》，该书讲述了遭受侮辱和被抛弃的妇女——生活（被强奸、包办婚姻、多情的幻想、痛苦和偏见）。葡萄牙语版由巴西主要出版公司之一——信函公司（Companhia das Letras）发行。该书的出版表明巴西社会对中国人的生活状况越来越感兴趣。

关于中国的“双边和多边关系”，调查找到的是由巴西外交部下属 FUNAG 智库出版的《巴西和中国：40 年的外交关系》。该书汇集了众多外交官的文章，聚焦于未来双方在科学、技术及贸易方面的合作。在“国内政治”领域，该表展示了3 部作品：《中华人民共和国文化革命概论》、《被排挤者》和《蛙》。第一本著作是由一位熟知贸易惯例法和中国商业政策的巴西律师瓦尔—迪诺罗尼亚所撰写。后两部著作是关于中国书籍的译著，向巴西民众展现了中国的社会冲突。

在“教育”领域，主要有巴西应用经济研究所（ipea）和中国社会科学出版社联合出版的《世界变革中的青年大学生：中国—巴西研究》。最后，在“文化和体育”领域，调查（见表8）发现两部作品：《拆》和《中国古代历史文献》。这两本书分别由巴西人莱特西亚·兰伯特（Letícia Lampert）和安德烈·布埃诺（André Bueno）所著，并由艺术项目赞助出版。

**表9 学术文献**

| 领域 | 题目 | 期刊杂志 |
|---|---|---|
| 经济和贸易 | 中国和巴西东北部地区：近期两国贸易交易评估 | Revista Econômica do Nordeste |
| | 战略与国际贸易：中国对巴西的重要性 | Século XXI |
| | “跨大西洋贸易和投资伙伴关系协定”（TTIP）对巴西的主要贸易伙伴——中国和南方共同市场的影响 | Revista Brasileira de Economia de Empresas |

续表

| 领域 | 题目 | 期刊杂志 |
| --- | --- | --- |
| 经济和贸易 | “中国效应”下的东北地区对外贸易 | Revista Econômica do Nordeste |
| | 经济危机下的巴西、俄罗斯、印度和中国的资本结构 | Revista de Administração Mackenzie (RAM) |
| | 中国、巴西工业发展的两条不同的路径 | Revista Espacios |
| | 巴西东北部地区和中国的贸易交流：回顾与前瞻 | Revista Econômica do Nordeste |
| | 巴西和中国：在南锥体范围内的农业综合企业对接 | Third World Thematics |
| | 在巴西和中国以及巴西和美国之间的国际贸易倾销行为的实证分析 | Id Online Revista Multidisciplinar e de Psicologia |
| 民主 | 公民权利、政治权利与民主保护：巴西和中国的现状浅析 | Revista Aporia Jurídica |
| 金砖国家 | 国家情报系统网络：巴西、俄罗斯、印度、中国和南非的实力分布和组织风险 | Brazilian Political Science Review |
| | 巴西和其他金砖国家之间的贸易往来 | Revista Economia e Desenvolvimento |
| 多边关系 | 21 世纪的网络治理及巴西对华外交政策的制定 | Contexto Internacional |
| 环境 | 2000—2011 年中国与阿根廷、巴西、智利、秘鲁等拉丁美洲国家贸易环境脆弱性分析 | Revista de la Red Iberoamericana de Economia Ecológica |
| | 国际环境气候变化秩序中的中国 | Revista Estudos Avançados |
| 文化和体育 | “西方”印度，“热带”中国：“身体灵性”作为巴西文化集合的有利因素 | Horizonte, PUC/MG |
| | 中国移民在巴西的文化融合 | Revista de Estudos Orientais |

同样地，表 9 对 2016 年在巴西出版的学术文献进行了分类。根据这项调查可知“经贸”是巴西学者最为关注的议题。其中九篇论文着重研究了巴西东北部地区的贸易。即使被归类为“环境”和“金砖国家”的文章，巴西学者也更关注这些主题背后的经济影响。

虽然表 9 仅显示了一篇与“人权”及“民主”话题相关的文章：《公民权利、政治权利与民主保护：巴西和中国的现状浅析》，但巴西学者对中国的民主和人权状况兴趣浓厚。

《21 世纪的网络治理及巴西对华外交政策的制定》分析了巴西在卢拉和罗塞夫担任总统期间的对华外交政策，强调中国与巴西关系的重要性。中国是发展中国家的领导者之一，而且自卢拉执政伊始就被视为巴西的重要伙伴，这无疑影响着巴西研究国际关系的学者们。

这同样适用于环境问题。巴西学者认识到中国是这一主题的主要参与者，因此清楚地知道中国在气候变化问题上的立场对于这一主题的未来发展至关重要。

关于“文化”，如表 9 所示，巴西学者对中国文化的关注日益增多。同样地，在巴西，越来越多的中国移民也成为大家感兴趣的研究新领域，因为这将展现不同文化是如何有趣地融合在一起的。

## 四、结　论

根据调查结果，巴西对中国的总体认知是矛盾的。总的来说，“民主”和“信息获取”是损害中国在巴西形象的主题。而“金砖国家”“文化”“体育”和“教育”是提升中国形象、吸引巴西人关注的主题。

t 指数表明“环境”和“信息获取”是巴西对中国持消极态度的主要议题。此外，中国与新闻界的相处方式是巴西公民主要关注的问题之一。在“环境”方面，在过去几年环境的恶化引起了巴西人的关注。由于媒体报道和研究表明中国为追求经济的快速增长而成为世界上最大的气体排放国之一，因此巴西人开始关心污染物的排放如何影响整个环境。

然而，t 指数也显示，“环境”“教育”和“文化体育”是巴西对中国持最多积极态度的主题。虽然受访者认为中国是主要的环境污染制造国之一，但他们也看到中国在可再生能源方面所做的投入。因此，巴西政府、民间社会、第三部门和政党的各部门对中国在此问题上的努力持肯定态度。同时，巴西对中国的“教育”“文化和体育”持积极态度。巴西人认为中国是一个教育质量和体育水平较高的国家。巴西人认为在这些议题上他们可向中国学习的东西有很多。

与 t 指数结果不同的是，表示“金砖国家”和“宗教”的 GI 指数都获得了较高的支持率。受访者不仅认为“金砖国家”是发展中国家中的一个重要联盟，并且相信巴西与成员国之间的伙伴关系可以使巴西获益良多。关于“宗教”，受访者并不认为中国的宗教信仰是基督教的竞争对手。由于越来越多的巴西人开始信奉东方宗教，他们反而认为佛教和儒家学说可以融入巴西。

关于负面形象，调查结果中的 GI、t 指数都显示“信息获取”和“民主”的值最低。正如前述，巴西认为中国的政治制度限制了人们自由交流的渠道。这一结果显示，受访者认为民主制度是一项最近的历史事件，它使巴西民众更倾向于捍卫民主价值观。

本文的调查方法可以从空间、时间、时空三方面应用于未来的研究。首先，空间方面适用于其他金砖成员国考量其民众本国对中国的认知，该项研究在一定程度上能反映中国与金砖国家的紧密程度。其次，时间方面可以追踪到 2017 年以后的中国形象。最后，在时空方面可以研究 2016 年以来的金砖国家的中国观。这些研究将有助于中国在新兴世界里巩固其在四个金砖国家合作伙伴中的形象。

**参考文献**

1. BUENO, André. Textos de História da China Antiga. Rio de Janeiro: Ebook, 2016.

2. CARDOSO, Daniel. Network Governance and the Making of Brazil's

Foreign Policy Towards China in the 21st Century. Contexto Internacional, Vol. 38, No. 1, pp. 277 – 312, 2016. Available: http://www.scielo.br/scielo.php?script=sci_arttext&pid=S0102-85292016000100277.

3. CAVALCANTE, Catarina Melo; SANTOS, Adolfo Barreto. Proteção aos Direitos Civis e Políticos e Democracia: Breve Anúlise da Situação do Brasil e da China. Revista Aporia Jurídica-ISSN 2358 – 5056, 2016. Available: http://www.cescage.com.br/revistas/index.php/aporiajuridica/article/view/51/56.

4. CENTRACCHIO, Francesca. Brazil's Soft Power as a Tool for World Power Emerging Process. Centro Studi Internazionali, 2016. Available: https://www.cesi-italia.org/index.php?page=articoli&id=506&ln=en.

5. CEPIK, Marco; MÖLLER, Gustavo. National Intelligence Systems as Networks: Power Distribution and Organizational Risk in Brazil, Russia, India, China, and South Africa. Brazilian Political Science Review, Vol. 11, No. 1, 2017. Available: http://www.scielo.br/scielo.php?pid=S1981-38212017000100201 &script=sci_arttext.

6. COSTA, Christiane & BORBA, Cibele. China Made in Brasil: Personagens, Curiosidades e Histórias sobre dois Séculos de Aproximaçao entre o Brasil e seu Principal Parceiro Comercial. Rio de Janeiro: Babilonia Cultura Editorial, 2015.

7. DA CRUZ, Matheus et al. Índia "Ocidental", China "Tropical": uma "espiritualidade do corpo" como elemento propiciador de encontros culturais no Brasil/ "Western" India, "Tropical" China: a "spirituality of the body" as a propitious factor of cultural meetings in Brazil. Horizonte, Vol. 14, No. 43, p. 789, 2016. Available at: http://periodicos.pucminas.br/index.php/horizonte/article/view/P.2175-5841.2016v14n43p.789.

8. DANTAS, Alexis T.; JABBOUR, Elias MK. Estratégia e Comércio Internacional: A Importância da China ao Brasil. Século XXI, Vol. 7, No. 1, pp. 78 – 89, 2017.

9. DA SILVA, Mygre Lopes; CORONEL, Daniel Arruda; DA SILVA, Rodrigo Abbade. O impacto da Parceria Transatlântica de Comércio e Investimento (TTIP) para os principais parceiros comerciais do Brasil: China e Mercosul. Revista Brasileira de Economia de Empresas, Vol. 16, No. 2, 2016. Available at: https://bdtd.ucb.br/index.php/rbee/article/view/6262.

10. DE MELO, Maria Cristina Pereira. Comércio exterior da região Nordeste na esteira do "Efeito China". Revista Econômica do Nordeste, Vol. 44, No. 2, pp. 451 – 472, 2016. Available at: https://ren.emnuvens.com.br/ren/article/view/74.

11. DE MELO, Maria Cristina Pereira; MOREIRA, Carlos Américo Leite. China X Nordeste do Brasil: uma qualificação das transações comerciais bilaterais recentes. Revista Econômica do Nordeste, Vol. 40, No. 4, pp. 685 – 698, 2017. Available at: https://ren.emnuvens.com.br/ren/article/view/374.

12. DE SOUSA NETO, Elísio Ferreira Guedes; DO NASCIMENTO, Vera Lúcia; QUEVEDO, Andressa Pacífico Franco. Evidências empíricas da prática de Dumping no comércio internacional entre Brasil x China e Brasil x EUA. Id on Line REVISTA DE PSICOLOGIA, Vol. 10, No. 30, pp. 205 – 216, 2016. Available: ttps://idonline.emnuvens.com.br/id/article/view/409.

13. Deng, Yong; Fei-Ling Wang. In the eyes of the dragon: China views the world. Oxford: Rowman & Littlefield, 1999.

14. DIEGUES, Antônio Carlos et al. Brazilian and Chinese Industrial Development: A tale of two different paths. Revista ESPACIOS. Vol. 37 (N° 05) Año 2016, 2016. Available at: http://www.revistaespacios.com/a16v37n05/16370512.html.

15. DOS SANTOS SILVA, Edilson et al. Estrutura de Capital de Brasil, Rússia, Índia e China Mediante Crise Econômica. Revista de

Administração Mackenzie, Vol. 17, No. 3, 2016. Available: http: //editorarevistas. mackenzie. br/index. php/RAM/article/view/8294.

16. DWYER, Tom; ZEN, Eduardo Luiz; WELLER, Wivian; SHUGUANG, Jiu; KAIYUAN, Guo. Jovens universitários em um mundo em transformação: uma pesquisa sino-brasileira. Brasília: IPEA, 2016.

17. FEISTEL, Paulo Ricardo; HIDALGO, Álvaro Barrantes. O Intercâmbio comercial nordeste-China: desempenho e perspectivas. Revista Econômica do Nordeste, Vol. 42, No. 4, pp. 761 – 778, 2016. Available: https: //ren. emnuvens. com. br/ren/article/view/176.

18. FERREIRA, Leila da Costa. Os desafios das mudanças climáticas: os casos Brasil e China. São Paulo: Paco Editorial, 2016.

19. JÚNIOR, Durval de Noronha Goyos. Introdução à Revolução Cultural na República Popular da China: aspectos econômicos, sociais e políticos. São Paulo: UBE, 2016.

20. LAMPERT, Letícia. 拆 [chai]. Porto Alegre: Fumproarte, 2016.

21. LIMA, Marcos Costa. Pensamento crítico: Perspectivas Asiáticas. Rio de Janeiro: Letra e Imagem, 2016.

22. LIMA, Sérgio Eduardo Moreira (Org). Brasil e China: 40 Anos de Relac¸ões Diplomáticas. Brasília: FUNAG, 2016.

23. LI, Yiyun. Os Excluídos. Rio de Janeiro: Nova Fronteira, 2016.

24. MOREIRA, Helena; RIBEIRO, Wagner Costa. A China na ordem ambiental internacional das mudanças climáticas. Estudos Avançados, Vol. 30, No. 87, pp. 213 – 234, 2016. http: //www. scielo. br/scielo. php? script = sci_arttext&pid = S0103 – 40142016000200213.

25. OLIVEIRA, Thais Diniz; ALMEIDA, Luciana Togeiro de; MAZZERO, Marcelo Fernando. Evidências da Vulnerabilidade Ambiental do Comércio entre a China e Países Latino-Americanos Selecionados (2000 – 2011). Revibec: revista de la Red Iberoamericana de Economia Ecológica,

Vol. 26, Available at: http: //www. raco. cat/index. php/Revibec/article/view/314915.

26. PANZINI, Fabrizio; SPADANO, Lucas; ALVIM, Eduardo; ROSAR, Soraya. Políticas Industriais e Comerciais da China sob a perspectiva das regras da OMC. Elsevier, 2016.

27. TAQUES, Fernando Henrique; CAVALCANTE, Heloisa Helena; MONTEIRO, Marcelo Balloti. FLUXO DE COMÉRCIO ENTRE O BRASIL E OS DEMAIS PAÍSES DOS BRICS. Revista Economia e Desenvolvimento, Vol. 14, No. 2, 2016. Available at: file: ///Users/usuario/Downloads/24343 -66022 -2 - PB. pdf.

28. XINRAN (Translator: FERREIRA, Manoel Paulo). As Boas Mulheres da China. São Paulo: Companhia das Letras, 2016.

29. STUENKEL, Oliver. Post-Western World: How Emerging Powers Are Remaking Global Order. New York: Wiley, 2016.

30. YAN, Mo (Translator: Amilton Reis). As Rãs. São Paulo: Companhia das Letras, 2016.

31. WILKINSON, John; WESZ JUNIOR, Valdemar João; LOPANE, Anna Rosa Maria. Brazil and China: the agribusiness connection in the Southern Cone context. Third World Thematics: A TWQ Journal, 2016. Available at: http: //www. tandfonline. com/doi/abs/10. 1080/23802014. 2016. 1259581.

# 两洋铁路：延伸至拉美的中国丝绸之路

白　华*

郝　楠** 译

## 一、引　言

试想一下从太空看向地球，如果有人在地球上画出一条线来标明“一带一路”倡议所覆盖的范围，同时画出另一条由中国港口出发的线，比如从上海、宁波或天津，穿越浩瀚的太平洋，一路直到秘鲁，对接上“两洋铁路”（Twin Ocean Railroad，TOR），最终延伸到巴西太平洋沿岸的里约热内卢（Rio de Janeiro），那么许多的构想和问题都会随之而来。这样的对接或许会让人疑惑，今天中国的领导人到底在筹划什么？这两条线路的对接，还可以进一步通过巴西到意大利或是葡萄牙跨越大西洋，穿越整个欧亚大陆，一路再返回中国，连接上中国的“一带一路”，形成一个环绕地球一圈的闭环。毫无疑问，这将是一个与以往截然不同的精彩构想。事实上，这两条线的汇合也的确是可能的，我们将看到中国将“一带一路”延伸到拉美，通过建设“两洋铁路”而形成一个全球范围内的互联互通圈。这将是一项意义极为深远的举措。

---

* 白华，广东省新兴经济体研究会副秘书长、广东工业大学教授。

** 郝楠，中国—东盟中心新闻公关助理。

2013年10月，中国政府向世界展示了21世纪两项极具前瞻性的伟大构想——“丝绸之路经济带”（SREB）和“21世纪海上丝绸之路”（MSR）。如今，它们被整合为一项整体性的倡议，简称为“一带一路”（OBOR）。这项倡议的目标是促进古代丝绸之路沿线国家，包括中国和欧亚大陆的其他国家，实现更大程度上的互联互通和更广范围的合作发展。中国政府的另一项非常重要的倡议是4个“I”政策（innovative, invigorated, inter-connected, inclusive, 4 I's Policy），即提倡并推动构建创新、活力、联动、包容的世界经济。这项政策是特别针对新兴经济体国家而提出的。

如果从一个更广泛的角度来审视的话，以上宏大倡议本质上都是中国制造业基地实力一波水到渠成的对外扩展。从中国的角度来说，这背后有着一系列简单且直接的原因：

——随着越来越多的中国人口向沿海地区和城镇区域聚集，并谋求个人社会经济阶层的上升，每年必须创造出与之需求相匹配的大量就业岗位；

——从一开始的低科技、低收入的代工基地发展至今，中国的产业已经具备了高科技的生产能力，中国的劳动力也具备了先进的生产技能，这两者都要求从国际贸易中获得更高的收益；

——大量的中间产品的生产，如钢铁等，以及主要用于销往西方经济体的大量消费品的生产性投入；

——西方国家周期性出现的资本主义危机导致诸多工业部门的产能过剩，中国需要通过产能合作来找到某种方式将这些过剩的产能出口到国外；

——中国正在寻找一条替代性的航运路线以回避美国控制下的，且过路费高昂的巴拿马运河，从而降低航运费用，提高拉美运往亚洲和亚洲运往拉美的商品的竞争力；

——美国新任总统唐纳德·特朗普政府的不确定性执政风格，以及其对拉美人（和其他外国人）的敌意和咄咄逼人，使得拉美国家不得不从地缘政治角度寻求另一个稳定的“安全港”作为伙伴。

特朗普一直鼓吹的贸易保护主义政策吓跑了世界各地的美国传统的支持者，尤其是拉美地区的支持者。正如习近平主席在2017年1月的达沃斯世界经济论坛上发表的历史性演讲所阐明的，中国已经成为世界经济稳定的一块“压舱石”，并且是诸多新兴经济体发展进一步关系的最好选择。与此同时，中国也大幅提升了在这些国家的直接投资（FDI），这些投资主要集中于基础设施和能源领域（尤其是清洁的、可再生能源）；

——通过在当地发展教育和健康事业，推动社会进步，中国政府表明了他们帮助贫穷国家和经济体及其贫乏的人口的愿望是真诚的、具有包容性的。

——中国政府在拉丁美洲的所有行为，包括投资“两洋铁路”（仅仅是其众多对外直接投资项目之一），以及推动“一带一路”倡议，都是当今中国在国际社会“软实力”上升的最好例证。考虑到当前人类的发展水平，像特朗普那样“开倒车”，继续执着于核武器或是战争等“硬实力”的较量是没有任何意义的。中国正在让整个世界明白，崛起为世界强国的同时也可以做到尊重其他国家和地区的固有特点，而并不一定非得支配别国。这样才能真正促进世界的稳定，这才是真正的软实力。

——这种软实力还会继续扩大下去，因为中国发展的脚步不会停。

因此，中国政府正在古丝绸之路沿线的60多个国家不断创造着发展机遇，推进实施涵盖各个商业领域的约900项协议，其中的大部分集中在基础设施领域。中国已经建立了总额为400亿美金的“丝路基金”为这些倡议进行融资，甚至直接参与到其中的一些项目中去。

毫无疑问，沿线经济体将因此充满“活力”（Invigorate），对于“创新”（Innovation）的态度更加开放，而且随着它们彼此“联动”（Interconnects），也将使得更多的人被“包容”（Inclusive）到这一进程之中。而将“一带一路”延伸到南美，对接“两洋铁路”，连接太平洋、大西洋两大洋，这个更加宏大的想法将使“两洋铁路”的收益获得指数级的提升。

在这一宏大倡议的背后，有一个完美契合所有经济理论的宏观经济学逻辑，这一逻辑尤其符合凯恩斯的经济学理论。它提醒我们促进经济发展的最终钥匙是保持有效需求的增加。中国的合作态度和建设性的发展模式为世界创造了一个转变发展轨迹的机遇，它让我们知道美国式的霸权模式并不是唯一的选择，通过在全球范围内制造争端和破坏来保持经济的有效需求是不能持久的。当然，中国的所作所为的核心，并不是在巴拿马运河开工建设的101年后威胁美国的霸权，而是将“包容”的理念融入到发展的进程中，使得弱小经济体也能够分享人类发展进步的硕果。然而，不幸的是，随着特朗普的错误转向，我们看到美国人总是太过以自我为中心，而不能发现这种对于所有人都切实有利的发展模式。

在前述逻辑推理的框架下，当前的工作是分析“两洋铁路”项目的可行性及其建设方案。考虑到美国总统特朗普令人不快的“推特政治”为世界带来的不确定性，中国对于秘鲁和巴西两国释放的善意便显得更为重要。在这样的背景下，本文作者认为，将影响“两洋铁路”的不同方面的因素尽可能多地呈现出来是尤为重要的，这些因素包括国际变量因素、地缘政治变量因素以及拉美地区和各国的变量因素。

总而言之，结合拉美当前的形势，尤其是2016年和2017年第一季度拉美的政治和经济领域的一些重大变化，本文将会选择性地列举并论述与“两洋铁路”项目未来发展相关的一些方面的内容。本文作者同时也将为中国所有对“两洋铁路”项目有兴趣的各界人士提出一些建议和意见，希望能有所启发。

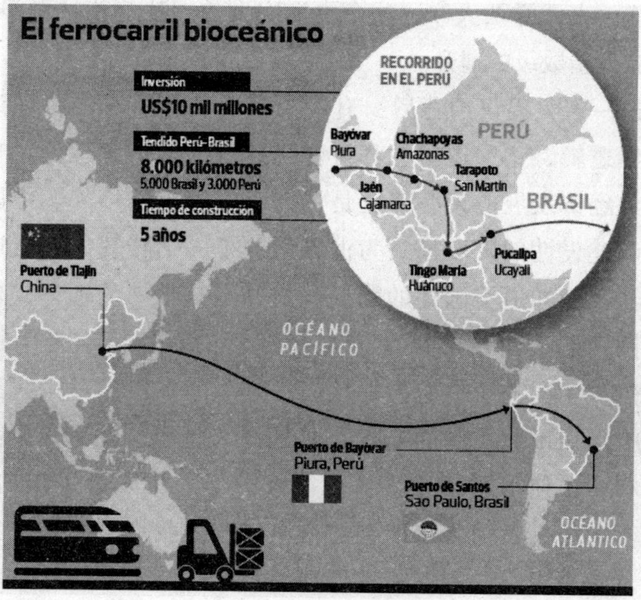


**图1　两洋铁路的最初构想**

来源：Diário El Comércio，2015 年 5 月。

说明：现在，铁路线的最后一个港口是秘鲁的伊洛港（ILO），并不是图示的巴约瓦尔港（Bayóvar）。

## 二、“两洋铁路”项目的关键事实与分析

### （一）什么是“两洋铁路”（TOR）

2008 年 5 月，《巴西国家交通规划》（Brazilian National Transportation Plan）提出了“洲际铁路”计划（简称为 EF246 或 EF354）。这一工程将从圣若望巴拉（São João da Barra）的阿库港（Porto de Açu）出发，穿过米纳斯吉拉斯钢铁公司（Usiminas）的炼钢厂所在的米纳斯吉拉斯州（Minas Gerais）的伊帕廷加市（Ipatinga）、巴西首都巴西利亚（Brasília）、戈亚斯州（Goiás）的乌鲁阿苏

(Uruaçu)、马托格罗索州（Mato Grosso）的好水（Água Boa）、朗多尼亚州（Rondônia）的维列纳（Vilhena）和韦柳港（Porto Velho）、与秘鲁接壤的巴西最西部的阿克里州（Acre）的里约布兰科（Rio Branco）和南克鲁赛罗（Cruzeiro do Sul），将巴西的里约热内卢州与秘鲁的铁路系统连接起来，一路直达秘鲁的某个港口，从而抵达太平洋。

“两洋铁路”的巴西段预计总长大约为4400公里。截至2009年，只有乌鲁阿苏到维列纳这一段有已经铺设好的铁路存在。项目的开工日期原本定在2011年4月，却并未如期开工。巴西交通部在2008年9月特别成立了一家叫做巴西联邦铁路公司（VALEC）的上市公司专门负责开发建设这一铁路工程并筹建相关基础设施。①

相关的政府部门为推动“两洋铁路”项目做了一些关键性举措：

——2014年7月，在访问巴西期间，中国国家主席习近平与巴西总统罗塞夫举行会晤，双方签署了一项允许中国公司投资巴西铁路工程的合作备忘录；

——2014年11月12日，秘鲁总统奥良塔·乌马拉（Ollanta Humala）访问北京期间，中国主席习近平与其签署了一份建立中国、秘鲁和巴西三方合作组的谅解备忘录，这份备忘录旨在促进三方共同推动“两洋铁路”项目建设；

——2015年5月19日，中国总理李克强在访问巴西期间，中巴政府发表联合声明，其中重申了中国参与“两洋铁路”项目的意愿；

——2015年11月，巴西政府与中国驻巴大使馆召开了一场后续会议。2015年12月，另一场后续会议在中国驻秘鲁大使馆召开；

——2016年2月，在巴西参议院（Brazilian Senate）就“两洋铁路”项目召开了一场有20位中国商界代表参与的会议。2016年6月29日，巴西参议院召集了下属的基础设施服务委员会（Infrastructure Services Commission）、经济事务委员会（Economic Affairs Com-

---

① 见 http：//www. valec. gov. br/acoes_programas/FerroviaTranscontinental. php。

mission）和外交与国防委员会（Foreign Affairs and National Defence Commission），共同举办了一场公开听证会来推动该项目的进展。此外，2016 年 7 月，应中国政府之邀，一个巴西参议员代表团访问了中国，感受到中国在铁路建设方面的潜力和中国铁路建设工业部门的实力。代表团回国后，在参议院全体会议上，他们清楚地表达了自己对于中国在铁路建设方面雄厚实力的惊讶之情；

——最终，在 2016 年 10 月，巴西政府和中国政府签署了一份谅解备忘录，决定共同出资 200 亿美元，用于投资能源开发和基础设施建设。这标志着“两洋铁路”计划取得了实质性进展；

——2017 年 1 月，中国巴西两国政府开始筹集总额为 200 亿美元的共同投资基金，其中中国方面出资 150 亿美元，巴西方面由巴西国家经济和社会发展银行（Brazilian National Economic and Social Development Bank，BNDES）与巴西联邦储备银行（Caixa Econômica Federal，CEF）共同出资 50 亿美元。巴西规划部国际事务部主任若热·阿尔巴契（Jorge Arbache）称，这笔资金已在 2017 年 7 月开始运作。①

### （二）秘鲁及其总统佩德罗·巴勃罗·库琴斯基在“两洋铁路”中的角色

谁是佩德罗·巴勃罗·库琴斯基（Pedro Pablo Kuczynski，PPK）？为了更好地理解拉丁美洲当前的形势与秘鲁在“两洋铁路”中的角色，我们需要了解 2016 年当选的秘鲁总统佩德罗·巴勃罗·库琴斯基的背景、秘鲁国情，以及他的主要执政理念和对外政策。

---

① 见 Mary Rose Malinao 的文章，“China to begin financing Brazilian Projects in joint Fund of USD20 Billion in March”，at *Latin Post*，on Jan. 11th，2017，网址：http://www. latinpost. com/articles/131425/20170111/china-to-begin-financing-brazilianprojects-with-joint-fund-of－20－billion-by-march. htm。

库琴斯基最近的一次访华是在2016年9月12—16日。那次访问是他当选后的第一次外访，他通过这样的举措向世界表达了一个清楚并强烈的信号，即中国是秘鲁的首要合作伙伴。在访问中，他也特别强调了中国是其外访的第一站，甚至让人感觉有点强调过头了。与之形成对比的是，库琴斯基的三位前任的首访地点都选择了华盛顿。不过，无论如何，毕竟中国从2011年开始便超越美国跃升为秘鲁的第一大贸易伙伴。

与此同时，库琴斯基也强调了他并不是来中国寻求借款、贷款或是任何资金援助的。相反，他想要寻求中国在基础设施、贸易和旅游领域的投资，并希望能与中国在这些领域开展合作。此外，在他的中国首场演讲中，他对中国的商界代表说，他可能会在访问中国之后依次访问其他国家，但是中国将是秘鲁吸引外商直接投资的头号目标。从外交的角度而言，这相当于在谈判的一开始就给出了一个提醒，就像是说，“嘿，我的朋友，让我们跳舞吧！我愿意与你共舞，但是我也还有其他舞伴可供选择”。

库琴斯基随后访问了美国，并在联合国大会上发表了演讲。他在秘鲁以“gringo”（拉美人对于美国人的蔑称，比“美国侵略者”的意味还更重一些）的外号闻名，这表明他曾经与美国有着千丝万缕的联系。在访问美国期间，库琴斯基大力宣扬他富有特色的经济纲领，比如加强信贷、提高效率和降低秘鲁经济对于铜资源的依赖。他力图以此来吸引美国投资者更多地投资秘鲁，而不是其他拉美国家。用他的原话就是“我们比巴西和阿根廷有更少的经济负担。我们的通货膨胀更温和，少于3%。比起巴西和阿根廷，我们没有任何净债务”。[①] 他的最终目标是利用美元的低孳息率（USD yields）来谋求减轻秘鲁的国际债务，即在背负450亿美元债务的同时再融资60亿美元。如果他成功了，这无疑将会开创一场信用革命。这真是

① 见 Ben Bartenstein 和 John Quigley 的文章，“Wall Street vet turned Peru President pushes credit revolution”, at Bloomberg, on Sep. 20th, 2016，网址：http：//www. bloomberg. com/news/articles/2016 – 09 – 20/wall-street-vet-turned-peru-presidentpushes-credit-revolution。

个好主意。

库琴斯基一直清楚地表明他的亲美立场，从不掩饰。他甚至只是为了竞选秘鲁总统才放弃了自己的美国公民身份。2016 年 11 月 18—19 日，在他的邀请下，习近平主席出席了在秘鲁举办的 APEC 会议，并在其后的 20 日对秘鲁进行了国事访问。与他本应该亲美的立场截然相反，在会见中，他一直刻意强调自己对于中国的善意。但是，考虑到美国新总统特朗普的不确定性，的确，在不久的将来，很难说秘鲁是否还能与美国保持亲密关系。

库琴斯基祖上并不是秘鲁人，他的人生经历非常的国际化，他的西班牙语甚至还带着点英语口音。2016 年 7 月 28 日，他宣誓成为秘鲁的第 4 位民选总统。他的任期将一直持续到 2021 年，而 2021 年将是秘鲁独立两百周年。毫无疑问，那时将会有一场盛大的纪念仪式，所以库琴斯基一直有意在那之前做出点重要业绩。下面本文作者将列举一些库琴斯基的个人信息：

——1938 年的 10 月 3 日，库琴斯基出生于秘鲁首都利马。其父是二战时期逃亡的德国籍波兰裔犹太人，其母是法国人。在利马的玛卡姆学校（Markham College）完成学业后，他前往英格兰入读罗素中学（Rossall School）。随后，他在瑞士以及英格兰的英国皇家音乐学院（Royal College of Music）学习音乐。在牛津大学，他学习了经济学、哲学和政治学，并于 1959 年从牛津大学的埃克赛特学院（Exeter College）毕业。他还于 1961 年从美国的普林斯顿大学拿到了一个公共管理学的硕士学位，然后回到了秘鲁，在贝朗德·特里总统（Belaunde Terry）的政府中担任秘鲁中央储备银行行长（Central Reserve Bank of Peru）；

——由于 1968 年的政变，他借由厄瓜多尔边境，逃亡到了美国，并在那里停留了 10 年。随后，他前往西非从事矿业工作。直到 1980 年，他回到秘鲁并选择支持人民行动党（Acción Popular）的领袖，因而出任了矿业与能源部长（Minister of Mines and Energy）。作为一名经济学家，他还同时兼任几家公司的董事，比如太平洋钢铁公司（Compañia Acero del Pacífico）、马格马铜公司（Magma Copper）、智利（Edelnor）、丰田（Toyota）、泰勒瑞斯集团（Tenaris Inc）、台湾基金（Taiwan Fund）和华尔街的第一波士顿银行（First Boston Bank）。他也为世界银行工作过；

——在前总统阿尔韦托·藤森（Alberto Fujimori）被罢免后，库琴斯基决定再次返回秘鲁，担任当时的总统候选人亚历杭德罗·托莱多（Alejandro Toledo）的政府计划主任（Chief of Government Plan）。大选胜利后，他先后两次出任经济部长，第一次是在2001年到2002年，第二次是在2004年到2005年。2005年至2006年，他一直担任政府总理一职。

这位秘鲁的新总统库琴斯基的个性非常活泼，风格亲民，还能演奏钢琴和长笛，也很喜欢开玩笑。他曾说，他一点也不在乎放弃了美国公民身份，但是他很后悔失去了美国的医疗福利。

考虑到秘鲁长期存在的腐败、毒品走私和暴力问题，库琴斯基肩上的担子一点儿也不轻。对于其他拉美国家，他认为，现在大部分国家正处在一个周期的末尾，即长达十年左翼民粹主义时期，物价居高不下。正如他所说的，“选民正在寻找那些有更多务实行动、更少意识形态的候选人。当务之急是使我们的经济增长起来”。① 拉丁美洲的经济如今仅占全球GDP的8%，和1990年的水平一样。“我们一直在原地打转。”他补充道。

就“两洋铁路”项目，库琴斯基提出了一系列的疑问，这为该项目的建设带去了许多负面影响。在他首访中国期间，库琴斯基向

---

① 见Victor Reyes的文章，“Quién es Pedro Pablo Kuczynski, el nuevo Presidente de Perú?”, at *RPP Notícias*, on Jun. 9th, 2016，网址：http://rpp.pe/politica/elecciones/pedro-pablokuczynski-ppk-es-nuevo-presidente-del-peru-con-resultados-onpe-casi-al-100-noticia-96868；和Pedro Vicalchagua的文章，“Pedro Pablo Kuczynski, el nuevo Presidente electo del Perú”, at *Peru 21*, on Jun. 10th, 2016，网址：http://peru21.pe/politica/pedro-pablo-kuczynski-nuevopresidente-peru-perfil-2248931。

媒体着重强调了他对“两洋铁路”项目的质疑。[①] 主要观点如下：

——认为该项目的可行性极大受制于其巨大的投入成本；

——怀疑列车到达秘鲁后是否会有足够的货物运回巴西，以平衡从巴西的马托格罗索州运出的大量大豆和玉米。

**图2、图3　从巴西运往中国的大豆量达5000万吨/年**

来源：ASA Agency and Pastre. com。

——库琴斯基声称，秘鲁的地理情况并不适合铁路的建设，较多的山地（安第斯山脉）意味着要开凿大量的隧道，使得“两洋铁路”项目的造价非常昂贵，因而不可行；

——此外，库琴斯基还强调了环境成本。

本文作者逐条仔细考虑了这些质疑，并尽力尝试反驳了它们，希望可以有所助益：

——的确，完成“两洋铁路”项目成本将会非常高昂。但是，如果资金不从秘鲁出的话，库琴斯基就不应该对此指手画脚。而且，很显然，我们应当从回报率的角度来看可行性。仅仅从降低中国巴西之间货运的资金成本和时间成本的收益来看，“两洋铁路”的建设就可以说是合理的；

① 见 PPK admite dudas por la viabilidad del interoceanico Brasil Peru, at RPP Notícias，网址：http：//rpp. pe/politica/gobierno/ppk-admite-dudas-por-la-viabilidad-del-tren-interoceanico-brasil-peru-noticia – 994561。

——一些非物质的收益要远远高于仅以美元计算的物质收益，如地缘政治方面的收益，即拉美和亚洲将可以避免过境巴拿马运河的高昂成本和美国控制之下航线的风险。本文作者认为，从非物质的角度来看，中国因“两洋铁路”项目而在该地区实现软实力的迅速增长也是不能忽视的；

——在本文作者看来，对于一个小国总统来说，对回程列车是否有足够的货运量的质疑，是非常闭塞和短视的想法。我们只需要稍微回顾一下过去70年国际贸易和全球化的发展，就会知道更具竞争力的物流具有多么大的影响力了。集装箱货运、更大的轮船、更完善的规章制度、设计更高效的海轮和飞机、更高科技的引擎，这一切都使得货运更加高效，这样的例子还可以列举出更多，以证明贸易额会呈指数级而绝非仅是成比例地促进物流系统的竞争力。总而言之，建在港口内部或附近的特别出口区（Special Export Zones）毫无疑问也将会极大地促进贸易的发展和回程货运量的增加。所以，我们可以说，库琴斯基的这些言论很可能只是“故作姿态”；

——再者说，如果投资成本过高，我们也可通过一些方法来克服，比如：

——实施最可行的金融政策，比如低利率、扩大投资回报率、延长还款宽限期等；

——寻求金砖国家新开发银行（NDB）的融资；

——找到一条隧道开凿最少的路线；

——要考虑到，从长远看会有更高的财政收益；

——确保所有邻近地区都能在项目期间和完工后获得更进一步的发展；

——该项目会直接或间接地创造出大量的工作岗位；

——最重要的是，中国将从中获得极大的、积极的地缘政治影响力。

以上所有这些及其他比如包容性的发展理念和社会进步，都将充分弥补开凿隧道上的花费。

然而，该项目还有另一个技术层面上的难点，即巴西铁路和中国铁路的标准是不一样的。中国人的可行性研究指出，秘鲁的安第斯高海拔山地要求铁路必须采用一个特定的标准，但是巴西的平原地区则无需采用这项特定标准。但是，这将导致该项目不得不以高额的花费在亚马孙地区中部另外建立一个铁路轨道转换站。目前，我们还找不到其他更好的技术方案来解决这个问题。

该项目对于亚马孙雨林和当地土著的伤害也是不容忽视的，或许这才是库琴斯基最有力的质疑。而且，这也的确是“两洋铁路”项目最为严重的负面影响。然而，我们还是能够找到一些技术性方法使其对于大自然所产生的破坏最小化并对土著做出相应补偿。

### （三）一个替代路线：“中部过境玻利维亚”的“两洋铁路”

有鉴于上述的种种“质疑和困难”，一个替代性且富有成效的方案被提了出来，即将路线向南移，过境玻利维亚，这一方案不仅降低了对环境的破坏，而且还能惠及更多的沿线民众，因为这一方案将纳入另外4个国家：玻利维亚，该国在大西洋和太平洋都没有出海口；巴拉圭，也是一个内陆国家，但是可以通过内河航运与“两洋铁路”连接起来；甚至阿根廷的主要农产品产区和乌拉圭也可以通过内河航运的物流系统与“两洋铁路”连接起来。

这条过境玻利维亚的替代性方案将会为“两洋铁路”带来更多的国际收益。下面是与之有关的一些信息：

——起初，德国人也曾到访玻利维亚，表示将提供技术和资金来建设“两洋铁路”，那条线路当时要过境埃沃·莫拉莱斯（Evo Morales）总统当政时期的玻利维亚，只是为了获得太平洋的出海口，所以仅在秘鲁南部与玻利维亚交界处过境玻利维亚而已；

——“我们认为，‘两洋铁路’途经玻利维亚在技术上是可行的也是可以做到的。因为这段铁路的距离更短，所以花费更少，而且对于环境的影响也更小。毕竟这一地区已经存在一些高速公路和

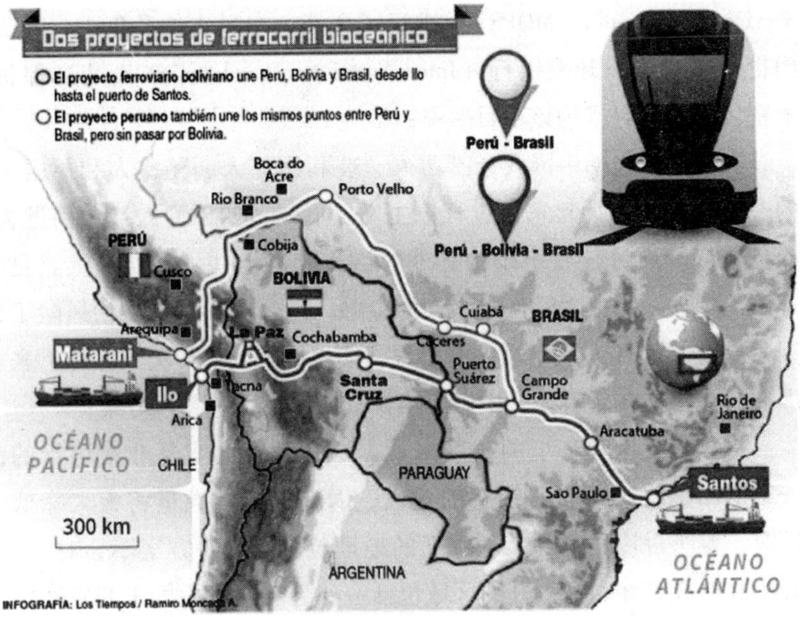


**图 4　过境玻利维亚的两洋铁路路线方案**

来源：Los Tiempos/Ramiro Moncada A。

铁路了"。德国大使皮特·林德（Peter Linder）曾这样说道。[①] 这种情况下，"两洋铁路"的总长度将只有 3755 公里。

——2016 年 1 月，德国总理安吉拉·默克尔（Angela Merkel）委派交通部副部长莱纳·博姆巴（Rainer Bomba）对从巴西桑托斯（Santos）出发，长距离过境玻利维亚，最后到秘鲁伊洛港的"两洋铁路"方案提供支持。当时有 20 名德国商界代表跟随博姆巴一同出访，其中包括西门子公司和德国联邦铁路公司（Deutsche Bahn）的代表，这两家公司都是生产铁路设备的部门。代表团和玻利维亚负责研究该项目的公共工程和住房服务部（Ministério de Obras Políticas

① 见文章"Bolivia recibe apoyo Alemán para tren bioceánico sin Perú", at *El Comercio*, on June. 6th, 2016, 网址：http://elcomercio. pe/economia/negocios/bolivia-recibe-apoyo-ale-mantren-bioceanico-sin-peru-noticia－1907109? ref = flujo_tags_548158&ft = nota_1&e = titulo? ref = nota_economia&ft = mod_leatambien&e = titulo。

Servicios y Vivienda, MOPSV）进行了会谈。在过去的几年中，该部门也一直与美洲开发银行（Inter-American Development Bank）保持着密切联系，寻求为该项目融资；

——一个包括中国人、巴西人、玻利维亚人、秘鲁人和德国人的多国联盟或许听起来太过官僚主义。但是，如果商人被包括进去而且保持该项目独立于政治之外的话，或许也并无不可。重点是，德国人的加入将大大降低中国人的金融风险，更不用说政治风险了，因为作为"局外人"欧洲人的出现将使得爆脾气的拉美人冷静下来。因此，在本文作者看来，中国应当认真地考虑这一替代方案；

——从技术和环境的角度来说，这个替代方案是非常可行的，安第斯山脉将不再阻碍铁路的建设，因此隧道的数量将大大降低。同时，鉴于过境秘鲁和玻利维亚的地理位置，这一方案不会对亚马孙雨林造成破坏。被避开的区域包括一些处于保护中的未开发地区，比如分布在亚马孙雨林中部的巴西阿克里州、马托格罗索州和朗多尼亚州的伊斯科纳瓦保护区（Isconahua Reserve）以及佐鲁亚河谷（Juruá River Valley）；

——从地缘政治的角度来说，对于玻利维亚，这将是一个实现百年梦想的机会，玻利维亚终于可以同时拥有通往太平洋和大西洋的出海口。玻利维亚的对外贸易必将大大受益于此；

——从政治的角度来说，在巴西，卢塞夫被弹劾之后，米歇尔·特梅尔（Michel Temer）担任总统职务；库琴斯基当选秘鲁总统；玻利维亚的莫拉莱斯再也没有空间施展伎俩，来推行他过度左倾的政策；由此，德国人已经完成了地区均势的建构，而且在这样的多边合作中，彼此间和谐的关系总好过相反，所以中国人绝对应该研究一下这个替代方案；

——巴西人对于玻利维亚，尤其是对天然气能源部门的兴趣非常重要，而且巴西已经在玻利维亚进行了大量投资，甚至从 1999 年开始就已经启用了一条从玻利维亚到巴西的天然气管线，而且其中生产的大部分天然气是供应巴西的。早在 1972 年双方就已签署了第一份天然气供应协议。

——出于经济原因，玻利维亚长期以来与巴西尽可能地维持着良好的双边关系，尤其巴西是玻利维亚的最大贸易伙伴。而且，因为巴西和玻利维亚有着最长的边界线，所以两国在安全领域的合作十分密切，主要是打击拉美地区的毒品走私；

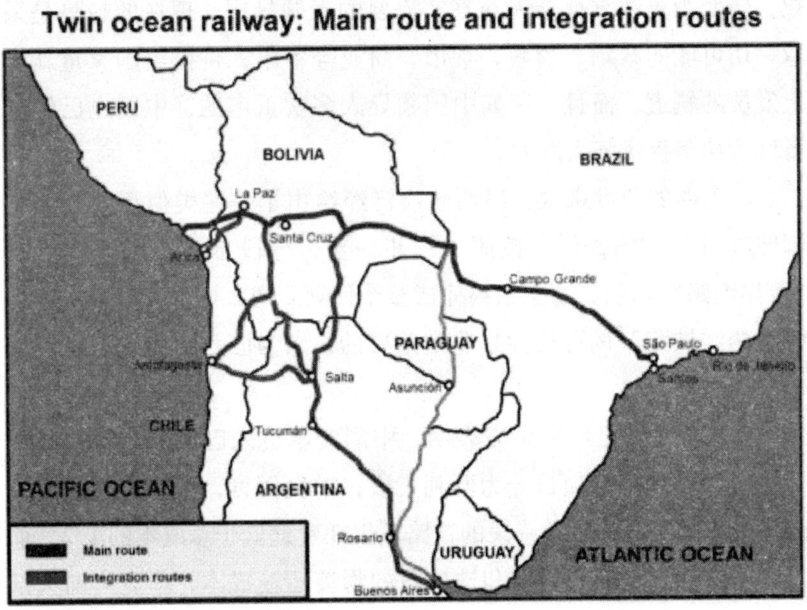


**图 5　巴西 + 玻利维亚 + 秘鲁 + 阿根廷 + 巴拉圭 + 乌拉圭 = 完整的中国拉美物流一体化网络 = “两洋铁路”**

来源：美洲对话组织。

——正如上文所述，阿根廷和巴拉圭，再加上乌拉圭，三国都希望能通过内河航运，从这个“中部过境玻利维亚”的替代性方案中获利。它们运往中国和从中国运回的货物都将因此享受更优惠的运费率。简而言之，这个所谓的“*Corredor Ferroviário Bioceânico Central*”（西班牙文中对于过境玻利维亚的“两洋铁路”的称呼）将是最有可能最终实施的方案。

## 三、结　论

当前，除了委内瑞拉和玻利维亚之外，所有拉美国家都已经将其政治主导权从更注重其个人及经济利益的老朽的、腐败的左翼政权，转变为更注重社会大众真实需要的新领导层。现在的趋势是采取一切可能的政治、财政、货币、商业等手段，将拉美国家重新推上发展的轨道。而且，正如中国领导人多次重申的，中国也已经准备好给拉美提供强大助力。

从巴西的角度来说，巴西政府已经给出了一些类似于“如何把脚伸进门来”的提示，按照“一步一步，分段推进”的方式启动“两洋铁路”项目，直至最终完成整个计划。向人们以及整个世界证明“两洋铁路”的可行性是非常重要的，因为巴西的商人们已经相信了这一点。

巴西计划部已经向中方表明，中国资本进入巴西的最佳途径便是将“两洋铁路”项目分为两到三段，举例而言，把临近大西洋的那一段作为第一步。这一段的铁路不仅耗费远低于总成本的1/2，而且它还将会大大降低谷物和铁矿石的物流运输成本，毕竟当前大部分的货运（每年约有上百万吨的运量）主要是通过卡车走高速公路运到巴西南部巴拉那州的（Paranú）巴拉那瓜港（Paranaguú）的。这一段线路对于亚马孙的破坏更小，建设成本更低，而且最终降下来的运输成本对于巴西大豆或是铁矿的中国买家而言也是一个巨大的利好消息。中国的铁路设备、牵引机车、轨道车肯定也会在铁路项目中被用到，这有助于包括中国生产的各种工程建筑设备在内的中国产品进一步打开巴西市场。此外，这样做的话，还可以吸引巴西的私人投资者们。因为巴西新政府鼓励特许经营权这一形式，因此这些巴西的私人投资者可以在项目完成以后作为运营者继续留在项目中。

但是，如果双方在“两洋铁路”项目上还是各持己见，即中国仍旧坚持“全部拿下或者完全撤出”，而巴西人仍旧谈论中国应该分段建设，彼此对立，那么这种僵局将会持续下去，而其他的玩家将会乘虚而入。本文作者建议，如果中国人认真地研究一下巴西人“一步一步，分段建设”“从一个大洋到另一个大洋”的提议，再核对一下可行性和回报率，那么就会涌现出来许多惊喜。不妨想一下，也许巴西人是对的。

考虑到当前“两洋铁路”的预算额已达 100 亿美元，并且中国国家主席习近平已经在 2016 年表明了中国要在未来的十年中向拉美基础设施建设投资 2500 亿美元的意向，因此“两洋铁路”似乎不会受制于资金问题。而且，为了金砖国家在全球媒体和大众中的形象，利用诸如新开发银行等金砖国家的金融设施优先为该项目进行融资也将是一个非常好的选择，这条铁路有望成为现实。

如果从金融的角度来鸟瞰全球的话，很显然，中国已经在建立诸如新开发银行、金砖国家应急储备安排（BRICS' Contingent Reserve Arrangement）、亚投行、丝路基金和上海合作组织等一系列新机制方面扮演了领导性角色。这一系列的地区性组织将能够有效制衡西方主导下的国际货币基金组织、世界银行和欧洲央行，而后面这些机构自二战后引入布雷顿森林体系以来一直处于国际金融秩序的主导地位。

然而，中国并没有与这些传统组织进行正面冲突，相反，它鼓励那些自己也参与其中的传统组织去认可这些新兴组织，并着力弥补那些此前曾实力强大的组织的不足，而不是展开竞争。这也是在“一带一路”倡议下，我们相信不会出现没有资金支持“两洋铁路”的情况的原因。

无论如何，“两洋铁路”的最终结果将大大超越纯粹的金融概念。最终，项目的联合管理和执行将使得所有相关国家更紧密地走到一起。如果巴西政府乐于做出让步，在铁路的运营方面，更进一步的合作将会使得所有参与国的友好关系不断深化，并最终产生有益的回报。从长远来看，该项目将是一场彻底的革命并且标志着中国与拉美关系的变革，该项目将在拉美地区长期扮演着重要的正面角色，并不断巩固中国在该地区的软实力。

当今世界充斥着随意的、难以察觉的、不可预期的、说不明的、无法理解的因素，一言以蔽之，不确定性是当今世界中唯一一件确定的事。但这并不意味着当前世界经济和政治形势是混乱和无秩序的。未来的本质是未知的，这是人们每天都必须要面对的。各国政府官员、决策者、市场分析人士、学者、商人，乃至最广大的普通百姓都正生活在一个高度不确定性并因此压力倍增的时代，这是人类近代以来所从未有过的。信息的爆炸式产生、速度不断加快的科技变革、关键岗位上的人的态度（如美国总统特朗普），加之在一些重要国家（例如在欧洲）即将到来的政治剧变，甚至我们的星球所面临的环境威胁，都导致了我们不得不面对一个充满风险和难以预测的未来。

的确，有些人、行业或事物等，可能因遭受随机性的压力和打击而停滞不前。这就需要我们保持韧性，只有韧性才能够让我们抵抗不确定性并生存下去。只有韧性才能使我们从微妙的变化中获得收益、实现进化、想到好主意、推动文化进步，并最终从创新和经济发展中获得胜利。以风和蜡烛的关系为例，风可以助长火势，也可能吹灭火焰。

在这一形势下，美国特朗普政府最近的政策让拉美国家感觉自己就像是“孤儿”一样，尤其是他的“美国化的安全”政策使拉美国家感受到有一种潜移默化的、不可持续的军国主义意味。“美国优先”的口号更是给所有对美国抱有希望的拉美国家泼了一盆冷水。但事实上，特朗普的政策的最终结果或将恰恰走向与他所宣称的相反方向。这些政策只会促使极端主义、不公正、贫穷和不平等的加剧，而不是减少。

相反，通过秉持“一带一路”所提倡的和平发展理念的“两洋铁路”项目，以及投资基础设施建设、促进经济发展、促进合作和减少当地冲突，中国正在全球不断扩展丝绸之路，一路直到巴西，并且再取道欧洲和非洲折回中国，形成了一个绕地球一圈的闭环。

中国农耕社会的古老智慧包括极强的集体理性、集体利益高于个人利益的传统、分享社会资源的习惯和有机地融入多样性自然生态的理念，正应用于推动可持续发展与和平贸易之中。这些古老的智慧将是我们星球迈向未来的最好准则，也是“一带一路”和推动“两洋铁路”项目最好的指导原则。本文作者认为，“一带一路”和“两洋铁路”计划的结合将意味着一个完整的全球互联互通圈，这将能更好地开发和保护我们的星球，并在中国主导下的全球新秩序中惠及所有人。

# 巴西商法发展趋势研究

刘梦茹*

在全球一体化日趋明显的今天，一个国家市场经济的发展影响着其他国家经济的发展，世界整体经济的发展也推动着各国经济的发展。伴随着国际贸易的发展、国与国之间的相互依赖、经济交往的持续密切、进出口贸易的不断频繁，商事关系因纳入涉外因素而日渐复杂。商法，作为以商事关系为根本，对市场经济关系中商人及其商事活动做出调整的法律规范，其对象从原本特定针对本国国内商事活动扩展至考虑国际公约与国际惯例的政策规定。

1974 年中国与巴西建立外交关系，在诸多国际事务中合作密切，双边经贸关系取得长足发展。据外交部于 2016 年 12 月公布的数据显示，巴西是中国在拉美地区的最大贸易伙伴，与此同时中国也是巴西第一大贸易伙伴与出口对象国。自建交起，出于经济发展的需要与市场需求，两国在贸易合作领域签订了众多合作文件，如 1978 年 1 月 7 日的两国政府贸易协定、1979 年 5 月 22 日的中巴海运协定、1984 年 5 月 29 日的两国政府贸易协定补充协定书、2004 年 11 月 12 日的中巴贸易投资领域合作谅解备忘录、2009 年 5 月 19 日的中巴民商事司法协助条约等。

可以看出，商法的国际性与跨地域性对于适应当今的发展需求

* 刘梦茹，四川外国语大学葡萄牙语专业教师，研究方向为葡萄牙语国家。

显得尤为重要。换言之，要实现不同国家之间的贸易往来，并对其中涉及的相关行为进行规范，需要在以本国商法为基础且了解对象国商法的前提下，相互协调或订立协定对其做出规范。因此，研究巴西商法对推动中巴双边关系的发展、深化双边贸易关系是十分必要的。

## 一、商业的起源及其发展

商业也称为贸易，葡萄牙语中的商业“comércio”来源于拉丁文“commercium”，意思是“商品买卖”，最初的表现形式是货物的自由交换，后衍生为交易、流通物品的各类行为，总而言之指的是所有交易关系。本质上，商业即为与人类密切相关的一种社会关系，所呈现出的是一方购买一物品的意愿以及另一方出售该物的便利。

### （一）直接交换——货币交易

较为原始的交换行为可发生在两个或者多于两个的合作伙伴之间，前者称之为双边贸易，后者为多边贸易。最原始的贸易方式是通过物品之间的直接交换实现的，物品的价值或价格由参与贸易的各方根据各自的情况确定，这些情况可能涉及不同社会的消费人数与生活水平。

随着人类社会的发展，以物换物的直接交换方式逐渐演变为有中介物参与的间接交易方式，起初被利用的中介物主要是牛、鱼与贝壳，这些物品在中间作为货币的方式参与交易。而后逐渐演变为通过金钱购买物品，这种方式逐渐成为贸易者的交易习惯。正是由于金钱作为交换媒介的介入，买、卖这两个不同的概念得以区分，具体而言，前者为金钱交换物品，后者反之。经过发展，所谓的金钱交易可以是通过信用款、纸币与非实物钱币进行的交易。这些交易形式大大简化并促进了商业活动的发展。

### （二）商业发展

随着历史的不断推进，最早在希腊出现了形式上的合同，并使用书面法律文件来引导商事活动，同一时期的罗马则通过 jus gentium① 对外商活动进行纪律规范。中世纪时期，为加快货品流通，促进商业活动的发展，出现货币、银行、证券交易所等与交易相关的机构，但并未制定出专门的贸易法。

对于中世纪时期的贸易，理查德·内格朗［Ricardo Negrão (1999, 28－29)］在商法手册中指出，"商业与流动贸易相关：商人将货品经道路由商队从一个城市运输至另一个城市，目的地是集市最为出名的欧洲城市。经不断演变，集市逐渐特定化，形成市场(固定场所的集市)。商店，主要在某一地点从事长期销售活动，几乎与集市同一时期出现。商贩的各种活动不断对货品分配框架结构进行完善"。② 据安德烈·拉莫斯（André Ramos）所述，"认为这一时期出现商法的根基是比较合理的，也就是商法的第一阶段。这一时期也是城市及贸易，特别是海上贸易的复兴之时"。③ 可以理解为，这一时期才出现了实质上对商业活动做出有效规范、配合投入运作的商业系统的组织法律，但该系统不同于先前的货品交换系统。

---

① 拉丁语称之为万民法，指的是适用于罗马公民与外来人以及外来人与外来人之间关系的罗马法。

② 翻译于"Nesse período, o comércio, estava ligado ao comércio itinerante: o comerciante levava mercadorias de uma cidade para outra através de estradas, em caravanas, sempre em direção a feiras que ocorriam e tornavam famosas as cidades européias [···] Em sua evolução, as feiras se especializam, surgem os mercados (feiras cobertas) [···] As lojas, cuja função é a venda constante, num mesmo local, surgem quase que simultaneamente às feiras [···] Os mascates completam o quadro de distribuição de mercadorias." －NEGRÃO, Ricardo. Manual de Direito Comercial. Campinas: Bookseller, 1999。

③ 翻译于"É justamente nessa época que se costuma apontar o surgimento das raízes do direito comercial. Fala-se, então, na primeira fase desse ramo do direito. É a época do renascimento das cidades e do comércio, sobretudo o marítimo.", 2009, p. 28。

面对封建制度所形成的社会分工，有必要组建相应的机构组织，以商人的习惯与传统为基础，对商事活动进行规范。法国大革命与经济自由主义兴起后，国家对经济活动的干预显著减少，法国在这一时期制定了适应新型社会商业环境的民法典与商法典。

自远古时期，商业的发展与人类生活密切相关，具体表现在：最初的交易出现在人类活动较为频繁的地区（如城堡、教堂周边区域），穿越东方沙漠的商队从事不同地区之间的货品运输，罗马帝国作为经济强国实现贸易一体化。

随着中世纪时期海上贸易与集贸市场的不断发展，近代早期①出现的工业革命，为当时的整个经济社会结构带来了巨大影响。商品流通从毗邻区域逐渐发展至距离本国较远区域、直至相邻不同国家之间。这一发展过程不仅促进了贸易发展，还推动了不同国家间文化的交流。与此同时，欧美国家大规模投入交通运输建设，如道路、铁路、港口、桥梁等为整体货品流通提供便利的基础设施，以拓展海外业务，从而逐渐形成了世界市场与贸易全球化格局。

### （三）现代商业活动的特点

大多数经济学家都表示，商业活动实际上是一项对合作双方均有利的操作。原始的商业本质是以物换物，且参与交易的双方基于对物品价值做出的评估，进行意识上的等价交换。初期的商业活动主要在邻近的地区之间开展。不同地区在商品的生产成本上有所差异，从而表现出货品的可交易性。

比较而言，现代商业活动具有多模式化的特点，随着全球工业的逐步发展与人口迁徙，不同人群之间的接触日趋频繁，人际网络逐渐成形。最先涌现的大多数是以直销模式为代表的商业活动，其

---

① 历史学上划分时间一种方法，分别对应为史前时代、古代、中世纪、近世、近代。近代早期又称近世，介于中世纪之后，近代之前的时期，具体指的是自 1453 年 5 月 29 日君士坦丁堡的陷落起，至 1789 年 7 月 14 日法国大革命止。

过程主要有两个方面：一方面，生产商向销售员直接发货；另一方面，销售员按照订单或直接将货品销至消费者。直销的产生可追溯至1886年创立的“加州香氛公司”（1939年更名为Avon——雅芳），起初便是以这种方式将其生产的香水销售给顾客。加入世贸组织后，中国大陆市场逐渐开放直销业，并颁布了对其进行规范管理的法律条例。

随后，在日本出现捆绑式经营的商业模式，日语中称之为“量贩”（大量批发）。这种模式主要是基于市场的巨大需求量与消耗量，以量定价，其中极具代表性的商品是购买频率非常之高的日常生活用品。捆绑式经营给予消费者选择自由、货品齐全、买卖便捷的服务，其促销活动更是受到广大消费者青睐，并普遍被大众认可接受。

同一时期，诸多以店面小、数量多、人流量大、营业时间长为特点的连锁商业经营模式迅速发展，其中极具代表性的是肯德基、麦当劳、星巴克等餐饮连锁。连锁经营可看做一种品牌效应，授权人获得品牌授权后，便可投入经营。连锁经营可通过三种模式实现：一、特许加盟；二、直营连锁；三、自愿加盟。这种商业模式得以迅速发展的原因在于短期可得到回报，且是在市场有一定影响力的品牌，与此同时还具有风险较低、技术资源共享、业务方向明确的优点。

近三十年，特别是步入21世纪后，电子商务模式的发展十分突出，从起初应用电子技术处理商业文档到如今通过电商平台实现各种交易行为。依据商业贸易活动的复杂性、多变性及市场的实际需要，电子商务模式逐渐融入企业与消费者之间、企业与企业之间、消费者与消费者之间、线下商务与互联网之间、供应方与采购方之间。

现代商业活动所呈现出的多样化特点，也使得原始的法律结构与规范无法始终满足现实需要，因此商法的演变与适应性发展也就伴随着社会的发展、科技的进步与市场的多样化格局显得尤为重要。

## 二、法律与商业

商业在人类历史发展进程中一直占据十分重要的地位。随着经济、工业、技术各方面的不断发展，面对不断加强的大规模商事组织与交易，市场经营活动逐渐形成一定的社会关系，从而构建了商事关系网。

11世纪，商人作为资产阶级在欧洲兴起，推动了经济的发展，促进了海上贸易与沿岸城市商业贸易的繁荣，逐渐形成一个特殊的社会阶层。因特殊阶层需建立特殊机构予以管理，于是成立了管理商人的组织协会——商会，主要实现对商人之间关系的管理与利益保护。为实现商业的良好发展，配合商会行使各项职权，则制定了相应的法律法规对商事活动进行规范与管理。这也就是商法的雏形，也称为商人法或商人习惯法，[①] 主要内容涉及有关商人、商事习惯的法规与原则。

起初，商法的主要目的在于管理商人之间的关系，这也是商法产生的原因。但是，随着欧洲经济的快速发展，商事活动发生了明显的变化，从事商业活动的方式与手段也呈现出多样化的特点，其中涵盖了先前不作为商事考虑的其他产业与活动。原先的商人习惯法便不再满足当下需求，有必要做出变更以适应实际商事活动的需要。

同其他人类活动相似，商业活动同样需要对其运作过程做出规范，并保护参与其中的相关方。商法作为私法的分支，旨在调整商业关系。对于商法起源的具体时间，一些学者认为中世纪时期商业

---

① 当代商法的概念不同于中世纪商人法，普遍认为，所谓商法是作为与民法并列且相互补充的一项法律。两者调整对象不同。商法的规范对象为商人、商业组织和商业行为；而商人法是商会有条件地利用商事习惯订立的自治规范，在其内部实施，内容涉及商人、商事的习惯法规与原则。

的迅速发展是其起源的标志。在这一时期，城市资产阶级的兴起，对当时的封建统治思想形成冲击，从而在西方国家产生了一场实质上的革命。自那时起，商法在不同历史时期呈现出其适应商业发展的特点。

### （一）商法发展阶段划分

应中世纪时期商人之间频繁合作、城镇快速发展的需要，一系列专门针对商人的行为规约形成了。近世时期平等自由的理念，使得商事活动的规范宗旨不仅在于为商人提供便利，还将重点放在平衡参与商事活动各方之间的合作关系。虽然民法或刑法最初被认为是相对于商法而言更加实用的法律规范，但随着全球化经济的发展，一项对现代商事活动有所要求的“共时”商法逐渐凸显其重要性与必要性。

随着生产制度下资本主义的产生与发展，初期的商法不再满足当下需要。企业家的形象、企业[①]的概念、货品与业务的大规模分销逐步登上历史舞台。与此同时，商事交易活动之间呈现出其他法律关系，其中涉及信用贷款、消费维权、合同签订、企业合并、不公平经济行为的控制、进口产品的消费、货品流通等其他与生活密切相关的经营活动。这些法律关系因其特殊性需要通过一项特殊的规范来进行管理，而这也就是商法或企业法逐渐成形，并开始发挥其有效作用的起点。

据内格朗[②]所述，奥斯卡·巴雷托（Oscar Barreto Filho）[③] 提出商法可分为四个历史阶段：第一阶段自 12 世纪起至 16 世纪止，这

① 本文所指“企业”与“公司”（泛化）概念相一致，互为同义语。

② NEGRÃO, Ricardo. *Manual de Direito Comercial*. Campinas: Bookseller, 1999. pp. 28 - 34.

③ 商法研究知名教授，信息见 http: //www. revistas. usp. br/rfdusp/article/viewFile/66596/69206。

一时期商法发展的一个必要前提是商人阶级的出现。具体来说，由商人制定对自身进行管理的规范，具有自律性，国家并不干涉其中，仅适用于参与商事活动的有关各方。该时期商事活动的主要形式为巡回流动贸易，即商队将货品运输至集市、市场与商店，通过巡回兜售的方式进行交易。随后成立不同的法律机构负责规范相关活动，如集市上的证券交易所、银行，也自此产生了股票金融市场。同时，还出现了简单的商业联合体，如海上合伙（控股一方负责陆地业务，另一方负责船只航行，通过途径市场进行交易），由 1603 年菲利普条例（Ordenações Filipinas）[①] 做出规范。除此之外，还出现了同一个家庭成员组成的联合体，之后因连带责任制与第三方的介入而构成商业实体，自此形成了“公司”与“股份制公司”这一概念。

自 17 世纪起至 18 世纪止为商法的第二阶段，这一时期逐渐涌现出一些大型企业。在此期间，盛行重商主义[②]经济政策，限制对外商的依赖，实现自主自强，并通过对殖民地的掠夺与对外贸易的扩张积累本国货币财富。对此，商法标准来源于中央最高权力——国王，也就是通过政治决定经济。这一时期涌现出大量有关海事与陆上交易的法典。

19 世纪，经济自由主义理论的产生，标志着商法步入第三阶段，也称之为近代商法。随着 1806 年《拿破仑法典》的颁布，对商人的概念有了客观性的描述，即为经常性职业[③]从事商行为之人。商法自此的规范对象从商人变为商行为，即放弃其主观个人性质，变为与合法商事行为有关的客观性质。

第四阶段为现代商法。1942 年《意大利民法典》实现了民商合一的过程，将商法的主要内容包含在民法典的劳动编之中，包括企

---

① 也称或菲利普法典（Código Filipino），是卡斯蒂利亚统治期间由西班牙菲利普二世（葡萄牙菲利普一世）对马努埃尔法典（Código Manuelino）进行改革的法律汇编。

② 实现重商主义的方法主要有：对成品的进口提高关税、对成品的出口降低关税、寻求国内制造产品新市场。

③ 这一客观概念有两个基本要素，“经常性”与“职业”。

业、公司、合作社等。而这一民商合一的主张也在 1916 年《巴西民法典》生效后得到复兴，在 2002 年《巴西民法典》第二册中纳入公司法的相关规定，形成一部商法化的民法典。

在拉莫斯[①]看来，可将商法的发展历史仅划分为三个阶段：第一阶段集中在中世纪时期的商事主义行为，这一时期城市的再度兴起、商事行为的习惯以及商人的个人行为，促进了商法作为私法由商人编纂而成，也因此，这一阶段的商法具有较强的主观性。第二阶段步入近世时期，君主制国家的形成也带来了司法垄断。这一时期司法垄断的主要对象便是商法，不再仅仅是对商人阶级进行规范，而是针对进行商事活动的所有公民；这一时期较为突出的是《拿破仑法典》,[②] 在不少资产阶级国家产生显著影响，如 1867 年的《葡萄牙民法典》、1916 年的《巴西民法典》均在编纂时有所参考。按照广义的概念，《拿破仑民法典》维护农业资产阶级的利益，集中于财产所有权；商法则面对的是工商资产阶级中所产生的财富。第三阶段对应的是当代，标志性的事件是 1942 年《意大利民法典》的颁布。19 世纪的意大利仍处于民法典与商法典分立的阶段，同时补充单行法辅助解决未涉及在这两部法典中的情况。但随着社会的显著进步、企业的发展、商事活动的多领域化、工业无产阶级的形成，带来的劳动纠纷不断涌现，促进了“私法统一”。在这部法典中，“企业”这一被解读为有组织性商事行为的概念在企业法制度中进行了明确，因此也被称为一部“企业法典”。

### （二）商行为的概念

1804 年的《法国民法典》与 1807 年的《法国商法典》的先后

---

① RAMOS, André Luiz Santa Cruz. Op. p. 44. *Curso De Direito Empresarial*: *O Novo Regime Jurídico Empresarial Brasileiro*. Imprensa JusPodium, Salvador.

② 广义的拿破仑法典包含了该时期制定的五部法典，具体包括民法、商法、民事诉讼法、刑法、刑事诉讼法；狭义概念则指的是 1804 年的《法国民法典》。

颁布施行，标志着民商分立的立法模式逐渐确立。自此，建立了代替过去等级观念法律的规范商事关系法律体系，不再仅仅从商人的角度，而是从工商资产阶级的角度出发，通过明确的标准对商事行为做出规范。依据这种需要，产生了商事行为的理论，即严格意义上可看做是存在某种内部联系的经济活动关系。[①] 商事行为则定义为以具有商事行为能力的主体所从事的具有商业性质的行为。这种定义则需要法律对于何为商事行为能力、何为商主体、何为商业性质行为进行更加具体明确的规定。

商法的重点对象从具有主观性的商人变为客观意义上可以是任何公民所为的商行为。商行为在1807年的《法国商法典》中被纳入上商事总则，先于商人作为商法典的首要概念。原先仅适用于通过商事登记后具有商事行为能力的商人，而这之后认可非经商事登记但具备商事行为能力的民事主体。与此同时，这样一种客观性，事实上也反映出了平等的理念。

总的来说，最初法国商行为制度有关商事性质的定义有诸多不确定性，不存在符合科学标准的定义，仅出于历史传统的原因。服务供应、农业与房地产交易等从传统意义上来看并非商人众事的行为，均被排除在商事性质之外。

商业不断演变，从最初的剩余货品的交换到不断成形的全球化市场。随着中世纪时期海上贸易的发展，集市与市场的兴起，近世时期发生的一场工业革命切断了当时存在的整个经济与社会结构。《拿破仑法典》编纂后的一个多世纪，意大利颁布了新民法典，扩大了“商行为”这一概念，尤其是针对工业革命后出现的与市场相关的经济活动，而这些活动按照规范并未纳入“商行为”这一概念中。民事行为与商行为划分科学标准的缺失、商行为定义的不完整性，

---

① 翻译于 Coelho：“resume-se, rigorosamente falando, a uma relação de atividades econômicas, sem que entre elas se possa encontrar qualquer elemento interno de ligação.” COELHO, Fábio Ulhôa. *Curso de Direito Comercial*: *Direito de Empresa*, Volume 1, 11ª Edição. ver. e atual. São Paulo: Saraiva, 2007. p. 15。

均促进了“企业”这一概念的产生。

### （三）企业的概念

因工业革命的发生及其所带来的影响，原先对于商行为的定义无法跟上经济活动的演变节奏。随着19—20世纪商事领域的迅速扩大，应时而生的“企业”这一概念便成为定义商行为法律关系的新对象。意大利新民法典中的概念并未涉及经济活动的性质，主要关注的是通过促进财富产生与流动的资本、劳动、技术与原材料共同推动经济活动的发展。

企业这一概念的形成将商法先前规范的经济活动圈定在以企业形式进行的经济活动范畴内。企业活动受商法制约，其概念须满足两个条件——职业性与目的性，即为专门从事产品生产或流通或相关业务的主体。

意大利新民法典中“企业”这一概念的提出，扩大了商法的范畴，自20世纪中期起，私法立法便将民事或商事企业通过商事总则统一规范，仅将部分不太涉及经济活动的行为排除在外。

## 三、巴西商法的演变

事实上，商法典（Código Comercial）与商法（Direito Comercial）的概念常出现混淆。但从巴西立法模式的历史演变来看，巴西旧商法典产生于民商分立立法模式，也就是1850年的商法，而后续在2002年颁布的巴西新民法典中，商法则被作为一项法律——企业法（/Direito Empresarial）纳入新民法典中，而1850年旧商法典仍保留法典的概念，且主要对海商事进行规范。

### （一）巴西商法典（Código Comercial）

通俗而言，任何买卖行为均属于商法典做出规范的领域。1808年，由葡萄牙皇室家族引进巴西商法这一概念。在那一时期，巴西并不具备自己的商业法律系统，而皇室家族希望继续与欧洲其他国家保持贸易往来，因此制定了一系列买卖与进出口的相关法律。在巴西商法成形的第一阶段期间，商业活动的法律纪律较为混乱。

出于国际贸易的需要，巴西第一部商法典由第556号法律建立，于1850年6月25日颁布。该法典以《葡萄牙商法典》《法国商法典》及《西班牙商法典》为基础，旨在规范并调整巴西国内的贸易关系。经过长达150年的发展，于2002年1月10日出台了《巴西新民法典》（2002年1月10日第10.406号法律）。该法典遵循1942年意大利传统私法的立法统一模式，① 编入了商事方面的规定条文，实现民商合一的统一立法。而且，巴西在同一时期制定了企业法，从某种程度上负责监管企业的商业活动。新法典于2003年1月投入生效，明确废除了1916年的《巴西民法典》（1916年1月1日第3.071号法律）及1850年《巴西旧商法典》的第一部分（1850年6月25日第556号法律）。2003年起，1850年的《巴西商法典》仅在与海事商法典有关的范畴内实施，其他事项被2002年巴西新民法典废除（2002年1月10日第10.406号法律文件），自2002年1月11日起投入生效。

商法总则与商法通则概念的不同表现在前者囊括商事主体身份、商事登记、商号、商事簿记、商事代理及经理权、商事辅助人（如代理商、经销商、行纪商等），而后者则附加商行为的一般规定和特别商行为等。而1850年巴西旧商法典仅适用于海事商法涉及的有关

---

① 是指将传统的司法相关内容以新的立法体系进行统一，并编排在一部法典之中。具体指的是将1865年《意大利民法典》与1882年《意大利商法典》的规范进行立法统一。

内容。

所废除的1850年《巴西商法典》第一部分主要涉及的是与商法通则有关的内容，如商人身份、商人一般责任、商人特权、商事场所、商事辅助代理商、行纪、商业登记、商业账簿、运输代办、承运及仓储、银行业务、合同与商事责任、商事期限、商事委任、商事买卖等。

（二）巴西商法（Direito Comercial）

巴西商法的历史起源于拿破仑入侵葡萄牙，葡萄牙皇室从欧洲逃离至巴西这一时期。1808年1月28日王室出台了一项法令，[①] 对向其他友好国家开放港口进行贸易往来的行为做出规范。除此之外，还编纂有其他协议文件对相关行为做出规定，如1808年4月1日出台的经营许可，允许工厂与制作厂的自由建立，1808年10月12日建立巴西银行的协定等。

1815年，葡萄牙国王授予巴西与葡萄牙和阿尔加维[②]一样在联合国王中具有同等地位，随后1822年巴西宣布独立。巴西第一部商法典由第556号法律建立，于1850年6月25日颁布，其中巴西的法律商事关系以葡萄牙法律与《西班牙商法典》《法国商法典》的规范内容为基础确立。但由于巴西的经济发展潜力较大、社会构成较为复杂，有必要制定出于自身有针对性的法律规范。

巴西法律起初通过商行为的概念订立标准，但实际上，相关法律中并未涉及商行为的概念。在1807年《法国商法典》中，对商行为中所涵盖的经济活动究竟是属于民事性质还是商业性质并未做出明确规定。为了防止出现同一问题，巴西立法机构决议不将“商行为”这一概念纳入巴西商法典中。1960年，巴西法律体系开始向意

---

① Decreto de Abertura dos Portos às Nações Amigas

② 葡萄牙、巴西和阿尔加维联合王国指的是葡萄牙和巴西以联合王国为特性的一段历史时期，具体指的是1815年至1826年。

大利法律制度逐步靠拢，倾向于采用统一私法规范法律体制，其中对于经济活动的规范部分，仅将某些不太重要的经济活动模式排除在外。自1850年起，在有关《巴西商法典》的某些改革中，体现出了私法统一化的意图。

1912年，埃尔梅斯·达·丰塞卡①提出了商法制定方案，并随之附上私法统一法典的提案。1941年，弗朗西斯科·坎波斯（Francisco Campos）部长收到义务职责法典的预案。实际上，巴西私法统一通过2002年的新民法典正式实现。20世纪中后期，巴西商法也引入了“企业”这一概念，1970年商事规范效仿意大利体制中经济活动的司法规范，并于1980年接受“企业”这一概念，以实现为企业家之间的利益冲突寻求更加公平有效的解决方案。1990年后，巴西法律界又陆续编纂有至少三部并未涉及商行为概念的法律，具体有《消费者保护法典》《租赁法》与《商业注册法》。2002年的民法典对这一过渡过程进行了总结，并在特别法第二册中将其定义为《企业法》。

法律关系商化定义中存在的困难、采纳以某些经济活动为特色的企业概念，这些均标志着巴西商法正处在过渡阶段。商法典中“商行为”的概念向商事法律范围内已使用的“企业”概念的转变，最终体现在巴西新民法典中。

### （三）《巴西新民法典》与《企业法》

《巴西新民法典》于2002年1月颁布，次年1月正式生效，其中明确废除了1916年民法典与1850年商法典的第一部分。新法典保留了巴西私法的统一形式，参考1942年的《意大利民法典》对于民事方面与商事方面的行为均做出规范。新民法典中“商人”的概念逐渐演变成以企业作为主要表现形式的“企业家”，且采用“企

① 巴西第八任总统。

业”替换“商行为”这一复杂概念。而自此，企业所实施的经济行为，成为商法的主要规范对象。

新法典内容分为总法（Parte Geral）与特别法（Parte Especial）两部分，总法中涉及人、财产、法律事实，[①] 特别法中包括责任法、企业法、物权法、家庭法与继承法。[②] 以私法立法统一为基础，引入“企业”的概念对经济活动进行规范，《巴西新民法典》废除了涉及商行为概念的1850年商法典第一部分，并在第二册第一章企业权利中，不再使用“商人”的概念，取而代之的是“企业家”的概念。

按照新民法典中的规定，所谓“企业家”，指的是“职业从事有关产品或服务的生产或交换、有组织性经济活动之人”。[③] 可以看出，作为这一主体，需依法满足两方面的条件：第一，行为的职业性，即专业从事生产或交换某种产品或服务；第二，有组织性，即以企业的形式，且须在相应的商事企业官方登记局中登记注册。因此，从事任何偶发性的经济活动之人并非为法典中所述之“企业家”。

作为“企业家”，除了满足上述两方面条件之外，还须具有足够民事行为能力，以规范符合企业正常运作条件的生产方式、资本、劳动力、原料与技术。需要强调的是，企业活动同样为经济活动的范畴，以营利为目的，有组织性。

综上所述，1850年的商法规定商人是习惯性从事商业行为之人，而2002年新民法典中则不再使用“商人”与“商行为”的概念，通过“企业家”与“企业”的概念对有关经济活动做出规范（新民法典第二册企业法第一部分）。

---

① 法律原文：das pessoas，dos bens，dos fatos jurídicos。

② 法律原文：do direito das obrigações，do direito de empresa，do direito das coisas，do direito de família，do direito das sucessões。

③ 翻译于第966条：é quem exerce profissionalmente atividade econômica organizada para a produção ou a circulação de bens ou de serviços。

### （四）新巴西企业法的提案

2002 年的《企业法》在实施期间备受争议，因此 2011 年 6 月巴西众议院着手处理 1572/11 法律的相关事项，提出一项制定新巴西企业法的议案，以便于更加具有针对性地处理当下存在的各方面问题，其中包括：公司破产重组、SA 公司、[①] 自由市场、投资、电子商务、公司开业与结业、法律规范、合同、不正当竞争、公司的社会责任（这一责任所考虑的是不得从事对小型企业产生负面影响的商业活动）等。

## 四、结　论

无论是商法、商法典的形成还是其演变过程，都从法律的角度反映出特定的社会根源与商业进步的需求。巴西第一部有关商业活动的法令其规范对象是港口开放后与友好国家之间的贸易往来，这也是巴西商法的最初表现。而随后以葡萄牙立法模式为参考，依据“商行为”的概念形成《巴西商法典》，但实际上仅对“商人”进行定义，并未明确涉及“商行为”的概念。考虑到“商行为”属于民事性质还是商事性质存在划分界限不清晰的问题，巴西立法机构参考“民商统一”的法律制度，制定新民法典，并于 2002 年颁布实施。《巴西新民法典》将商法中涉及“商行为”的内容过渡至“企业”的概念，并将其“商行为”部分内容纳入新民法典中。

私法立法统一的《巴西新民法典》实现的是，抛弃原先以“商人”和“商行为”概念纳入 1850 年商法典第一部分中的内容，将其

---

① SA 公司是 Sociedade Anônima（葡萄牙语）的缩写，是股份有限公司的商业名称。指的是公司资本以股份形式存在的实体单位，股份可进行自由交易，无需办理其他公证手续，并向持有股份的股东发放利润。

以“企业家”的概念通过《企业法》的形式并入新民法典中；同时，1850 年旧商法典明确废除了第一部分的商法总则，保留第二部分的海商事规定，或者说，巴西的民商立法体制从民法典与商法典变为新民法典与海商法典。

巴西民商制度的转变与企业法的形成，均体现了巴西经济发展中“企业”作为商业活动的主体处于十分重要的地位。随着中巴贸易合作的不断深化，只有了解巴西的法律体制，明确其与中国法律体制之间存在的异同，才能在遵守各国规范的前提下更好地开展商业合作，更合理地制定贸易协定，更有效地实现法律制度保障。

# 巴西与中国的次国家政府外交：以塞阿拉州和福建省（1996—2016）为例

若泽·内尔松·贝萨·马亚*

马军兰** 译

## 一、导　　论①

随着全球化的发展，次国家政府外交已成为各地区在面临国际舞台和经济一体化激烈竞争的有效策略选择。虽然存在次国家政府交往现象，但因为国际关系的主流研究认为次政府实体并非国际体系中的相关行为体，因此次国家政府交往仍存在概念与理论问题。中国和巴西在次国家政府交往中存在着明显的差异与相似之处。巴西是土地辽阔、人口众多的联邦制国家，地方政府拥有政治和行政自治权。而中国是土地辽阔、人口密集的单一制国家，省和地方行政机构由中央政府统一设计。巴西次国家政府外交产生于20世纪80年代末，跟随非政府行为体、经济全球化以及以国家为中心的政治秩序与再民主化一起发展起来。与此同时，20世纪90年代，中国的分权化和改革开放给沿海省份主导实施次国家政府外交的权力。过去20年，在中国政府

---

* 若泽·内尔松·贝萨·马亚（José Nelson Bessa Maia），经济学家，巴西利亚大学经济学硕士和国际关系博士，研究兴趣为国际关系理论、国际经济和金融管理、中国研究、次国家政府外交。

** 马军兰，四川外国语大学国际关系学院硕士，研究方向为地方外事。

① 在翻译的过程中，将原文的摘要和开篇的文字进行了融合，标题为译者添加。

鼓励各省市与前景广阔的新兴市场国家进行经济交流的战略指导下，福建省一直寻求与塞阿拉州建立合作关系。塞阿拉州作为巴西的新兴地区和潜在的市场先锋，培森（Pecém）港和出口加工区对福建省有着巨大的吸引力，而对于塞阿拉州而言，与中国最有活力的省份之一——福建省建立友好关系将会获得重大收益。

虽然巴西的很多地方政府设立负责次国家政府外交的专门机构。但即便如此，缺乏明确的立法仍阻碍了这一进程，因此次国家政府外交在政治变革面前也可能发生逆转。里约热内卢州是巴西第一个建立有组织对外交往的州，巴西主要州，如圣保罗州和南里奥格兰德州也设立了负责捍卫其在国际舞台上的利益与为吸引投资和国际合作的机构。①

一方面，次国家政府外交可以作为一种替代工具，通过增加与外国行为体的融合来发展该国某些地区。另一方面，那些面临着地区民族主义的国家反对次国家政府外交，因为次政府实体的国际行为可以被看做是外界对该地区自治权的承认，它加强了运用适当法律框架调控这种活动的重要性，使次国家政府外交活动与传统外交的行为相协调。

本文研究了中国一个省份和巴西一个州在过去几年中次国家政府外交的案例。本文分为四个部分：第一部分对次国家政府外交进行理论综述；第二部分论述了次国家政府外交在中国和巴西的异同；第三部分介绍了中国福建省和巴西塞阿拉州在次国家政府外交往来的细节；最后总结部分是对中巴两国次国家政府外交这一独特案例的展望。

## ◆ 二、国际视野下的地方政府：次国家政府外交的理论综述 ◆

地方政府的次国家政府外交或国际行为虽然真实存在，但仍然

① 圣保罗州外事办公室网址：http：//www. saopauloglobal. sp. gov. br/eng-rel_inter. aspx，南里奥格兰德州外事办公室网址：http：//ww2. rs. gov. br/secretarias-e-orgaos/Governadoria/4/Assessoria-de-Cooperacao-e-Relacoes-Internacionais/159。

面临着概念和理论问题，因为国际关系的主流一般不将国家以下的次国家行为体视为国际体系中的相关参与者。其原因在于，主权原则将外交视为民族国家在世界舞台上与其他参与者互动的专有权力。因此，学术界主流通过承认其他“次要”公共实体享受威斯特伐利亚体系下民族国家这一基本特权的某些方面而对相对国家主权持模糊态度。

从概念的角度（特别是国际公法），次国家行动体的国际互动是一个有争议的问题。虽然在历史长河中国际合作和城邦的行为是相关的，例如文艺复兴时期意大利的佛罗伦萨和威尼斯等城邦。但在威斯特伐利亚体系的传统（自 15 世纪的三十年战争以来）里将国际行动集中在国家（以君主或君主的身份）层面，他们被认为是签署条约和缔结协议的唯一合法者。

在分析国家以下各级政府日益参与国际事务的问题时，帕纳约—索达托斯（Panayotis Soldatos）提斯创造了“次国家政府外交”一词，来命名这些政府的国际倡议。“由次国家行为体（如联邦部门、地区、城市公共部门、市镇）直接实施的国际行为，对国家的外交形成支撑、补充、校正、重复或挑战、前缀的‘for’表明是在传统的民族国家架构之外从事的外交活动。”

一方面，杜怡克（DUCHACEK，1990）也广泛讨论了“次国家政府外交”这一术语并摒弃自己所定义的“微型外交”，因为他认识到“微型外交”被认为有贬损之意，因此更倾向于使用专业文献中索达托斯（Soldatos）所使用的概念。之后杜恰克明确了跨国次国家政府外交、跨地区（无共同边界）和全球次国家政府外交（包括与世界其他地区的关系）之间的差异。

另一方面，霍金（HOCKING，1993，第 31 页）提出了“多层外交”的概念，即多层次的外交。霍金对索达托斯和杜恰克所发展的概念提出批评：中央政府与非中央政府组织之间永远处于竞争和冲突状态是这一概念的理论基础。相反，霍金认为，这两个权威之间存在着相互作用，非中央政府仍然是国家的组成部分，因而存在与这两个领域均相关的问题。陈志敏等人（2010，335）总结为："中国地方或地方以外的外交政策行为体的兴起表明，中国已经出现了一个新的多层次的外交政策体系。在此，中央政府仍然是中国对外关系的主导者，但各省在国际舞台上已经树立了自己的形象，是低政治领域外交政策的重要参与者。"

综上所述，次国家政府外交不仅仅是国际关系研究领域的学者和理论家们所设想的概念，也代表着这一概念中削弱国家实力的现实偏见，以及当前国际系统理论潮流派生出的概念实体偏见，或在某种程度上，表现为那些接受这一假设的人。然而，不能仅将次国家行为体视为一个僵化的、模糊的、内部的和从属的行为体，因为它在其所管辖的地域内也拥有制度化的决策权力、资源和司法权。

事实上，近年来次国家政府外交的广度和深度都有很大加强。一些地方政府在国外开设代表处，指导"贸易代表团"的活动；参加国际会议；与国际及区域组织接触；在各种倡议下与其他国家的非中央政府建立双边关系等。这一新角色源于国内和国际两方面因素：国内方面，财政分权化以及向民族主义的妥协（权力下放给各地方）的趋势明显；国际方面，经济全球化和超国家区域集团的组建意义重大。内部和外部趋势相互交织迫使民族国家给予地方政府更多的自主权。

事实上，全球化和区域经济集团的形成削弱了国家整合本国经济的能力，包括解决国内经济发展的不平衡问题。因此，面对市场力量，民族国家权力的弱化有利于非中央政府发挥自主权。针对中央政府在经济调控方面权力的削弱，地方政府承担了吸引外国直接投资（FDI）和促进出口及旅游业的任务，这些往往是次国家政府外交的主要目标。此外，经济一体化和贸易自由化反过来又必然会形成一套新的标准和规则，对影响次国家政府的地方社会政治结构形成挑战。

尽管面临来自中央政府的阻力，但次国家政府外交可使外交政策更贴近民众，而且对于一国外交政策的方针和具体执行也是一种竞争合作的选择（如果非中央政府接受游戏规则）的话，从而推动分权制度的发展。金凯德（1990 年，第 56 页）强调，世界上大多数从事国际活动的非中央政府都属于具有民主政治制度的民族国家，这一事实并非偶然。①

此外，次国家政府外交活动是加速地方政府实体经济发展的先决条件或组成部分。事实上，非中央政府促进出口和吸引外资的举措和战略将是这些政府实体在促进增长方面的新作用，正如利维所提到的美国的情况。概括地讲，正如詹金斯（JENKINS，2003）所指出的，次国家层面的国际行为主义者并不会削弱国家的行动力，而是代表民族国家的复兴，证明在面对不断变化的内外部环境时具有灵活性、合法性和持久性。

按照罗西瑙（Rosenau，1988，1990，2000）的说法，次国家政府行为体的对外行动目标有别于主权国家，后者因具有全球议程而不会将重点放在个别目标上。而且非国家行为体没有主权，无需满足威斯特伐利亚体系中对“建国”的要求，可以实际有限目标，无需在主权国家地位所强加的一系列义务中浪费精力和资源。

然而，与罗西瑙将次国家政府行为体与不具主权的行为体（如跨国公司、族群、官僚机构和政党）混为一谈所不同的是，帕奎因（PAQUIN，2005）和霍金（HOCKING，1993）更倾向于将次国家政府行为体归于一个混合类别，即具有主权特点和不具有主权的行为体。从这个意义讲，次国家行为体从事国际活动时，既不受制于国家主权，也不完全脱离于国家主权。

最终，这种具有混合特性的国际行为体一方面将受益于在国内层面类似于国家的特点，使他们能够以其所代表的政治团体的利益的名义在国外开展活动。与此同时，由于他们又类似于非政府组织或企业，其国际行为有着非常特定的目标，无需肩负对外代表国家、

① 中国属于例外情况，其高度集中统一的国家允许各省在国际舞台上作为推动出口与吸引投资的积极且重要的参与者具体参见陈志敏2005年专著。

履行外交义务等更多的责任。

## 三、中国与巴西次国家政府外交的异同

就次国家政府外交而言，中国与巴西存在着显著的差异和相似点。首先，巴西是一个人口众多的联邦制国家，地方政府拥有充分的政治和行政自主权。而中国是一个幅员辽阔、地域广袤人口众多的单一制国家，省级行政机关由中央政府任命。其次，巴西是一个具有言论自由和新闻自由的西方式民主政体，所有的行政官员都是由选举产生的。而中国则被认为是非民主国家，其政治制度与西方明显不同。[①]

一方面，自20世纪80年代末以来，巴西的次国家政府外交逐渐发展起来。这些非国家行为体的发展主要得益于经济全球化、以国家为中心的世界政治秩序发生变化、国家的再次民主化（1985年专制军事政权结束）、1988年新宪法的颁布以及区域经济一体化的新安排（1991年成立，南方共同市场）。

虽然巴西宪法没有具体法律规定支持地方政府实体的国际倡议（罗德里格斯 RODRIGUES，2004年）。而且，市、州政府负有辅助性和独特的职责。但是，没有宪法规定禁止他们开展国际活动。宪法的第21条规定，联邦（即联邦政府）本身拥有与外国保持关系并参与国际组织和论坛的权力。

在中央政府一级，巴西外交部（MRE）于2003年成立，直接在外交部长的领导下专门与地方政府打交道。这个机构现在被称为

---

① 正如欧文（ERVINE，2011）所述，中国虽然形式上被定义为专制国家，但中国特色社会主义更好地诠释了中国独特的政治经济体制。事实上，古代中国传统中的公平所包含的民主元素延续至今，如：候选人数确定后，选民可匿名选举；个人竞选活动没有政府的资助，因此每场竞选都是平等的；年满18周岁的公民都有选举权。最后，妇女权利也被载入宪法。

“联邦和议会事务委员会”（AFEPA），其主要目标是“在外交部与各州及市政府之间建立对话机制，从而对制定外交政策产生影响”（罗德里格斯，2004，第25页）。巴西外交部还在各州首府建立了办事处，以监督和支持地方政府的国际交往。

目前，巴西的27个州和5500个市中的绝大多数设立了外事办公室或部门，负责管理与友好省市的国际往来，采取措施促进出口和旅游，直接从多边开发银行筹集资金，从外国机构获得技术合作，吸引外国直接投资。一些州和城市在对外交往上确实表现得非常积极且富有创造性，但也有一些州和城市却没有做好足够的准备来利用次国家政府外交的机会对外开放。不同于中国的是，巴西的联邦州没有专门负责其国际事务的机构。①

另一方面，正如布埃诺（Bueno 2012年）和陈志敏等人（2010年第333页）所强调的，自1978年以来，在邓小平先生的领导下中国开始经济改革并向世界敞开大门。正如陈志敏（2001年，第4页）指出的，改革为中国各省特别是沿海省份铺平了道路，使它们在外交事务中发挥了更加显著的作用。中国共产党十一届三中全会议决定将权力下放到省级政府，并将其转变为国际导向和自我激励的实体。

同时，省级政府由于收入来源增多以及国有企业转型变得更有实力。它们的立法机构有权在投资领域制定规则。而且，中央允许省份保留部分外贸所赚取的外汇，以及使用这些外汇进口货物和设备用于当地发展。自20世纪80年代以来，部分省份成立地方性投资公司，并进入国际债券市场。由此，中国的分权化和国际化促使次国家政府外交非常活跃，特别是在江苏、天津、上海、浙江、福建和广东等沿海省市。

尽管中国是单一制民族国家，但正如布埃诺（2012年，第67页）所强调的：各省有三个渠道影响中央政府的外交决策。

---

① 关于巴西一些联邦州和市次国家政府外交的体描述参见MARCOVITCH；DALLARI（2014）。

“第一个渠道是中国共产党最强大的政治机构，全国人大（NPC）；第二个渠道是中国共产党（CCP）本身；第三个渠道是中央经济工作会议。”

总而言之，权力下放和国际化进程为中国省级政府开展次国家政府外交创造了条件。因此，按照陈志敏等人（2010 年，第 336 页）的说法，各省都成立了两个机构，直接负责与外国地方政府往来的各项事务：（1）省外事办公室；（2）省对外贸易经济合作委员会（FTEC）。各省的外事办公室其主要任务之一是，在其国际交往中为其他地方公共行政机构提供技术和专业支持。

另外，对外贸易经济合作委员会负责使国家的外交政策得以落实，接待正式来访的外国商人和政府当局，为居住在本省的商务人士和公务人员快速办理护照和签证，与外国友好省市一起组织和促进领事事务等。

对外贸易经济合作委员会，在一些省份被改组为商务厅，是负责吸引外资和促进出口的省级公共行政机构。在其业务活动中，执行与国际业务有关的国家政策、管理省内的经济特区（或出口加工区），对外商直接投资项目进行审批，与国内出口公司或有出口及国外市场调研意向的公司开展合作，以及其他在国际层面上与省级发展相关的职能和活动。对外贸易经济合作委员会工作的另一个重要方面是设立海外办事处，以吸引投资，如上海市对外贸易经济合作委员会，就在洛杉矶（美国）、大阪（日本）、伦敦（英国）、法兰克福和汉堡（德国）以及鹿特丹等设立了办事处。①

## ◆ 四、塞阿拉州和福建省的案例研究 ◆

自 20 世纪 90 年代中期以来，中国和巴西之间的次国家政府外

---

① 有关中国次国家政府外交的更多描述参加布埃诺的专著（2012 年，第 65—71 页）。

交联系有所增加，几个省州之间签缔结了友好省份协议，建立了贸易和投资伙伴关系。我们将具体介绍塞阿拉州和福建省的具体情况。

## （一）塞阿拉州和福建省的特点

### 1. 巴西的塞阿拉州

位于巴西东北部的塞阿拉州面积有14.88万平方公里，人口880万。其首府福塔莱萨拥有250万居民，是巴西第五大城市。它与佛得角有直飞航线（TACV航班3小时20分钟）；从葡萄牙里斯本直飞6小时30分钟，美国从美国迈阿密直飞7小时25分钟。

传统上塞阿拉州是一个以农业为基础的州，但在军人专政时期（1964—1985年）开始工业化进程，工业部门逐年扩大。服务业占GDP的比重最大，为56.7%；其次为工业部门，占37.9%；农业占GDP的5.4%。塞阿拉州的出口商品主要为：皮鞋类（占出口总收入的20.3%），甲壳纲动物（17.6%），棉织物（16.9%），腰果（14.7%），皮革（13.1%），水果、果汁和蜂蜜（5.4%）。塞阿拉所拥有的高原、海滩和森林等自然景观使得旅游业在经济发展中扮演重要角色。平均而言，仅福塔莱萨市每年就可接待50万外国游客。

塞阿拉州拥有现代化的工业和深水港口（即培森港）和一个活跃的经济特区（EPZ）。① 塞阿拉州经济占巴西经济的比重为2.1%，国内生产总值为372亿美元（2015年），人均收入为4230美元。到2015年，其出口额为10.5亿美元，进口额为26亿美元。对中国的出口额为4500万美元（占出口总额的4.3%），从中国的进口额为5.853亿美元（占进口总额的21.6%）。

### 2. 中国福建省

福建省面积12.14万平方公里，人口3790万，福建省的国内生

① 有关培森（Pecém）出口加工区的更多英文信息参见：http：//investimentos.mdic.gov.br/public/arquivo/arq1411503015.pdf。

产总值为4171亿美元，占中国GDP的3.8%，人均收入为10300美元。2015年全省经济增长9.0%，远高于中国平均水平。其省会福州是中国省会城市人均收入第四大城市。

福建在过去30多年的快速发展，吸引全国其他地方的大量移民，推动了强劲的城市化进程。因此，福建省政府面临着加快经济增长，同时又要保护丰富的自然和文化遗产的挑战。福建省的工业占GDP的比重为50.2%，服务业占41.5%。第一产业占福建经济的8.1%。福建省是中国最早实行对外开放政策的省份之一（厦门经济特区），被誉为中国重大改革的试点区。对外开放包括几个部门，并允许地方政府采取特殊政策和灵活措施来吸引外商直接投资。

福建省高度重视对外贸易和外商投资，排在全国第六位，2014年出口1135亿美元（相当于2015年巴西出口总额的59%），同比增长6.6%，相当于中国出口总额的4.3%。2014年，某进口货值达到640亿美元，同比增长1.9%。该省的国际贸易增长迅速，在2014年有1.8万家企业积极参与对外贸易。厦门经济特区（类似出口加工区）具有与其他国家发展贸易往来的较好的区位优势。

### （二）1996年福建省与塞阿拉州的初步接触

随着中国外交越来越多层次化，次国家政府外交是中国各省在促进出口和吸引投资方面重要且高度重视的方式。这种关系通常是通过双边合作备忘录建立起来的。通过这些协议，中国各省经常向访问中国的外国代表团提供帮助，包括参加展览会，并向访问国外的中国代表团做行前说明。

目前，福建省至少与各大洲17个国家的许多省级或地区政府缔结了20个友好省州关系。值得一提的是，在省和州层面，不仅福建省与国外次国家实体缔结市友好省际关系，福建省的几个市也与这

17 个国家的数十个城市缔结友城关系。[①]

在过去的 20 多年，在中国政府推动各省与如巴西这样的新兴市场大国开展经济交往的战略背景下，福建已有意向与塞阿拉建立合作关系。虽然选择塞阿拉（巴西的一个小联邦州）的原因尚不清楚，但塞阿拉州距离美国、欧洲、非洲的战略地理位置可能是福建选择塞阿拉的原因。[②]

推动福建与塞阿拉州建立联系的首个倡议始于 1996 年 1 月，由当时的福建省委副书记习近平（现为中国国家主席）带领访问团第一次抵达塞阿拉州，他受到塞阿拉州州长塔索·杰里斯先生（现在是巴西国会参议员）的热情接待。福建代表团由包括习近平先生在内的七名成员组成：

林文彬（音译）先生——福建省贸促会秘书长；

李云达（音译）先生——福建省人民对外友好协会副会长；

温元芳（音译）先生——福州金桥贸易有限公司董事长；

方圆关（音译）先生——福州（澳门）华融公司董事长；

陈斌（音译）先生——福建省贸促会秘书

王维东（音译）先生——中国驻巴西大使馆专员。

福建代表团除了与塞阿拉州长塔索·杰里斯进行正式会晤外，还在工业联合会（FIEC）与当地商务人士会晤。访问期间，福建省代表团表示有意愿与塞阿拉州开展业务往来，特别是在制药、水表、电表、鞋类、海盐加工和信息部件等领域。

当时因为笔者担任塞阿拉州外交事务主任，负责接待并为习近平先生及福建代表团一行提供后勤支持。笔者陪同中国代表队在福塔莱萨考察两天，包括所有的招待会、宴会和访问直至送他们离开。[③]

---

① 福建省友好省州列表：http：//www. fjfao. gov. cn/english/sistercities/201501/t20150123_908799. htm，登录时间：2017 年 1 月 2 日。

② 在 1996 年习近平率代表团访问塞阿拉期间，中国驻巴西大使陪同提到福建与塞阿拉的合作意向与前中国驻巴西大使原焘的建议有关。

③ 1995—2003 年本文作者以州秘书的身份担任外事办公室主任，并于 2003—2006 年再次供职于此。

18 年后，在 2014 年 7 月金砖国家领导人会议上，习近平先生作为中国国家主席回到了首府福塔莱萨。习近平向时任巴西总统迪尔玛·罗塞夫夫人提起，他在近 20 年前访问过塞阿拉。当地新闻报道指出，习近平在担任福建省领导时曾来过这个城市。①

1996 年 1 月，习近平对塞阿拉的访问为塞阿拉州与中国的贸易关系打开了大门。1999 年塞阿拉州首次向中国出口价值为 17.96 万美元的商品，从中国进口额则在 2000 年开始上涨（1489 万美元）。2011 年，塞阿拉州对华出口额达到 6810 万美元，占巴西对华出口的 0.15%，占塞阿拉州向全球出口的 16%。反之，塞阿拉州从中国进口的增势迅猛，2014 年达到 8.699 亿美元，占巴西进口的 2.3%，占塞阿拉州进口的 26.3%，对华贸易出现盈余（见表 1）。

**表 1　巴西中国外贸：塞阿拉州份额，1995—2015**

| 年份 | 出口 | | | | 进口 | | | | 贸易平衡 | |
|---|---|---|---|---|---|---|---|---|---|---|
| | 巴西到中国 US $ FOB)（A） | 塞阿拉州到中国（B） | 中国在塞阿拉州的出口份额（%） | 巴西塞阿拉州出口中国的份额（%） | 中国到巴西 US $ FOB)（C） | 中国到塞阿拉州（D） | 中国占塞阿拉州进口份额（%） | 巴西塞阿拉州从中国进口的份额（%） | 塞阿拉州与中国的贸易平衡（B－D） | 塞阿拉州与中国的贸易往来（B＋D） |
| 1995 | 1203750528 | 0 | 0.00 | 0.00 | 191379625 | 7891636 | 1.22 | 4.12 | －7891636 | 7891636 |
| 1996 | 1113828697 | 0 | 0.00 | 0.00 | 402603867 | 9262438 | 1.14 | 2.30 | －9262438 | 9262438 |
| 1997 | 1088213686 | 0 | 0.00 | 0.00 | 566977265 | 15741079 | 2.31 | 2.78 | －15741079 | 15741079 |
| 1998 | 904879640 | 0 | 0.00 | 0.00 | 628299976 | 12854448 | 2.12 | 2.05 | －12854448 | 12854448 |
| 1999 | 676140777 | 179660 | 0.05 | 0.03 | 423330844 | 12035997 | 2.10 | 2.84 | －11856337 | 12215657 |
| 2000 | 1085301597 | 62806 | 0.01 | 0.01 | 1222098317 | 14895610 | 2.07 | 1.22 | －14832804 | 14958416 |
| 2001 | 1902122203 | 314975 | 0.06 | 0.02 | 1328389311 | 28376147 | 4.55 | 2.14 | －28061172 | 28691122 |
| 2002 | 2520978671 | 908816 | 0.17 | 0.04 | 1553993640 | 19695076 | 3.10 | 1.27 | －18786260 | 20603892 |

① 参见 LEAL，Jocélio，“习近平与塞阿拉州的关系”，Jornal O POVO，Vertical S/A，2014 年 7 月 6 日，http：//www.opovo.com.br/app/colunas/verticalsa/2014/07/05/noticias-verticalsa，3277576/xi-jiping-e-as-relacoes-com-o-ceara.shtml。

续表

| 年份 | 出口 | | | | 进口 | | | | 贸易平衡 | |
|---|---|---|---|---|---|---|---|---|---|---|
| | 巴西到中国 US $ FOB)(A) | 塞阿拉州到中国(B) | 中国在塞阿拉州的出口份额(%) | 巴西塞阿拉州出口中国的份额(%) | 中国到巴西 US $ FOB)(C) | 中国到塞阿拉州(D) | 中国占塞阿拉州进口份额(%) | 巴西塞阿拉州从中国进口的份额(%) | 塞阿拉州与中国的贸易平衡(B-D) | 塞阿拉州与中国的贸易往来(B+D) |
| 2003 | 4533363162 | 3025533 | 0.40 | 0.07 | 2147801000 | 27307281 | 5.05 | 1.27 | -24281748 | 30332814 |
| 2004 | 5441405712 | 10293227 | 1.19 | 0.19 | 3710477153 | 37655302 | 6.57 | 1.01 | -27362075 | 47948529 |
| 2005 | 6834996980 | 15505342 | 1.66 | 0.23 | 5354519361 | 41891049 | 7.12 | 0.78 | -26385707 | 57396391 |
| 2006 | 8402368827 | 20161773 | 2.10 | 0.24 | 7990448434 | 68610546 | 6.25 | 0.86 | -48448773 | 88772319 |
| 2007 | 10748813792 | 23925093 | 2.08 | 0.22 | 12621273347 | 187640340 | 13.33 | 1.49 | -163715247 | 211565433 |
| 2008 | 16522652160 | 24080844 | 1.89 | 0.15 | 20044460592 | 333260079 | 21.38 | 1.66 | -309179235 | 357340923 |
| 2009 | 21003886286 | 33493146 | 3.10 | 0.16 | 15911133748 | 182489244 | 14.83 | 1.15 | -148996098 | 215982390 |
| 2010 | 30785906442 | 39284730 | 3.09 | 0.13 | 25595419005 | 469160027 | 21.63 | 1.83 | -429875297 | 508444757 |
| 2011 | 44314595336 | 68100219 | 4.85 | 0.15 | 32790634943 | 384197225 | 16.00 | 1.17 | -316097006 | 452297444 |
| 2012 | 41227540253 | 67397136 | 5.32 | 0.16 | 34251274099 | 791210664 | 27.62 | 2.31 | -723813528 | 858607800 |
| 2013 | 46026153046 | 62706878 | 4.41 | 0.14 | 37303817486 | 869971155 | 26.35 | 2.33 | -807264277 | 932678033 |
| 2014 | 40616107929 | 61248096 | 4.16 | 0.15 | 37344985579 | 721431285 | 24.03 | 1.93 | -660183189 | 782679381 |
| 2015 | 35607523612 | 45085974 | 4.31 | 0.13 | 30719405022 | 585353690 | 21.76 | 1.91 | -540267716 | 630439664 |

资料来源：MDIC/SECEX.

习近平先生和塞阿拉州长塔索·杰里斯先生于1996年1月8日签署了缔结友好省州的意向书。意向书的目的是在与电子、信息技术、矿物开采（海盐）及商业等部门合作（时重点关注相关）信息交流、细化、文件编制和评估项目。

1996年11月，由于塞阿拉州的内部政治问题，塔索·杰里斯州长访问福建的计划被取消，代表团不得不从日本东京马上返回巴西。1997年3月，由中国驻巴西使馆公使率领的福建代表团访问了塞阿拉州。当时除了提出双方建立投资伙伴关系外，塞阿拉州工业联合会（FIEC）还接受邀请于1997年9月派出一个企业家代表团参加厦门博览会。1997年8月发生的亚洲金融危机中止了代表团访问福建的计划。

1998 年 8 月，由福建省外事办公室负责人李青洲（音译）率领代表团访问了塞阿拉州，提出建立商业伙伴关系（开设合资企业），并再次邀请塞阿拉州长前往福建访问。福建省与塞阿拉州新的合作倡议落实到位，而当时巴西在 1999 年底和 2000 年期间已经历着经济危机，这一紧急局势暂时中断了访问计划，但福建和塞阿拉之间定期的官方接触并未受到影响。

### （三）2001 年塞阿拉和福建正式缔结友好省州关系

2001 年 3 月，由福建省副省长王毅夫（福建省委主任）率领的代表团访问塞阿拉州。他受到塞阿拉副州长贝尼 · 维拉（Beni Veras）的接待。双方于 3 月 6 日签署了缔结友好省州的协议。双方同意在经济、贸易、科技、文化、体育、卫生、教育等方面促进友好交流与合作互利。福建省官员支持塞阿拉州代表团参加福建厦门市的国际投资贸易洽谈会（CIFIT）。

2002 年 9 月，福建省外宣办主任宋闽旺先生率领 6 名记者访问塞阿拉州，并准备拍摄一部在中国放映的关于塞阿拉州的纪录片。塞阿拉州向福建的媒体代表团提供了支持。

2004 年 3 月，由福建省外事办公室主任李奎舟（音译）率领的代表团访问了塞阿拉州，再次提出发展商机，并邀请州长访问福建。

2004 年 10 月，时任塞阿拉副州长的弗兰西斯科 · 玛雅率领一行五人到访福建，以促进经济交流。塞阿拉州代表团参加了在福州举办的福建国际友好城市会议。

2005 年 3 月，福建省副省长王美香率团访塞阿拉州，目的是促进两地经济合作。王美香副省长有意从塞阿拉进口花岗岩。

2005 年 9 月，塞阿拉州长卢西奥 · 阿尔坎塔拉先生率领企业家代表访问福建以促进与中国的经济交流。阿尔坎塔拉先生受到福建省委书记卢展工先生的接待。塞阿拉州代表团参加了厦门举办的中国国际投资贸易洽谈会（CIFIT）并得到了一个展位。

除了厦门和福州，卢西奥·阿尔坎塔拉州长的代表团还访问了上海、香港特别行政区和澳门特别行政区，并受到澳门特区行政长官何厚铧、澳门贸易投资促进局（IPIM）局长李彭宏的欢迎。[①]

由于福建与塞阿拉之间的商业合作前景良好，塞阿拉州计划于2006年再派贸易代表团访问福建。但塞阿拉的政治局势急转直下。随着2006年底选举的结束，自1987年以来统治塞阿拉的社会民主党（巴西社会民主党）被击败，巴西社会党（PSB）的戈德斯先生当选新州长，其设置了其他优先事项，塞阿拉州的国际化进程难以为继。

### （四）2007—2014年，姐妹省州关系陷入僵局

2003年，在州长阿尔坎塔拉的管理之下，尽管塞阿拉州的外事办公室获得了更多可利用的资源，但州政府的外交行动缺乏相应的法律框架。由于缺乏制度性保障，2007—2014年在州长戈麦斯先生的任期内外事办公室被撤消。除利用多边组织筹款外，戈麦斯政府的优先事项从发展对外关系转向内部事务。

由于塞阿拉州的外事办公室和其他与次国家政府外交相关机构的撤销，塞阿拉州失去了其在国际上行动的能力，其参与国际一体化的动力减少。2007年至2014年，福建省和塞阿拉州之间的关系因双方缺乏官方交流而完全中断。

### （五）2015年以来双边关系的恢复

2015年1月，卡米洛·桑塔纳（Camilo Santana）州长就任后

① 澳门贸易投资促进局记录塞阿拉州长到访的标题为：塞阿拉州政府商业代表团访问澳门贸易投资促进局，参见 http：//www. ipim. gov. mo/en/ccpsc/01. htm。

(任期至 2018 年 12 月)，由福建省常委陈桦率团到访福塔雷萨，重建自 2007 年以来双方中止的友好关系。中国驻累西腓的总领事王先安也是七人代表团成员之一。

福建省代表团受到了塞阿拉州政府官员的热烈欢迎，并承诺为提供更好的商业环境和加强对外贸易关系而采取行动。双方一致同意恢复友好省州关系。① 2015 年 7 月，中国驻累西腓总领事王先安再次到访塞阿拉，与工业联合会讨论了中国在塞阿拉州开采矿产的意向。

新任塞阿拉政府领导人认为上届州政府中断与中国友好往来的行政决定是错误的。为了挽回失去的时间，塞阿拉州长卡米洛·桑塔纳于 2015 年 8 月 6 日任命经验丰富的联邦议员安东尼奥·鲍曼先生担任外事办公室主任，并负责监管塞阿拉出口加工区（ZPECeará)，重点加强与中国的经济关系。

2015 年 11 月，安东尼奥·鲍曼先生率领代表团到访福建，重新确立双方的友好关系。他参加了福建省东盟政府官员和国际友好省州/城市联络官项目，并与福建省政府官员及商界人士讨论双方投资机会。

2016 年 4 月，福建省副省长黄琪玉率领代表团访问培森港和塞阿拉出口加工区。此外，黄琪玉还会晤了塞阿拉州长卡米洛·桑塔纳先生。

2016 年 9 月，安东尼奥·巴尔曼先生和塞阿拉代表团参加了厦门投洽会并设立展位。与此同时，为执行友好省州协议，以及在贸易和投资方面确立新的重点领域，双方签署了一份新的成立合作发展混合委员会协议书。

2016 年 11 月，塞阿拉州长卡米洛·桑塔纳先生访问福建。在其访问期间，桑塔纳先生还访问了总部位于福州的汽车制造商——东

① 双方中断 8 年官方正式交往后，2015 年 1 月福建代表团访问塞阿拉，受到当地媒体报道。安东尼奥·卡多索：“中国代表团希望加强与塞阿拉的关系。”参见塞阿拉州政府网站对该事件的报道。

南汽车工业有限公司，在访问该公司之前，福建省省长于伟国会见了州代表团一行，副省长黄琪玉也出席了此次会面。双方讨论了塞阿拉和福建之间的贸易伙伴关系。会后桑塔纳州长说“我们州与福建之间的业务前景十分良好”。

## 五、展　望

在经过8年关系的中断，塞阿拉政府与中国福建最终恢复了经济合作中的次国家政府外交倡议。2016年11月，塞阿拉州长卡米洛·桑塔纳亲自率领代表团访问福建。由此，双方的贸易、投资合作再次启动。塞阿拉州现在已准备好以更成熟的姿态与福建省开展双边关系。

所有这些都表明，福建将塞阿拉州看做巴西的一个新兴地区，是巴西市场的“先锋”，其中尤以培森港口、工业园区及出口加工区的吸引力最大。而对于塞阿拉州来说，友好关系的恢复可以为其带来显著的收益，因为福建省现在是中国最具活力的地区之一。①

由于两个地区之间缺乏互补性，因此尽管不能立即使塞阿拉州的出口受益，但可能会吸引中国在塞阿拉州投资矿产如（花岗岩和观赏岩石）开采，以及冶金、石油化工、汽车零部件等领域等。

目前正在进行的将中国炼油厂引进塞阿拉出口加工区的谈判，必将推动福建及其他中国省份增加在培森港出口加工区的投资。一旦巴西经济从持续两年的衰退中复苏，塞阿拉与福建的经济关系前景将会变得非常光明。

---

① 参见José Nelson Bessa Maia：“塞阿拉州与福建省伙伴关系的恢复”，O Povo，22.02.2016，http：//www.opovo.com.br/app/opovo/economia/2016/02/22/noticiasjornaleconomia，3578234/a-retomada-da-parceria-do-ceara-com-fujian.shtml。

## 参考文献

1. BUENO, *Ironildes. Paradiplomacia Econômica: Trajetórias e Tendências da Atuação Internacional dos Governos Estaduais do Brasil e dos Estados Unidos.* Brasília: Verdana, 2012.

2. CHEN ZHIMIN, "Coastal Provinces and China's Foreign Policy", in Yufan Hao and Lin Su (eds), *China's Foreign Policy-Making: Societal Force and Chinese American Policy* (London: Ashgate Publishing, 2005).

3. CHEN ZHIMIN, et al. "The Provinces and China's Multi-Layered Diplomacy: The Cases of GMS and Africa", *Hague Journal of Diplomacy* Vol. 5 (2010), 331 - 356. Available at: http://works.bepress.com/zhimin_chen/6/.

4. DUCHACEK, Ivo. "Perforated Sovereignties: Towards a Typology of New Actors in International Relations", In: *Federalism and International Relations: the role of subnational units.* MICHELMANN, Hans; SOLDATOS, Panayotis (orgs). Oxford: Claredon Press, 1990.

5. ERVINE, Patrick. "Can China be Defined as an Authoritarian State?", The University of Hull, February, 2011. http://www.e-ir.info/2011/02/04/can-china-be-defined-as-an-authoritarian-state/.

6. HOCKING, Brian. *Localizing Foreign Policy: Non-Central Governments and Multilayered Diplomacy*, London, Macmillan, 1993.

7. JENKINS, Rob. "India's States and the Making of Foreign Economic Policy: The Limits of the Constituency Diplomacy Paradigm". Publius; 33 (4), Fall 2003.

8. KINCAID, Jonh. Constituent Diplomacy in Federal Polities and the Nation-State: conflict and cooperation. In: MICHELMANN, Hans; PANAYOTIS, S. *Federalism and International Relations.* Oxford: Claredon Press, 1990.

9. LEVY, *John M. Economic Development Programs for Cities Counties and Towns.* New York: Praeger, Second Edition, 1990.

10. MARCOVITCH, Jacques; DALLARI, Pedro (orgs). *Relações Internacionais de Âmbito Subnacional: A Experiência de Estados e Municípios no Brasil.* São Paulo: Instituto de Relações Internacionais/USP, 2014.

11. PAQUIN, Stephane. "Les Actions Extérieures des Entités Subétatiques: Quelle Signification pour la Politique Comparée et les Relations Internationales?", Revue Internationale de Politique Comparée, Vol. 12, No. 2, 2005.

12. RODRIGUES, Gilberto Marcos Antônio. "Política Externa Federativa: análise de ações internacionais de estados e municípios brasileiros." Rio de Janeiro: Centro Brasileiro de Relações Internacionais-CEBRI, 2006.

13. ROSENAU, James. *Turbulence in World Politics: A Theory of Change and Continuity.* Princeton, N. J.: Princeton University Press, 1990.

14. "The Governance of Fragmegration: Neither a World Republic nor a Global Interstate System." Paper at the Congress of the International Political Science Association, Quebec City, August, 2000.

15. "Patterned Chaos in Global Life: Structure and Process in the Two Worlds of World Politics," *International Political Science Review*, Vol. 9, No. 4, Oct., 1988, pp. 327 – 364.

16. SOLDATOS, Panayotes. "Cascading Subnational Paradiplomacy in an Interdependent and Transnational World", in: *States and Provinces in the International Economy.* Editors: Douglas M. Brown and Earl H. Fry. Berkeley: University of California, Institute of Governmental Studies Press, and Kingston Institute of Intergovernmental Relations, Queen's University, 1993.

巴西网址来源：

http：//www. cearaagora. com. br/site/2015/01/delegacao-chinesa-quer-fortalecer-relacoes-com-o-ceara/.

http：//www. opovo. com. br/app/colunas/verticalsa/2014/07/05/noticiasverticalsjja，3277576/xi-jiping-e-as-relacoes-com-o-ceara. shtml.

http：//www. opovo. com. br/app/opovo/economia/2016/02/22/noticiasjornaleconomia，3578234/a-retomada-da-parceria-do-ceara-com-fujian. shtml.

中国网址来源：

http：//www. fjfao. gov. cn/english/sistercities/201501/t20150123_908799. htm.

http：//www. ipim. gov. mo/en/ccpsc/01. htm.

# 里约奥运会期间中国预防性领事保护分析*

周思邑**　刘君成***

## 一、引　　言

党的十八大以来，国家领导人多次发表讲话强调，从实现中华民族伟大复兴的战略高度重视发展体育事业，将“建设体育强国”写入体育发展“十三五”规划，使中国从体育大国向体育强国转变。中国一直是国际赛事的积极参与者，加上国家高度重视，必将有更多的中国运动健儿参与国际性赛事，以赛促发展。

奥运会作为全球三大赛事之一，一直致力于促进世界和平，增进各国人民友谊。但“慕尼黑惨案”和一些极端案例，给奥运的历史蒙上了阴影。因此，为保障奥运会顺利进行，各国人民能够平安共享体育盛典，除了东道主国应付出各方面的努力外，还需要参赛国做好领事保护工作，重中之重则是预防性领事保护

---

* 本研究是重庆市高等教育学会2017—2018年高等教育科学研究课题一般项目：《创新创业视角下〈领事与侨务〉跨学科实验课程体系研究》（项目编号：CQGJ17091B），2017年四川外国语大学校级教学改革研究项目：中国深度融入国际体系下《领事与侨务》跨学科实验体系建设研究（项目编号：JY176009），和2017年国家级大学生创新创业项目：金砖国家领事保护比较与合作研究（项目编号：201710650002）的研究成果。

** 周思邑，四川外国语大学国际关系学院讲师，研究方向为领事保护。

*** 刘君成，四川外国语大学葡语系，研究方向为葡语国家研究。

工作。

里约奥运会开幕之前，巴西面临深刻的危机：政治方面，石油公司贪腐案震动整个巴西政坛，牵连众多政客，国家权力机器面临瘫痪的风险；经济方面，经济结构矛盾凸显，经济增长迟缓，贫富分化日益严重；社会治安方面，境内黑帮众多，暴力犯罪横行，小型罢工频发，抗议示威不断，恐怖组织也扬言要在奥运会期间发动袭击；此外，寨卡疫情日益蔓延至巴西全境。如此错综复杂的情况，是之前的奥运会主办方从未遇到过的，因此无论是对主办国还是各国的领事保护机制都是一次重大的考验。因此，做好奥运会的预防性领事保护工作，不仅能为以后的国际赛事的领保工作提供经验与启示，还能为其他特殊时期以及常态下的领保工作提供借鉴与参考。

从学术层面而言，中国对领事保护的研究主要集中于对不同国别的领事保护机制的研究，对特殊时期或者重大事件发生之时的领事保护研究并不是很多。因此，笔者选取“里约奥运会期间中国预防性领事保护分析”作为研究题目，希望对里约奥运会期间中国的预防性领事保护进行系统深入的分析，为中国的领事保护研究添砖加瓦，也为后来的研究者提供些许参考。

## 二、文献综述

目前国内外对领事保护的系统且专门的研究较少，已有成果大致可分为以下几类：

### （一）从国际法的角度论述领事保护

一般的国际法著作会对涉及外交领域的领事保护做简略论述。

如《维也纳领事关系公约》《奥本海国际法》[1] 及《领事往来及豁免条款草案》（“Draft Arteries Consular intercourse and Immunities”）等。

专著方面，李宗周著，梁宝山等译的《领事法与领事实践》[2]以《维也纳领事关系公约》为基本柜架，全面介绍领事制度的产生和发展变化，着重介绍了美国等西方国家在领事保护方面坚持的原则、政策和处理方法，是研究领事保护必须拜读的著作。梁宝山所著《实用领事知识：领事职责·公民出入境·侨民权益保护》[3] 通俗系统地介绍了现代领事关系和领事业务领域内各方面的知识，包括领事的起源、发展和现状，但是未对领事保护做全面而深入的研究。

除了以上专著还有一些论文期刊也对领事保护有具体论述。万霞在“海外公民保护的困境与出路——领事保护在国际法领域的新动向”[4] 中，论述了国际领事保护机制的新发展趋势，包括体现在国家责任的加强、领事保护形式从单一保护到多重保护、领事保护内容的完善和保护行为的规范化四个方面。意大利学者亚历山德罗·亚尼安洛·萨利切蒂（Alessandro Ianniello Saliceti）发表在《欧洲公法》（*European Public Law*）上的文章《保护欧盟海外公民：责任、法治、领事和外交服务的角色》（*The Protection of EU Citizens Abroad: Accountability, Rule of Law, Role of Consular and Diplomatic Services*）[5] 论述了保护海外国外公民的观念诞生于 17 世纪和 18 世纪的

---

① ［英］罗伯特·詹宁斯、阿瑟·瓦茨修订，王铁崖、李适时、汤宗舜、周仁等译：《奥本海国际法》上卷第二分册，中国大百科全书出版社 1998 年版。

② ［美］李宗周著，梁宝山、黄屏、潘维煌、夏莉萍译：《领事法和领事实践》，世界知识出版社 2012 年版。

③ 梁宝山：《实用领事知识：领事职责·公民出入境·侨民权益保护》，世界知识出版社 2001 年版。

④ 万霞：“海外公民保护的困境与出路——领事保护在国际法领域的新动向”，《世界经济与政治》2007 年第 5 期，第 37—43 页。

⑤ Saliceti Alessandro Ianniello, “The Protection of EU Citizens Abroad: Accountability, Rule of Law, Role of Consular and Diplomatic Services.” *European Public Law*, No. 17, 2011, pp. 91 – 109.

"国家法"理论，找到了领事保护法律的最初来源。

### （二）从国别角度论述领事保护

1. 对欧美等西方发达国家的领事保护研究

夏莉萍教授刊登在《外交评论》期刊上的文章《美英领事保护预警机制的特点及对我国的启示》，[①] 通过对美英领事保护预警机制的特点进行分析并为中国的领事保护建设提出了启发性的建议。意大利学者乔治·波兹奥（Giorgio Porzio）出版在《海牙外交杂志》（*The Hague Journal of Diplomacy*）上的学术论文《欧盟视角下的领事协助与保护》（*Consular Assistance and Protection: An EU Perspective*）[②] 从欧盟视角论述了领事保护的重要性，但对预防性领事保护没做详细论述。

2. 对中国的领事保护研究

王涛发表在期刊《理论观察》上的文章《新形势下加强中国领事保护机制的若干思考》[③] 就新时期下中国领事保护机制面临的挑战提出了建议，作者也提到外交部加强预防性领事保护的九大举措，即建机制、抓领馆、下地方、进企业、入校园、建网站（即"中国领事服务网"）、搭平台（即移动通讯平台）、用媒体以及发指南。夏莉萍在《从利比亚事件透析中国领事保护机制建设》[④] 中，分析了在利比亚撤侨行动中，中国预防性领事保护机制存在一些薄弱环节，领事保护应急协调机制的优势得到充分发挥，一定程度上

① 夏莉萍："美英领事保护预警机制的特点及对我国的启示"，《外交评论》2006 第1期，第70—75页。

② Porzio Giorgio, "Consular Assistance and Protection: An EU Perspective." *The Hague Journal of Diplomacy* No. 3, 2008, pp. 93 - 97.

③ 王涛："新形势下加强中国领事保护机制的若干思考"，《理论观察》2012 年第5期，第28—30页。

④ 夏莉萍："从利比亚事件透析中国领事保护机制建设"，《西亚非洲》2011 年第9期，第104—119页。

弥补了预防机制的不足。利比亚撤侨为未来的中国领事保护机制建设提供了经验借鉴。卢文刚在《2014 年中国在东南亚地区的领事保护问题及改善对策研究》[①] 中，梳理了 2014 年中国公民在东南亚地区遭遇的主要安全事件，结合中国在东南亚地区的领事保护工作现状，分析了存在的问题，提出了对策建议。

3. 对其他发展中国家的领事保护研究

杜玛伊基娜·瓦列丽娅在《中国和俄罗斯领事保护法律制度比较研究》[②] 中，从中国领事保护制度的发展与问题、领事保护对象、适用条件及保护方式几个角度对中俄两国的领事保护法律制度进行了比较研究，并对中俄双方法律制度建设提供了相关建议，这对中国完善领事保护法律制度具有重要的参考性。不过，尽管她在文章中提到领事保护的预防阶段采取的措施，但是仅仅局限于提供一些基础性的帮助。师会娜在《菲律宾领事保护研究及其对中国的启示——以菲律宾海外劳工领事保护为例》[③] 中，对菲律宾海外劳工领事保护的变迁、制度现状做出了分析，并从信息的发布与传递方面分析了菲律宾政府采取的预防性措施，该论文从发展中国家的成功实践中总结出对中国领保建设的建议，是对领事保护研究领域的拓展。

综上，当前对领事保护的研究仍处于起步阶段，虽然学术论文及期刊涉猎这一领域相对丰富，但是主要集中在对中国及欧美发达国家的研究，加之缺乏专门而深入的研究，导致目前学术著作仍较为匮乏。此外，针对特殊时期的领事保护研究成果相对较少。因此，本文选取里约奥运会这一特殊时期，试图通过文献阅读、案例分析等研究方法对该时期的预防性领事保护进行研究，从而为中国的领

---

① 卢文刚："2014 年中国在东南亚地区的领事保护问题及改善对策研究"，《东南亚纵横》2015 年第 5 期，第 25—31 页。

② ［俄］杜玛伊基娜·瓦列丽娅：《中国和俄罗斯领事保护法律制度比较研究》，辽宁大学博士学位论文，2015 年，第 56—174 页。

③ 师会娜：《菲律宾领事保护研究及其对中国的启示》，暨南大学硕士学位论文，2013 年，第 11—43 页。

事保护研究添砖加瓦，并且希望能够为领事保护机制的完善建言献策。

## 三、里约奥运会期间中国预防性领事保护

### （一）里约奥运会期间存在的风险因素

1. 全球赴巴人数激增

据统计，里约奥运会由 207 个国家和地区，共计约 10500 名运动员及工作人员参与。此外，根据外交部领事司提供的数据，赴巴西的中国奥运军团规模达到 711 人，是中国代表团境外参加奥运会规模最大的一届。此外，还有一千多名媒体报道人员和数万名到巴西观赛及从事志愿服务的中国公民，赴巴人数规模创历史新高。①

奥运会开幕前，据途牛旅游网南美游相关负责人透露，奥运会使南美洲渐成新的热门目的地，同时将掀起巴西旅游热潮。在办理巴西奥运签证时，所需提交的资料大大简化，办理时间也调整为 12—15 个工作日，较之前缩短了一半时间。② 这将带动更多中国游客亲临里约奥运赛场。

根据里约奥组委 2016 年 8 月 7 日提供的数据显示，奥运会门票共计 610 万张，已经售出 82%，销售收入达到 10.9 亿雷亚尔（约合 22.9 亿元人民币），还有 110 万张门票待售，已售出门票中 110 万张为非巴西人购买，购买者多来自美国、法国、阿根廷、德国和日本。③

综上所述，奥运会期间，庞大的奥运队伍及大批来自世界各地

① “外交部：赴巴中国公民将创下历史新高”，中国新闻网，2016 年 7 月 19 日，http://www.chinanews.com/ty/2016/07-19/7944566.shtml。

② “游巴西看奥运”，中国侨网，2016 年 7 月 14 日，http://www.chinaqw.com/hqly/2016/07-14/95327.shtml。

③ “里约奥运会门票百万张待售总体状况良好”，国家体育总局，2016 年 8 月 9 日，http://www.sport.gov.cn/n318/n352/c738206/content.html。

的游客涌入巴西。各国人民无论是生活习惯还是文化传统方面都存在巨大差异，这也会成为引发冲突的潜在因素。

2. 巴西政府深陷贪腐丑闻，政局极度动荡

奥运会开幕前，众多政客牵涉其中的“巴西史上最大贪腐案”巴西石油公司贪腐丑闻持续发酵，震动了整个巴西政坛，时任总统罗塞夫、副总统特梅尔以及众议长库尼亚面临被弹劾的风险。政府多名高官卷入贪腐丑闻之中，也使普通民众对政府的信任度降至冰点。在奥运会开幕之前 4 个月，体育部长希尔顿猝然离职，奥运会前景愈发不明朗。

3. 经济下行严重，社会治安恶化

2014 年巴西经济严重下滑，严峻的经济形势导致大量劳工失业。2015 年，巴西失业率更是飙升到 8.5%，[①] 全国有 2 亿人口的巴西，失业人数达到了 860 万。失业率往往同犯罪率绑在一起，庞大的无业游民数量成为巴西治安的不稳定因素。根据里约州公共安全研究所发布的数据，2016 年 1 月至 8 月，里约州共发生谋杀案 4111 起，同比增加 21%。抢劫行人案件总计达 104302 起，同比增加 47.8%。中国驻里约总领馆在此期间已经处理数起中国公民遭持械匪徒抢劫的案件。

由于长期以来不重视缩小贫富差距，加上经济发展水平下降，巴西的贫富差距已经到了比较严重的地步。尤其是贫民窟的不断扩大，人数不断增多，已经成为巴西最不稳定的因素之一，也是社会矛盾爆发的焦点之一。此外，巴西黑帮盛行，贫民窟里毒品、军火贸易频繁，更是频发帮派火拼事件。

4. 寨卡疫情蔓延，恐怖主义威胁

奥运会开幕前期，巴西爆发大规模寨卡疫情。随着疫情蔓延，巴西政府自 2016 年 2 月起建立寨卡热病例强制报告制度。统计数字

---

① “巴西 2015 年失业率为 8.5% 创 3 年来新高”，中国新闻网，2016 年 3 月 16 日，http://www.chinanews.com/gj/2016/03-16/7800236.shtml。

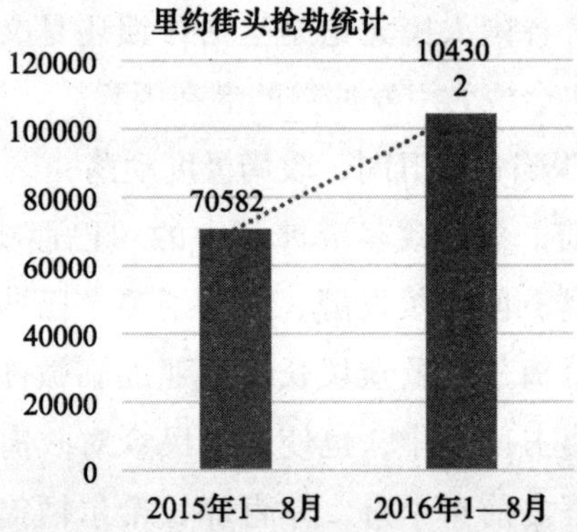


**图 1　里约谋杀案统计**

数据来源：Institute of Public Security，Brazil.

**图 2　里约街头抢劫统计**

数据来源：Institute of Public Security，Brazil.

显示，截至 2016 年 4 月 2 日全国已有超过 1000 座城市报告寨卡热病例，而报告病例数最多的区域是巴西人口最为密集的东南部地区，达 35505 例，东北部和中西部地区紧随其后。在所有疑似寨卡病例中，孕妇疑似感染数为 7584 例，其中 2844 例已确诊。①

---

① “巴西政府首次公布寨卡疑似病例数”，新华网，2016 年 4 月 27 日，http：//news. youth. cn/gj/201604/t20160427_7920872. htm。

同时，巴西还面临外部恐怖势力威胁，“伊斯兰国”法籍“刽子手”马克西姆·澳沙尔就扬言，“巴西是下一个恐怖目标”。

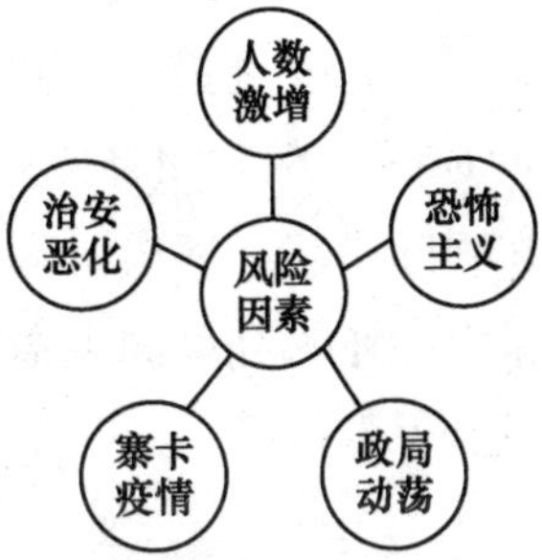


**图3　里约奥运会期间存在的风险因素**

## （二）预防性领事保护措施

1. 现场为主，多元出击

自2014年巴西世界杯之后，中国驻巴西大使李金章就提出“里约奥运计划”，开展前期调研、筹备、动员等工作。前期准备阶段，李金章大使多次召开使领馆联席会议研究部署奥运相关工作，并亲自做里约奥组委、联邦政府、州、市政府负责人工作，还多次赴奥运场馆实地考察。中国驻巴西使领馆全程参与奥运吹风会，与主办方保持经常性沟通，与奥运会举办城市和中国奥运军团适应性训练基地圣保罗的主管部门建立起联系。赛前，奥运代表团接待、领事保护、新闻与公共外交、推动“中国制造”参与奥运、志愿者动员等工作均已紧锣密鼓、全面有序地展开。

与此同时，使领馆还与巴西政府官员频繁举行会晤，就与领保工作相关的事项进行深入探讨与交流，特别是与巴西联邦警察部门、相关州安全厅建立沟通渠道。除上述措施之外，公安部已在驻里约、圣保罗总领馆派驻临时警务联络官配合使领馆协助巴西政府处理突发事件。

2. 印制宣传教育资料

中国驻巴西使领馆译制里约州安全厅的《公共安全指南》《市

民自我保护手册（中葡对照本）》等安全手册，引导读者培养良好的安全习惯。中国驻巴西使领馆还印制《中国公民领事保护和协助简明指南（里约奥运版）》，其中提供驻巴西使领馆地址和联系方式、领事保护与服务范围、旅行安全提示和其他实用信息，还印制了《里约热内卢官方旅游地图（中文注释版）》《公民自我保护手册》等宣传教育材料，在国际机场、酒店、奥运场馆聚集区等场所发放。另外，外交部领保中心还为赴里约观赛的中国游客印制了贴心的"出境安全小锦囊"领保卡片。

3. 发布安全警示信息

中国领事服务网、"领事直通车"微信及驻巴西使领馆网站、"巴西专线"和"中国驻圣保罗总领馆"微信公众号和"里约奥运贴士"微博账号等平台，都专门开设了奥运专题，及时发布旅游安全警示提示信息。此外，还与国内电信部门合作，启动了里约奥运会安全提醒专题短信服务。

4. 成立应急工作小组

首先，外交部领保中心成立了工作组，保障"12308"全球领保热线畅通。其次，驻巴西使领馆组成应急小组，并制定紧急应对预案以防不测。再次，建立专门的微信工作群，以便使馆统一协调各个总领馆。最后，广泛吸收海外侨胞及社会志愿者组成"里约后援团"通过微信群及时就近协助有领保需求的中国公民。

5. 五位一体，四馆联动

首先，中央政府高度重视，各部委相关部门密切合作，高效联动，推动预防性领事保护措施的执行。其次，在外交部指导支持下，构建驻巴西大使馆与驻里约、驻圣保罗及驻累西腓领事馆四馆联动的领事保护工作网络，进一步细化应急处置机制和领保预案。最后，由驻外使馆牵头，各领事馆协同，各华人团体、企业联合会、留学生志愿者等团体多方参与。综上，就此形成了中央、外交部、使领馆、公民个人及社会团体"五位一体"的工作格局。一方面，有利于中国政府加强对海外公民及团体的思想意识教育，普及安全防范知识；另一方面，有利于发挥公民个人及社会团体各自的优势，实现资源互补，合理分配，助力预防性领事保护。

## ◆ 四、里约奥运会期间预防性领事保护分析及建议 ◆

### （一）预防性领事保护效果分析

尽管里约奥运会开幕之前，存在一些对里约奥运会能否成功举办的质疑，但赛后各界评价总体较好。

巴西最大的报纸《圣保罗页报》在网站上发布了题为“里约奥运会被外国游客认可吗?”的视频采访。面对镜头，绝大多数游客都对里约奥运会给出类似“很好”“令人惊讶”的评价。巴西《大地》称，尽管奥运前里约治安状况不佳，但是开赛后安全状况明显改善，尤其是场馆附近。路透社援引一名参加闭幕式的里约居民的话说：“虽然面临很多问题，但我们还是办了一届很好的奥运会，没发生什么太糟糕的事。我想说奥运会比预期的要好。”国际奥委会主席托马斯·巴赫也在奥运会即将闭幕时评论里约奥运会是一届具有“标志性”意义的奥运会，它向世人证明了“举办奥运会不是 GDP 大国的专利”。因此，各界对里约奥运会的评价总体而言还是正面的。

搜索国内外媒体报道，里约奥运会期间也发生了一些不安全事件，多是游客遭盗窃类报道，鲜有人员伤亡的报道记录。如新西兰的柔术运动员杰森·李（Jason Lee）就遭遇当地警察“绑架”并勒索贿赂等。

里约奥运会安全状况整体虽好，但是依然出现了一些侵犯中国公民人身、财产安全的现象。这些事件中的很大一部分，由于使领馆工作人员在事后积极应对，尽可能地把中国公民所遭受的损失降到了最低。如，一中国公民在危险区域被警察当成罪犯抓走，使领馆工作人员通过该公民手机定位找到警局并通过交涉澄清误会。再如，国家体育总局反兴奋剂中心的几名工作人员，在前往运动员公寓做兴奋剂检查时，遭遇持枪抢劫被洗劫一空，接到报案，领馆工作人员即在深夜陪同这几名中方人员前往警局立案、做笔录并积极与当地警方协调，很快锁定歹徒。当然，还有一小部分事件最终不了了之，导致中国公民的合法权益没有得到应有的维护。如中国田径运动员史冬鹏与一位媒体朋友刚到里约就遭遇“团伙钓鱼偷窃”，结果丢失了贵重的摄像设备，向巡警报案，最终也没有得到回复。

### （二）预防性领事保护不足分析

1. 公民的领保权利缺乏本国法律的依据

中国至今没有出台关于领事保护的专门的法律，为公民可享受的领保服务提供法律依据，尽管《中华人民共和国宪法》及一些法律有对维护海外公民权利的相关规定，但缺乏统一的实施细则。首先，公民可能受限于个人素质，存在侥幸心理，对领保官员提出无理的要求，影响领保官员正常的工作，降低处理领保案件的效率。其次，由于无法可依，领保官员在提供领保服务时也有可能存在诸多损害公民的行为。

2. 领事保护资源相对不足

巴西国土面积居世界第五，巴西同中国的交往日益密切，但中国在巴西仅有中国驻巴西利亚大使馆和驻里约、圣保罗、累西腓三个领事馆。

中国共有驻外外交机构 260 多个，却只有 5000 多名外交人员，其中仅有 2500 多人在国外工作。① 据相关研究，目前中国外交部干部中，专职领事工作人员，包括领事司的 150 多名干部，驻外使领馆负责领事侨务工作的 600 多人，一共加起来在 750 人左右。而实

① “外交部官员称，中国将增加驻外外交人员”，中国新闻网，2009 年 10 月 31 日，http：//www. chinanews. com/gn/news/2009/10 – 31/1940850. shtml

际上，这750人里专司领保工作的人员还不到一半。另据外交部一些官员公开透露的估算数据，目前中国每一位驻外使领馆领事官员每年要服务超过18万的海外公民，这个数字是美国的30余倍，[①] 可见其工作强度。加之国内出境人数逐年增长，更是加剧了领保的压力。此外，领事官员的工作能力也参差不齐，如本次奥运会中，中国公民因不了解当地禁止私下买卖门票而违规之后发现，驻当地中国使领馆工作人员对该项规定也是一无所知。

3. 缺乏对领保官员的监督与问责机制

《中国公民领事保护和协助简明指南（里约奥运版）》对领事官员可提供的及不可提供的服务做出了明确的限定，但并没有提到任何对领事官员的监督及问责机制。这就导致公民在寻求领保服务的过程中可能遭遇不公平对待，同时可能面临投诉无门的境遇。

## （三）预防性领事保护改进建议

1. 加强国内立法工作

应高度重视法制建设，加快领事保护立法，不断完善与领保相关的法律法规体系，规范官员领事保护的职责范围，为预防性领事保护提供统一且具有约束力的规划与执行根据，使领保官员做到领事保护有法可依、有法必依、违法必究，进一步提高驻外使领馆的领保服务水平，更好地维护海外公民及企业的合法权益，这也是政府"以人为本"理念的高度体现。此外，通过法律明确规定公民享有的领事保护权利及应履行的义务，对公民在寻求领保服务时给予相应的法律约束，避免公民存在诸如"吃拿要"的侥幸心理及提出无理要求，也能进一步提高领保官员的工

---

① "外交部长王毅：不断改进发展领事保护和服务工作"，人民网，2013年3月22日，http：//politics. people. com. cn/n/2013/0322/c70731 -20881399. html。

作效率，缓解工作压力。

2. 加强外交人才队伍建设

首先，政府应通过加大各方面资金投入，建设一支素质优良、技能过硬的师资队伍，创新人才培养模式，实现由传统的理论教学为主向理论教学与实际应用兼顾的转变，实现由着重培养语言能力向语言、外交知识及国际素养多学科并重的转变，同时学习国外先进的外交人才培养模式，针对领事保护领域培养专业人才，着力培养更多的知识储备深厚、实践经验丰富的外交人才。其次，创新人才选拔模式，实现由重学历向重能力的转变，实现由外语人才为主的外交队伍向外语能力优秀、专业能力突出的外交队伍的转变。再次，还必须完善培训与考核制度，不断提高工作人员的工作能力与素质。最后，必须扩充外交队伍。

3. 增加领馆数量或增设代办处，扩大领保辐射面

通过适当增设领馆或者在尚未有领馆但又有较多领保服务需求的地区设置代办处，建立更为完善的领保网络，扩大其领保覆盖面，方便公民就近获取领保服务的同时，缓解目前领馆数量不足造成的工作压力。

4. 不同国家使领馆间合作常态化

中国驻不同国家使领馆间加强合作，无论是平常还是特殊时期，实现驻各国使领馆领保的合作机制。特殊时期，从领保需求较小的地区向领保需求较大的地区抽调经验丰富的领事官员协助高效处理领保案件，缓解工作压力。尤其应强化特殊时期的领保预防机制的建立，有效预防和处理跨国领事案件。金砖国家间可搭建金砖领事保护合作平台，促进人员往来、完善签证护照制度、合作打击恐怖主义和非法移民等。

5. 推动建立对领保官员的约束机制

完善监督方面的法律体系，将监督与问责的机制转换为法律条文的明确规定，形成约束力，做到有法可依，并逐步增强法律的系统性、协调性、适应性、可操作性，从而提升监督制度的效能。

完善国家权力机关、司法机关、上级政府、内部各部门及社会监督的管理体系，增强整体设计协调性，形成合力，强化责任追究，形成有力的监督机制。

完善各类监督信息的收集、运用、反馈的渠道。充分利用海外监督资源，有利于各监督主体及时反馈，从而加强对领保官员的监督。

6. 引入社会力量

（1）发动海外留学生及侨胞作为志愿者协助处理突发事件。留学生和海外侨胞，首先具有通晓驻在国语言的优势；其次，对驻在国的风土人情各方面有较深入的了解，能够打破语言障碍，帮助有领保需求的公民与当地民众或者政府工作人员进行沟通。

（2）发挥当地华人团体、侨团以及当地中资企业联合会的作用。充分发挥华人团体、侨团以及当地企业联合会的优势，这些团体本身就有一个完整的联系网络，通过这些组织，可以充分盘活当地资源，实现资源共享，从而弥补领保资源的不足。

（3）聘请当地人士协助处理领保事件。聘请经验丰富的当地人士，发挥其语言能力、对当地法律法规及社会风俗等了解深入、人脉资源丰富等优势，协助领保官员与当地政府交流协商领保案件，提高办事效率。

## 五、特殊时期预防性领事保护对领保建设的启示

### （一）特殊时期的预防性领事保护措施常态化

新时期，随着改革开放的深化，中国国家实力的不断增强，加上“一带一路”倡议的推动，必将有更多的中国公民和企业走遍世界各个角落。据统计，2016 年，仅出境旅游人数就达到了 1. 22 亿人次且持续上升的势头明显。此外，据教育部统计，2016 年中国出国

留学人员总数为 54.45 万人，较 2012 年增长 14.49 万人，增幅为 36.26%。此外，还有两万多家中资企业遍及世界各地。这些必然导致对领事保护需求的直线增长。

此外，当今世界，气候变化导致自然灾害频发，世界经济整体低迷引发社会动荡，恐怖主义袭击越演愈烈。这些非传统安全因素导致的突发事件时有发生，客观上使中国的领事保护工作面临严峻的挑战。中国当前已进入全球多点同时爆发各类领事保护案件的时代，并呈常态化发展趋势。

中国在特殊时期的预防性领保方面取得了重大成就，无论是利比亚撤侨行动，还是波士顿马拉松爆炸案的善后工作，抑或是里约奥运会的组织工作，最终能够取得圆满结果都离不开领保做出的贡献。这也是党“以人为本”“外交为民”的执政理念，以及政府“为人民服务”的宗旨的最佳体现，不仅使本国公民享受到应有的尊严与应得的保护，增强了中国人民的民族归属感和自豪感，也向世界树立了良好的大国形象，获得了国际社会的广泛赞誉。

因此，若能将特殊时期的预防性领保措施常态化，必将推动中国领保建设的发展，更好地维护海外中国公民和企业的合法权益。

### （二）公民领保期待合理化

随着经济收入的不断提升，经济实力的不断增强，无数国人走出国门，或探访亲友，或游学经商，曾经陌生的外交词汇“领事保护”逐渐进入一般老百姓的视野，并成为他们愈发关注的话题。领事保护与老百姓的切身利益息息相关，因而公众也更加关注政府在领保方面的作为，对政府领保服务能力的期待越来越高。

同时，由于领事保护职责界限不明确，政府也面临着一些公民对领事保护服务过度期待与依赖的困境。他们往往觉得政府是包办政府，负责为公民提供“保姆式服务”，甚至提出许多无理要求。加之科技的发展，信息的传播打破了时间、空间的限制，在实施领事保护服务过程中，稍有疏忽就会引发公众的批评，虽有利于监督政府工作，但某种程度上也加剧了政府实施领保工作的难度。

因此，不管是出于维护海外公民及企业的合法权益的考虑，还是出于缓解领保工作人员的工作压力、提高办事效率的考虑，公民领保合理化势在必行。

### （三）搭建金砖国家领事保护合作平台

2017 年是金砖国家“中国年”。同为金砖国家的中国与巴西，人员往来频繁，经济交往密切。2017 年 9 月，福建省厦门市举办金砖国家领导人的第九次会晤，以“深化金砖伙伴关系，开辟更加光明未来”为主题，回顾总结过去 10 年金砖国家的合作经验，规划未来发展愿景。面对日益增加的海外风险和不断攀升的出国公民和机构数量，金砖国家若以经济交流、人员保护为合作领域，势必打开合作新局面。

搭建金砖国家领事保护合作平台，推送和更新护照签证动态，合作打击非法移民，解释双边和多边法律法规，出台更接地气的风险提醒和案例警示，提供领事认证和公证业务咨询等。通过搭建全方位的金砖国家领事保护合作平台，必将推动金砖合作研究迈向更广层次、更宽领域、更深程度。

# 中国与巴西构建可持续伙伴关系的进展评估

牛海彬*

2009年，中国首次成为巴西最大的贸易伙伴。对华经济关系对巴西经济结构以及可持续发展的影响越来越成为巴西战略界关注的重要议题，这也是在中巴经贸关系基于双方互补性快速发展时期提出的命题。然而，随着原材料超级周期结束和世界经济增长乏力，巴西经济自2015年进入连续衰退的局面，国内政局也因罗塞夫总统弹劾案和腐败调查而充满不确定性，这对中巴如何理解和推进双边经贸关系都提出了挑战。本文试图通过考察特梅尔政府时期的中巴伙伴关系，检视中巴双方如何看待中巴战略伙伴关系面临的新挑战，以及双方如何在新形势下推动可持续发展的伙伴关系。

## 一、巴西国内变化对中巴战略伙伴关系的考验

巴西近年来遭受的政治和经济困局促使该国精英更加深入地思考发展模式的问题。在劳工党执政期间，受益于世界经济的景气，巴西经济发展主要依赖信贷支持的消费、劳动力就业的增加以及初级商品的繁荣，而国内投资率不足、生产效率的低下以及社会开支

* 牛海彬，上海国际问题研究院美洲研究中心副主任、副研究员。

过度扩张等结构性缺陷没有得到充分的注意。特梅尔政府的经济政策注重结构性调整以恢复投资者信心。其延续了罗塞夫政府在能源领域放松价格管制的调整策略，通货膨胀率在经历了短期的阵痛式升高后逐渐回落到央行调控目标范围之内，为巴西大幅降低基准利率以促进经济活力提供了好的基础。特梅尔政府的施政重点是推动财政健康和恢复投资者信心，为此力推养老金改革、私有化改革、基础设施领域的公私合作伙伴关系以及紧缩性的财政政策，其中很多都需要议会内其他政治势力的配合。对巴西的长远发展来说，提升生产率和竞争力更加重要，而这需要规模更大和更多元的投资，在这方面中国被认为是巴西一个日趋重要的合作伙伴。

巴西政局出现的动荡对中巴经济合作造成了一定的冲击，中方企业投资巴西的热情遭受挫折。以洗钱案为代表的腐败调查不仅涉及政坛领袖，而且影响到巴西石油公司以及诸多建筑公司的运营，政经不确定性加剧导致巴西丧失投资信用评级，这一态势势必影响到中企对巴西的投资信心。随着 2016 年 8 月特梅尔继任总统后巴西新政府的一系列政策努力，巴西经济形势逐渐趋于好转，国际评级机构上调巴西评级。考虑到特梅尔政府在结构性财政改革上的成果以及巴西通胀率超预期下降、经济出现复苏迹象等因素，穆迪公司在 2017 年 3 月 15 日将巴西信用评级的展望从负面调整为稳定，主权债务评级仍维持在 Ba2。穆迪认为，特梅尔政府显示出推动财政改革和社保改革的意志和能力，虽然仍然受困于腐败调查和选举资金舞弊调查的困扰，但它是一个日趋有效运行的政府。另外，政府对巴西石油公司金融支持的下降也有助于降低风险。穆迪预计，巴西在 2017 年可以实现 0.5%—1% 的增长，2018 年约增长 1.5%，通胀率 2017 年有望回归到巴西央行制定的理想范围值 4.5%。

随着巴西经济形势出现好转迹象，中企对巴西的投资信心也逐渐得到恢复和加强。比如，中国公司原计划投资巴西炼油厂的项目一度受到罗塞夫总统弹劾案的影响而暂停，塞阿拉州（Ceara）政府官员表示一切都取决于巴西的经济稳定和政策的推进。① 2016 年 11 月，塞阿拉州政府与广东振戎能源有限公司签订了谅解备忘录，目前该项目正处于中方主管机构的审核中。该项目预计投资 60 亿美元，日均炼油产能为 30 万桶，这对于依赖进口汽油的巴西来说是一项相当重要的投资项目。加之有志于在本国发展炼油业的巴西石油公司深陷腐败调查和债务危机，不少炼油业务的项目不得不取消或搁浅，而且该公司相对于中国同行投资成本高出不少，对巴西炼油业有兴趣的中方公司成为巴西相关州努力争取的对象。塞阿拉州政府为该项目在培森（Pecem）港口提供了 900 公顷土地，这是巴西唯一运转顺利的出口加工区。

值得注意的是，在巴西面临政经困境之际，巴西对外来直接投资的吸引力却依然强劲。根据巴西央行的统计数据，2017 年 1 月和 2 月吸引的 FDI 分别为 115.28 亿美元和 53.06 亿美元。在 2017 年 3 月之前的 12 个月，外来直接投资的净流入达到 844 亿美元，约占 GDP 的 4.59%。② 巴西的外汇储备充盈，2017 年 3 月达到 3701 亿美元。中国企业虽然担忧巴西政经形势的不确定性，但基于对巴西市场巨大、长远收益的判断以及短期内巴西资产价格下降的难得机遇，中企在巴西总体保持了较为活跃的布局态势。近年来，中巴经济合作呈现出稳定增长与多元化发展的特点。中方期待通过投资为巴西工业化和基础设施建设提供装备，通过优进优出推动双方贸易结构逐步多元化。中企对巴西的投资在投资主体、方式、地域和产业等方面日趋多元化。中巴经济合作表现出较强的适应性和生命力。

中巴两国从国家利益和双边关系重要性的视角出发，在金砖国家合作机制和双边战略伙伴关系的框架下坚持将双边关系作为各自外交的优先，并将产能合作定位为新的增长点。在高利率和经济衰

---

① Marina Hawk, "Chinese studies install $6 bi refinery in Ceará," *Economic Value*, April 12, 2017.

② 巴西央行：http://www.bcb.gov.br/en/#!/c/news/1715（上网日期：2017 年 4 月 3 日）。

退的背景下，巴西企业和消费者的债务负担变得更为沉重，深受资本流动性不足和贷款难的困扰。这种困局促使巴西政府逐步放松战略部门对外来投资的限制，从而为中国产能及资金进入巴西相关战略性产业部门提供了难得的机遇。在这种形势下，中巴产能合作克服巴西国内形势动荡带来的困难，在2015—2016年取得不错的表现。2015年中国在巴西的投资额强劲反弹，共确认项目12个，总金额为74亿美元。[①] 在巴西经济深陷衰退和政府奉行紧缩政策的背景下，中国国家电网在这些投资额高且投资周期相对较长的兼具能源与基建性质领域的投资展现出中企的长远眼光，也为巴西的基础设施建设和就业市场做出了重要贡献。

2016年下半年，随着罗塞夫弹劾案终结和巴西政治经济形势的逐步改善，外资重新进入巴西市场并完成多项重大收并购案。中企在其中的表现也较为突出，如中国国家电网收购CPFL电力公司股份、中国洛钼集团收购英美资源集团铌和磷酸盐矿等。除收购负债率高或正在资产重组的巴西企业外，外资企业还希借机扩大在巴市场的占有率和搭建本土业务平台。在巴企普遍面临信贷短缺的情况下，资金实力雄厚的中资企业在巴投资市场中更具优势。[②] 2016年5月11日，中国中交集团在圣保罗成立南美地区分公司，斥资4亿雷亚尔参建马拉尼昂州首府圣路易斯的私人港口终端。港口工期三年，总建设预算15亿雷亚尔，建成后可运输巴西中西部的农产品、肥料以及集装箱，年运输能力约2480万吨。中交集团表示看好巴西基础设施领域的发展前景，希望全面参与巴西特许经营权竞标和交通基础设施项目。[③] 中巴经济合作在巴西国内动荡的形势下依然能够取得

---

① 中国—巴西企业家委员会：《中国在巴西的投资2014—2015年》，2016年11月发布。

② “外资在巴西掀起新一轮收并购热潮”，中国驻巴西大使馆，2016年10月14日，http：//www. fmprc. gov. cn/ce/cebr/chn/a_123/t1412295. htm（检索日期：2017年3月12日）。

③ “中交集团进军巴西市场”，中国驻巴西大使馆，2016年5月11日，http：//www. fmprc. gov. cn/ce/cebr/chn/a_123/t1363788. htm（检索日期：2017年4月5日）。

上述成绩颇为不易，展示了新时期中巴产能合作在复杂环境下的适应性和生命力。

## 二、中国致力于增强可持续经济合作的努力与进展

推进产能合作逐渐成为中国致力于构建中巴可持续发展的战略伙伴关系的重要内容。巴西作为重要的新兴经济体和中国重要的经贸伙伴，在中国国际经济合作特别是中拉产能合作中占据重要地位。中国政府将国际产能合作作为推动中拉经贸转型、打造中拉合作升级版的突破口，为此宣布设立中拉产能合作专项基金，提供300亿美元融资支持中拉产能合作项目。[①] 21世纪以来，中巴经贸关系发展迅速。中国不但自2009年以来连续保持巴西最大贸易伙伴国的地位，而且对巴西石油、汽车和电力等领域的投资增长很快，这为中巴产能合作提供了较好的经济基础。2014年，习近平主席在会见时任巴西总统罗塞夫时特别强调要全方位提高经贸合作水平，积极开展电力、农业等领域产业投资合作，在矿产、石油领域开展上中下游一体化合作，在建设高速铁路方面开展战略性合作，“两洋铁路”项目提上议事日程。[②]

2015年，中国政府提出推进国际产能合作政策目标之后，中巴借助政府协调将其迅速纳入双边合作规划之中，并在近两年取得不错的成绩，产能合作逐渐成为新时期中巴经济关系的重要支撑。在

① 李克强：“推动中巴合作升级引领中拉共同发展”，人民网，2015年5月19日，http://politics.people.com.cn/n/2015/0521/c1001-27032201.html（检索时间：2017年4月20日）。

② “两洋铁路”是指横跨南美洲大陆，连接太平洋及大西洋两岸的铁路建设项目。2014年7月，习近平主席访问巴西时建议中国、巴西和秘鲁三国就“两洋铁路”项目组建联合工作组。2015年5月，李克强总理访问南美期间签署横跨巴西、秘鲁连接大西洋和太平洋的“两洋铁路”可行性研究合作文件。

2015 年 5 月李克强总理访问巴西期间两国签署了一些重要的框架性协议。其中，中国国家发展和改革委员会与巴西计划、预算和管理部鉴订的《关于开展产能投资与合作的框架协议》以及中国国家发展和改革委员会与巴西交通部、秘鲁交通运输部签订的《关于联合开展两洋铁路项目可行性基础研究的谅解备忘录》是最为引人注目的两份文件。中巴产能合作框架协议有望推动两国在基础设施、物流、能源、矿业、制造业、农业贸易等领域的投资和合作，两国希望将“两洋铁路”打造成为双方产能合作的代表项目。2016 年 9 月，G20 杭州峰会期间的中巴领导人会晤重申了双方对加强产能合作的承诺。特梅尔总统表示愿加强与中国在经贸、能源、航空、农牧业、投融资和基础设施等领域的合作，隶属巴西外交部的出口投资促进局将专门成立中国工作组，处理双边贸促事宜。

中方在推动中巴可持续经济合作的过程中注重加强投资、促进贸易结构多元化和做好金融保障等工作。投资上，中国期待为巴西的持续工业化和基础设施建设提供原材料和装备，利用中国优势产能在巴西就地设厂，合作发展钢铁、建材、相关装备等加工业，达到降低巴西建设成本和提升中国工业化水平的互利目标。此外，中方还希望帮助巴西提高远洋运输能力和效率，提供盐下石油勘探开采服务、海洋工程装备等，优化能源开发，在核电、水电、光伏等清洁能源领域进行开发合作，推进可持续发展。[①] 在具体的投资领域中，中国与巴西在汽车制造领域的合作进展较为突出，奇瑞、福田、江淮、比亚迪等中国汽车企业相继在巴西投资建厂，并在当地市场赢得了不错的份额和声誉。

贸易上，中国愿与巴西探讨建立长期稳定的贸易关系，达成一揽子合作协议，包括恢复从巴西进口牛肉、巴方购买中国车辆等具体进展，旨在通过优进优出推动双方贸易结构逐步多元化。贸易在

---

① 李克强：“推动中巴合作升级引领中拉共同发展”，人民网，2015 年 5 月 19 日，http://politics.people.com.cn/n/2015/0521/c1001-27032201.html（检索时间：2017 年 3 月 20 日）。

中巴产能合作中的角色日益得到重视。李克强总理在2015年访问巴西时提出，中巴双方应通过推进贸易自由化、便利化为中拉产能深度合作注入新动力。具体而言，中国企业购买包括支线飞机在内的巴西优质工农业产品，巴西从中国进口发电设备、地铁列车等工业设备，双方通过进口对方优势产品实现优进优出。2015年中方完成了对2014年习主席访问巴西期间签署的购买60架巴西航空工业公司产飞机协议中的首批22架的审批手续，以实现立即进口。中方重申将继续推动落实已签署的购机协议，并支持中企进口巴西飞机。①

金融上，中国致力于为企业提供较好的金融保障与支持。2013年3月26日，中国人民银行与巴西中央银行签署了中巴双边本币互换协议，互换规模为1900亿元人民币/600亿巴西雷亚尔，有效期三年。② 中巴两国依托“中巴产能与投资合作指导委员会”等机制，加快启动中拉、中巴产能合作基金并探索多元化融资渠道为产能合作提供金融保障。2015年6月，中巴双方同意设立规模为200亿美元的中巴产能合作基金。对巴西需要的大型油轮、液化天然气运输船、海洋钻井平台等设备，中方愿设立金融租赁公司以提供租赁服务。中方还将健全中长期出口信用保险机制，支持中国向巴西出口的企业。

在两国政府和企业的共同努力下，中巴经济合作呈现出稳定增长与多元化发展的态势。中国企业赴巴投资规模迅速增长，领域不断拓宽，水平日益提高。中企在巴西开展了覆盖诸多产业的产能合作，特别是在电力、化工、汽车、通信、工程机械和铁路等领域。截至2014年年底，在巴中资企业超过100家。③ 据商务部统计，截

---

① 《中华人民共和国政府和巴西联邦共和国政府联合声明》，人民网，2015年5月19日，http://paper.people.com.cn/rmrb/html/2015-05/20/nw.D110000renmrb_20150520_3-02.htm，检索时间：2107年3月6日。

② 根据中国人民银行官网发布的截至2016年6月的统计信息，中巴双边本币互换协议已经失效，参阅 http://www.pbc.gov.cn/huobizhengceersi/214481/214511/214541/2967384/2016072010054297624.pdf（检索日期：2016年12月3日）。

③ 李克强：“推动中巴合作升级引领中拉共同发展”，人民网，2015年5月19日，http://politics.people.com.cn/n/2015/0521/c1001-27032201.html（检索时间：2017年4月20日）。

至2015年年底，中国累计对巴实际投资约200亿美元，主要涉及能源、矿产、农业、基础设施、制造业等行业；巴西在华投资5.4亿美元，主要涉及支线飞机制造、压缩机生产、煤炭、房地产、汽车零部件生产、水力发电、纺织服装等项目。中国企业在巴西承建火电厂、特高压输电线路、天然气管道、港口疏浚等大型基础设施项目。[①] 其中，中方企业在清洁、可再生、高效能源，特别是风能和太阳能领域的投资对于巴西推动可持续发展具有较大价值。

中国企业在巴西的投资发展迅速且日趋多元化，从早期聚焦能矿逐步转向机械设备、家电和汽车等工业领域，近年来又逐步向服务业特别是金融行业、电力、农业以及科技领域拓展。首先，在传统的航天合作领域继续深化双边合作。2015年5月，中国国家航天局与巴西科技创新部签署了中巴地球资源卫星04A星的合作议定书。其次，以汽车为代表的制造业成为合作重点。奇瑞公司与巴西政府于2015年5月正式签署了巴西工业园项目协议，总投资额达4亿美元的奇瑞巴西整车厂已建成，是中国汽车企业最大的海外生产基地。[②] 山东电力建设第一工程公司和柳工机械也于2015年宣布投资巴西的能源和机械设备产业。再次，中企对巴西农业的关注度上升。中粮集团继2014年收购荷兰尼德拉公司51%的股份后，2016年2月又宣布以7.5亿美元完成对来宝农业剩余股份的收购，从而间接获得这些公司在巴西的资产。最后，信息技术和清洁能源成为中巴产能合作的新增长点。继华为、百度等互联网和信息技术企业之后，小米、奇虎360也于2015年开始投资巴西的电子和信息技术市场。比亚迪在2014年投资圣保罗的汽车业之后，于2015年增加对可再生能源约为4490万美元的投资。2015年，三峡集团收购了葡电可再

---

① "中国同巴西关系"，中国外交部，2016年12月，http://www.fmprc.gov.cn/web/gjhdq_676201/gj_676203/nmz_680924/1206_680974/sbgx_680978/（检索时间：2017年3月1日）。

② 万军："中拉产能合作的动因、进展与挑战"，《拉丁美洲研究》2016年第4期，第35页。

生能源公司在巴西运营风力发电厂49%的股份，完成对萨尔图、加里波第水电站和一家电力交易公司的收购，并以138亿雷亚尔的价格赢得朱比亚、伊利亚两家水电站的经营权拍卖。①

中国企业进入巴西的形式也日趋多元化，形成直接投资、收购巴西企业或者建立伙伴关系等多重路径的投资格局。根据巴西方面的观察，中国在巴西的长期战略利益集中在能源、农业和基础设施等方面，其战略从早期的注重自然资源和农业投资转向通过兼并实现对主要初级产品供应链的控制。② 巴西关于限制外国人购买土地的立法限制了中国投资巴西农业的规模，收购和兼并相关产业的公司是一种变通的做法，同时也利用了巴西因反腐败和经济衰退而导致相关公司资产价格下降带来的机遇。运营巴西市场颇为成功的国家电网公司就秉持着这种多元化投资的思路。自2010年以来，国家电网公司收购了巴西12家输电特许权公司100%股权，特许经营权期限30年；中标5个输电绿地开发项目，其中包括2014年年初与巴西电力公司旗下的北方电力和福纳斯电力合作成功中标巴西美丽山（Belo Monte）水电特高压直流输送项目，这是中国首个海外特高压项目。③

此外，中巴经济合作还表现出注重回报社会的积极态势。除创造更多当地就业岗位外，逐步形成注重研发合作、当地运营和服务当地可持续发展的经营战略。在履行社会责任方面，进入巴西市场后，国家电网公司积极融入当地经济社会环境，积极开展本土化运营，赞助中巴文化体育交流和巴西贫困阶层青少年教育项目，在安全、管理、社会公益等方面均树立了良好形象。国家电网公司在巴西的本土化运营管理获得联合国全球契约组织“社会责任管理与报

---

① 中国—巴西企业家委员会：《中国在巴西的投资2014—2015》，2016年11月发布。（中国—巴西企业家委员会在两国2015年签署的《共同行动计划》中被认定为两国政府在推动两国企业关系方面的主要对话伙伴。）

② Jank Marcos, “Interesses chineses no Brasil,” *Folha de S. Paulo*, January 7, 2017.

③ 中国驻巴西大使馆，http://br.china-embassy.org/chn/a_123/t1314091.htm（检索日期：2017年3月2日）。

告最佳实践”案例类。国家电网巴西公司被巴西权威媒体评为“巴西电力行业最佳公司”，为中国企业在巴西赢得良好声誉。2016 年，中国国家电网公司在中标巴西美丽山水电站输电项目后致力于及早获得巴西政府的环保评估执照。① 柳工巴西工厂获得了 2015 年圣保罗州颁发的“投资优异奖”。三一集团在巴西的投资协议中包含了为参与巴西政府“科学无国界”计划的学生提供赴华在三一工厂实习的机会。华为与巴西通信研发中心宣布就巴西 4G 网络创新开展研发合作。

## 三、未来机遇与前景展望

### （一）中国经济转型带来的机遇

与 21 世纪以来中国作为全球制造业中心带来的对铁矿石需求不同，中国经济转向更多依赖消费驱动和国内市场后，不断扩大的中国新兴中产阶级对生活品质的高要求为巴西带来了新的商机。这些商机包括对巴西牛肉、果汁和咖啡等高品质农畜产品的需求不断增加，这有利于巴西出口中国产品的进一步多元化。

中国大陆是巴西牛肉的第二大进口方，仅次于香港。2015 年，在中巴双方就巴西牛肉产品输华采取新的国际卫生证书，签署巴西牛肉输华检疫和兽医卫生条件议定书后，立即恢复 2012 年对巴输华牛肉实施禁令以前已注册巴西企业的对华出口。2016 年中国进口了价值超过 7.03 亿美元的巴西牛肉。2017 年 3 月，巴西警方宣布调查该国“劣质肉行动”成果后，中国一度对巴西肉类产品关闭了大门。经过巴西采取整顿措施，双方较快克服了“劣质肉”丑闻的消极影响，维持了双方在牛肉贸易上的合作态势，显示出双方的战略协作

① China Daily, *State Grid Corp asks Brazil to speed up power line approval*, http://www.chinadaily.com.cn/business/2017-01/05/content_27867187.htm (April 5, 2017).

能力与互信程度的提升。巴西总统府随后发表了一份声明，特梅尔总统对中方恢复进口巴西牛肉表示感谢，并承诺加强金砖国家合作。[①] 根据国际咖啡协会的统计，虽然中国人没有消费咖啡的传统，中国在过去 10 年的咖啡消费量年均增速达到 16%，而精品咖啡的消费年均增速更是高达 50%。[②] 为了进入中国咖啡消费这一战略性市场，在巴西出口与投资促进局和巴西精品咖啡协会组织的“巴西：咖啡之国”项目指导下，近年来巴西企业不仅参加了上海的展览会，而且在北京、广州和深圳进行路演和推广。

此外，中国经济进入新常态以及产业转型升级促使中国输出富余优势产能变得更为迫切。随着“一带一路”倡议的深入，中国装备制造业加快“走出去”的步伐，以高铁、核电和特高压为代表的中国技术与装备不断在全球拓展。中方加强中巴产能合作和优化贸易结构的思路是对巴西追求工业化、改进国内基础设施和追求创新诉求的一种积极回应，得到了巴西政府的高度认可。更为重要的是，中方提出中拉产能合作“3 乘 3”模式也与巴西的地区战略、发展战略和社会现实相吻合，反映了中方对巴西发展战略和当地市场认识的深化。

中方支持南美大陆的互联互通，这符合巴西领导和推进南美一体化的战略利益；中方强调遵循市场经济规律和市场化路径，强调合资、公私伙伴关系（PPP）和特许经营权等项目合作方式，这些都很契合特梅尔政府力图摆脱巴西陷入连年衰退的经济调整战略；中方设立合作基金和鼓励本币结算也有助于缓解巴西财政能力下降的困境。比如，中拉产能合作基金作为投资方与三峡集团联合发起设立特殊目的实体（SPV），竞标投资巴西朱比亚和伊利亚 2 座水电

---

① Marta Beck, “Brazil and China defend strategic partnership between the two countries,” April 8, 2017, http://oglobo.globo.com/economia/brasil-china-defendem-trategic-partner-between-the-paises-21182267#ixzz4dvEjYiiw (available on April 10, 2017).

② Apex-Brasil, “Growing Chinese Interest in Brazilian Specialty Coffees,” April 14, 2017, http://www.exportnews.com.br/2017/04/cresce-interesse-chines-por-cafes-especiais-do-brasil/ (available on April 16, 2017).

站30年特许经营权，项目所需资金规模合计37亿美元，其中债务融资19亿美元。中拉产能合作基金投资6亿美元，占股33%，另外撬动银团贷款等外部融资，使得SPV得以如期中标并签署特许经营协议。该项目水电站发电量的70%由巴西政府收购，30%在市场自由销售，预期收益较为稳定，且本次投资属于竞标运营电站特许权转让，合作伙伴在运营管理方面有丰富经验，风险较为可控。[①] 该项目也表明中方企业开拓巴西市场从工程承包为主向拓展股权投资的风格转换，参与中巴经济合作的市场主体更为多元。

中巴构建可持续的全面战略伙伴关系也得到了一系列制度性的保障。中国和巴西同为金砖国家新开发银行和“应急储备安排”基金，以及亚洲基础设施投资银行的创始成员国。位于香港的世界信用评级集团也有望为巴西市场的信用评级提供三大传统评级机构之外的参考。中国的银联（Union Pay）、人民币跨境支付系统（CIPS）以及支付宝等移动支付系统为中国发展对外经济提供了重要支撑。2016年11月，中国政府发布了第二份对拉政策文件，构建了一系列专项中拉合作基金。根据巴西计划部消息，总金额达到200亿美元的中巴产能合作基金有望于2017年6月开始运营，该基金由中拉产能合作投资基金有限公司（CLAIFUND）和巴西相关金融机构共同出资。该基金是中国总理李克强访问巴西时与时任总统罗塞夫达成的协议，特梅尔政府2016年批准了该协议，显示出巴西政府在发展对华经济合作上保持了很好的延续性。该基金资助两国政府认定的优先项目，中巴投资比例为3：1。

## （二）外部环境变化促使中巴构建更紧密的经济伙伴关系

巴西国内政局的动荡和亲市场的特梅尔政府上台一度引发巴西

① 韩德平：“中拉产能基金助力中拉基建发展”，腾讯网，http：//finance. qq. com/a/20160602/051869. htm（上网日期：2017年4月3日）。

是否继续坚持参与金砖国家合作的忧虑。巴西一些年轻的学者越来越从国际秩序和全球治理的角度研究中国的角色，这些研究成果有望对巴西决策层加强对华关系产生了积极的影响。加强对华关系常常建立在国际权力转移等一些大的战略判断上，如认为金砖国家合作正在创建一种后西方或新的国际秩序，国际权力正在从西方转向亚洲，中国将成为世界第一大经济体，中国在承担国际责任上更加积极，以及当今国际秩序缺乏供新兴大国地位提升的社会流动性等战略认知上。①

美欧出现的民族主义和保护主义思潮回归加剧了世界经济的不确定性，中巴作为主要经济体坚持融入全球化对两国的国内发展和世界经济的健康成长都具有重要意义。中巴两国在竭力保持对美经贸关系之余，也对加强两国之间的经贸关系颇为注重。古斯芒基金会和巴中研究所自 2014 年起每年联合召开年度巴中创新对话会议，落实两国科技部在科学技术方面的十年合作计划协定。卡多佐政府时期的幕僚长佩德罗·帕罗蒂被特梅尔政府任命为巴西石油公司新的掌门人后，该公司制定了低油价时代新的运营战略，通过售卖资产降低负债率，发展伙伴关系以及聚焦油气生产这一公司核心业务。巴西石油公司的战略转型及其成效是外部投资者观察巴西经济走向的重要标的。中方力图从巴西石油公司的转型以及巴西石油部门外资政策转变中把握新的合作机遇。

美国驻巴西里约热内卢的总领事吉米·斯托利指出，创建于 1919 年的美国巴西商会是美国最大的商会，而巴西航空公司生产的飞机多数出口至美国，乘客 99% 为美国人，这些都显示出巴西与美国关系的深度。② 与美巴关系起步早、错位发展的特征相比，中巴关系起步较晚，同步发展的竞争压力较大，开拓更具合作性和可持续

① Oliver Stuenkel, "The post-western order," March 27, 2017. http://www.ips-journal.eu/regions/asia/article/show/the-post-western-order-1870/ (available on April 6, 2017).

② Nelson Belen, "No U. S. Brazil Setbacks Under Trump Says U. S. Consul General," *The Rio Times*, November 17, 2016.

性的经济关系需要开阔视野、另辟蹊径。旅游业、基础设施、油气和安全等应该成为中巴关系新的增长点。

在构建地区市场上，巴西所在的南方共同市场正在与太平洋联盟加强对话，试图构建更为庞大的南美自由贸易网络。拉美国家已经逐渐认识到，地区内贸易不够活跃是影响其经济发展的重要制约因素。欧盟地区内贸易约为69%，亚洲为55%，而拉美只有18%。拉美经贸一体化进程如能实现更大突破，对中国与巴西的经贸关系也将产生较为深远的影响。一方面，中国在拉美的投资目的地选择将更为灵活，可优先选择生产成本较低和投资环境较好的拉美国家，而不是为了进入巴西消费市场而不得不选择投资巴西。另一方面，巴西在与中国竞争拉美出口市场时将因地区自由贸易网络而获得更多机制上的竞争优势。这种新的地区活力虽然可能会加剧中巴两国的竞争，但中国支持拉美一体化的立场和资源配套建设有望为两国提供更多的合作空间。

巴西财政的健康复苏是一个较漫长的过程，而且注重内部修复，短期内可能对中巴战略性金融合作产生一定的负面影响，这要求双方从长远和可持续发展的角度把握双方的经济合作。巴西是亚投行未能按期交付资本金的创始成员国，目前已经获得延期许可。巴西在中巴两国央行2013年签署的双边本币互换协议2016年到期后没有与中方续签，显示出对自身金融健康的信心和对中方金融影响力的怀疑。中巴之间还需要加强在互惠性贸易安排和双边投资协定上加强制度性合作，以适应两国蓬勃发展的经贸关系。中国对巴西的资本输出已经达到很高的水平，巴西成为中国在基础设施领域全球第二大投资目的地国，但巴西对中国的投资还很有限。双方在合力推动“两洋铁路”等战略性基础设施项目上还需要加强对话与协调。两国需要通过对对方经济发展的全方位参与获取共同成长的收益。

# 对中国—巴西关系的思考

克劳迪奥·普提*

赵健哲** 译

## 一、引　言

近十年来，中国与巴西（中巴）双边贸易实现稳健增长，两国关系也从单纯的经贸关系深化为全面战略伙伴关系。中巴在财政金融、科学技术、扩大生产力等领域开展的诸多合作表明未来两国在继续加强政治与经济战略协作方面潜力十足、前景光明。

尽管目前中巴关系发展良好，但双边合作仍在至少两个关键领域内面临着挑战。在政治方面，巴西国内政权更迭使政府开始在对外交往中降低对“南南外交”的重视，把其放在国家外交议程的次要位置。在经济方面，则是与巴西的去工业化进程和其工业自身生产力水平较低有关。巴西国内进口制成品的竞争使巴西政府出台大量针对中国大陆产品的反倾销措施。这一现象更多地揭示了巴西国家发展战略（如果国家确有这一战略的话）的困境，而不仅仅是单

---

* 克劳迪奥·普提，帕拉联邦大学经济学院副教授，研究方向为巴西经济、中巴关系。

** 赵健哲，外交学院国际关系专业博士研究生，研究方向为金砖国家研究、欧盟政治与外交。

纯的贸易政策问题。

本文从当前中巴关系入手，旨在对双边关系未来发展进行探讨。文章第一部分简要分析了两国在贸易、直接投资和金融合作方面的发展趋势。第二部分着重考察中巴关系发展过程中逐渐显现的政治与经济挑战。结论部分将试图为促进中巴关系持久健康发展提供政策建议。

## 二、中国与巴西经贸关系现状概述

### （一）中巴在贸易、直接投资领域的合作

自 20 世纪 90 年代末以来，中巴经贸往来出现迅猛增长。当时，中国成为世界经济增长的发动机，对于工业生产原料（例如铁矿石、石油）和初级农产品（尤其是大豆、糖料和肉类）的需求持续增长。

中巴的经贸往来出现了显著增长。2015 年，中巴双边贸易额已从最初的 23 亿美元增长到 663 亿美元，其中在 2013 年更是达到了 833 亿美元的峰值，使中国超过美国成为巴西的第一大贸易伙伴。2016 年巴西对华出口额已占巴西出口总额的 20%。尽管巴西出口产品价格出现了明显下跌，但仍保持着明显的对华贸易顺差。

过去的 13 年中，中巴两国政府致力于发展全面的经济关系。除了双边贸易外，两国政府还在推动两国国有与私营企业积极进行科技合作、相互直接投资，并在推动金融发展构建新机制方面发出共同倡议，如建立金砖国家新开发银行（NDB）。

中巴经贸往来的每一个维度都显示出参与者的不同目的。以双边相互直接投资为例，巴西对华私人直接投资主要利用的是其剩余收益，表明巴西产品制造处于守势。比如，巴西的制鞋生产商是希望通过这种投资来逃避由于雷亚尔持续升值和中国工业产品竞争而带来的负担。

另一方面，中国对巴直接投资在过去 10 年经历了一个激增的过程。这一增长部分是以下三方面因素共同导致的。首先是基于拉丁美洲在中国长期国家利益中的重要性。这一重要性既表现为拉美是中国获得初级产品的来源地，也表现为拉美可能成为未来 21 世纪中叶中美两国发生战略对抗的地区。其次是中国人民银行有大量的外汇储备需要用于再投资。第三是由于中国经济，尤其是钢铁相关领域的产能严重过剩。这一问题驱使中国规模最大的几家基础建设公司执行“走出去”战略，寻找新市场。

中国对巴西的直接投资最初集中在与其从巴进口产品相关的部门，例如采矿业或能源业。随后，中国投资开始扩大至其他一些工业领域，这些领域都具有技术密集型和主要面向巴西及拉美市场的共同特征。最近一段时间，中国企业也对投资巴西的服务业开始表现出一定的兴趣。

在金融领域，中国的银行企业开始在巴西设立分支机构并开展了一些收购业务。来自中国的资金在一些高负债的巴西公司中起着至关重要的作用。例如巴西国家石油公司，该公司在石油价格下跌导致经济前景不确定并陷入腐败丑闻的双重影响下，运营十分困难。

在过去 10 年里，中国国家开发银行和中国进出口银行已为拉丁美洲和加勒比国家提供了超过 1250 亿美元的贷款（详情请见表 1）。2015 年，中国向拉丁美洲及加勒比国家贷款达 291 亿美元，超过了同年世界银行和美洲开发银行对该地区的贷款额。值得注意的是，其中 94% 的贷款承诺都集中在了四个南美洲国家：委内瑞拉（650 亿美元）、巴西（218 亿美元）、阿根廷（153 亿美元）、厄瓜多尔（152 亿美元）。

2015 年，巴西成为从中国国家开发银行和中国进出口银行借款最多的拉丁美洲国家。同年，中国银行企业在巴西的信贷业务额也超过了世界银行和美洲开发银行在巴西的相应业务额。

**表 1　中国对拉丁美洲和加勒比海国家贷款承诺情况（2005—2015 年）**

| 年　份 | 承诺数量 | 金　额（以 10 亿美元为单位） |
|---|---|---|
| 2005 | 1 | 0.03 |
| 2006 | — | — |
| 2007 | 4 | 4.8 |
| 2008 | 1 | 0.356 |
| 2009 | 8 | 15.7 |
| 2010 | 11 | 35.6 |
| 2011 | 6 | 7.9 |
| 2012 | 7 | 7 |
| 2013 | 10 | 14 |
| 2014 | 6 | 10 |
| 2015 | 14 | 29.1 |

资料来源：作者自制。主要参考美洲对话组织，网址：http://www.thedialogue.org/map_list/。

金融领域的多边合作倡议对两国关系的发展也十分重要。以下三类合作是这一领域的典型表现。

第一类是建立新的治理机构以促进金融业健康发展和金融稳定，例如上文提到的金砖国家新开发银行（以及其中的应急储备安排）、亚洲基础设施投资银行和所谓的“NewCo”公司——即美洲开发银行的非主权投资窗口。

第二类是鼓励中国参与到现有机制或与之合作，例如美洲开发银行、拉普拉塔发展基金和拉丁美洲开发银行等金融机构。

第三类是共同倡议建立旨在扩大生产力的基金，例如中巴基金和中拉合作基金。中巴两国央行也签署了货币互换协议，但该协议目前并没有对贸易运行造成实质影响。

### （二）中巴在扩大产能方面的合作

正如我们所见，目前中巴关系表现为两国在贸易领域的共同利益以及在地缘政治议程上不断增多的共识。这表明，巴西正在探索通过不同的途径与世界进行交往：寻找除工业化的北方国家以外的新的贸易伙伴，探索在对国家发展具有战略性意义的领域开展技术合作的可能，以及最近由于财政紧缩探索在基础设施建设领域吸引外国投资的可能。而中国方面则希望获得初级产品，为其工业制成品（包括钢材）寻找新市场，以及将外汇储备投资分散化的可能性。

2015 年，中国国家发展与改革委员会（国家发改委）和巴西计划、预算和管理部（计划部）就产能投资与合作签署框架协议，一致同意在扩大生产力水平领域开展协同合作。

在 2015 年 5 月中国国家总理李克强访问拉美期间，中巴启动了一项旨在促进发展产能的新倡议。李克强在与巴西时任总统迪尔玛·罗塞夫会谈时一致同意成立一个用于设定合作议程、协调相互投资的联合委员会。

这一协调机制由巴西计划部国际事务办公室和中国国家发改委负责具体实施。它包括拟定一份投资项目清单，建立针对管道项目潜在风险的情况分析部门，并就中巴之间总额为 200 亿美元、用于提升产能建设基金的具体事宜进行谈判。

由中国国家总理李克强提出的框架合作协议草案已列出了一份中国对巴投资意向清单，官方预计总价值将达到 530 亿美元。其中，60% 的投资金额计划用于电力相关行业（例如水电站、风电站、输电线网等）；另外 30% 的投资金额则集中在基础设施建设领域，主要是与商品出口物流有关的交通运输业；其余的 10% 则是中国企业在巴设厂的资金，其中包括建立一家汽车装配厂。随后在与发改委举行会议时，巴西方面也公布了投资意向清单。这一清单包括中国在巴投资指导意见和巴西对华投资意向。

在投资巴西的指导意见中，推荐投资项目主要集中在物流、电力能源以及由南美洲基础设施和计划委员会批准的地区基础设施互联互通项目（简称“Cosiplan”①）。该意见还详细阐明了投资石油领域的潜在机遇。有关物流领域大部分投资组合是由还在研究中的铁路和公路建设项目组成。对于铁路建设的投资也出现在中国的意向清单中。

对于电力领域的投资，巴西政府特别推荐了即将开始的输电线路许可拍卖和对24座水电站的设备更新改造项目。在地区互联互通领域，清单主要推荐了拉普拉塔河盆地和普图马约河/伊长河水域联通项目，这一项目将使巴西获得经哥伦比亚和厄瓜多尔进入太平洋水域的渠道。

巴西还公布了一份由巴西行业协会组织拟订的民间资本投资问题清单。他们最关心的是监理方面的问题和巴西企业在对华投资中可能遇到的许多困难。这既包含贸易问题，也包括直接投资问题。

中国国家发改委与巴西计划部之间已建立了分歧争端解决和定期会晤机制。会晤的目的是为了双方能够定期交换有关基础设施建设项目方面的信息，并帮助最终找到影响管道建设项目的瓶颈所在。

建立总额达200亿美元的扩大产能合作基金是中巴合作框架协议的重要组成部分。尽管它被视为是中巴相互投资的双边基金，但实际上，该基金更多用于对巴西的直接投资。在巴西国内经济大幅下滑、政治危机四伏的背景下，这笔基金对巴西政府十分重要，因为一些可靠的资金来源的信号可以绕过政府的标准预算来源。除此之外，这也被视为中巴全面战略伙伴关系的具体成果。该成果可恰当地回应支持美国——巴西（美巴）联盟政策的保守人士对巴西政府更加重视“南南外交”目的的质疑。

2015年，在中国国务院副总理汪洋访问巴西期间，中巴发布了

---

① 关于“Cosiplan”的具体情况，参见：http://www.planejamento.gov.br/assuntos/planejamento-e-investimentos/integracao-sul-americana/cosiplan-conselho-sul-americano-de-infraestrutura-e-planejamento。

设立扩大产能合作基金的联合宣言。该基金中，中方将占总出资比例的3/4，而余下的1/4（约50亿美元）将由巴西方面承担。不久之后，巴西计划部国际事务办公室、中国国家发改委和中国国家外汇管理局在巴西利亚和北京对管理基金的具体细节展开了磋商。

在有关基金管理细节的谈判中，巴西政府认为该基金应用于具有广泛战略价值的领域，以股权和债券投资基金的方式通过资本市场工具来促进长期的基础设施建设项目融资。这一基金应着眼于中巴合作框架协议既定的投资项目清单，但也需参考政策指导意见以确保投资的长期回报和财务可持续性。作为其中的一个具体内容，是否能够对中国已竞拍成功（尤其是电力行业）领域进行合理投资仍在商讨之中。2016年9月，中巴两国最终签署了谅解备忘录。目前基金运作正在落实之中。

除了中巴基金外，中巴还在以下四个重要多边金融合作中展开着合作与磋商：金砖国家新开发银行的正式运营，亚洲基础设施投资银行的建立，针对“中国—拉共体基金”① 的谈判和创建美洲开发银行“NewCo”公司。

众所周知，金砖国家新开发银行于2014年在福塔莱萨金砖国家领导人峰会期间成立。该机构于2016年正式投入运营，决定在每个成员国投资至少一个项目。金砖国家新开发银行决定将对巴西的第一个投资项目投入到发展清洁能源领域。金砖国家新开发银行也在寻找本地区一线经营者以加速其在巴西的行动。正因如此，拉普拉塔河流域开发基金与金砖国家新开发银行签署了谅解备忘录，以便在市政级别开发基础设施建设。

巴西是唯一一个加入亚洲基础设施投资银行的美洲国家，对这一银行寄予了较高期望。巴西以投入3%的表决权资本加入到亚投行，成为继法国、德国之后排名第三的非亚洲区域资本认购者。由于政府重要职务更迭的原因，目前巴西政府还未最终批准加入该行

① 拉共体全称为：拉丁美洲和加勒比国家共同体。

的认购资本数额。如果政府对此进行改变，将可能使巴西在该行所占股份比重缩小。

在李克强总理访问拉美期间，中国同时也提出了建立“中国—拉共体基金”的倡议。巴西在拉共体基多会议上提出该基金应该由在本地区有着良好运作记录的多边金融机构进行管理。这一提议是基于对基金公共治理机制的认可和对健全的长期融资规则的尊重。拉共体执行秘书目前正在与拉美开发银行和上文提到的拉普拉塔河发展基金就此进行合作洽谈。

在有关美洲开发银行的问题上，中国在美洲开发银行旗下的美洲投资公司转型为“NewCo”公司的过程中发挥了重要作用。该公司融合了多个美洲开发银行中的非主权借贷机构。自中国于2009年加入美洲开发银行并于2013年设立对拉联合融资基金后，中国正在全力支持在美洲开发银行中建立新公司的努力。美国和其他非区域内国家（例如法国、德国）已正式拒绝再次注资，并支持将基金从主权管理机制转到新的机构中。巴西和其他域内国家则通过新的资本化过程来保护“NewCo”这一新建公司。而其中中国的角色是美洲开发银行在其2015年釜山年度会议做出这一决定的关键。目前，“NewCo”公司已经获的了20亿美元的认购资本，并开始运营。

## 三、中巴双边关系面临的挑战

### （一）进口商品竞争和市场经济地位

作为近年来中巴贸易量持续增长的副产品，两国之间的商业争端也逐渐增多。其主要表现是巴西政府采取的反倾销措施的增加。尽管巴西商业保护机制主要针对的是来自中国的产品，但实际上巴西逐渐增多的反倾销调查却在影响着巴西与其更多伙伴之间的贸易关系。

事实上，世界贸易组织（世贸组织）① 最近发布的报告显示，巴西在2013年至2015年间对其贸易伙伴提出的反倾销调查新增数量居全球首位。由图1可以看出，尽管在2014年至2015年间，巴西提起的反倾销调查数量有所下降，但在2013年至2015年间，巴西总计启动了112项反倾销调查，而更大的进口国——美国，同期只启动了100项反倾销调查。

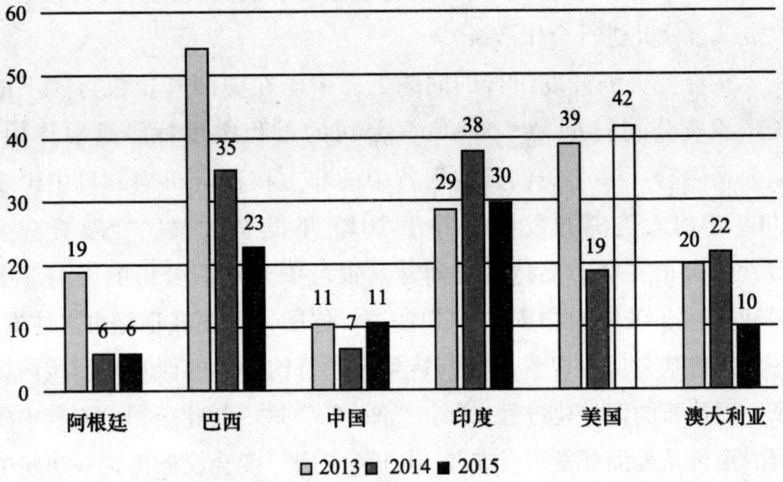


**图1　WTO主要成员新增反倾销调查项目统计（2013—2015年）**

作者自制。数据来源：世贸组织总干事2016年报告。

世贸组织指出，在过去4年里，各种形式的贸易壁垒均有普遍增加。新的贸易限制从每月15项增加到最近的每月22项。这一现象出现的背景是当前世界仍处于经济危机之中，复苏缓慢。由此，各国开始通过汇率贬值和保护主义等手段来执行与邻为壑的经济政策。

巴西于1979年在关贸总协定谈判达成“东京回合”协议后，首

① WTO，“Director General Report：Overview of Developments in the International Trading Environment，” https：//www. wto. org/english/news_e/news16_e/trdev_22jul16_e. htm，2016.

次加入反倾销协定。① 但直至 1987 年巴西才颁布第一部有关反倾销问题的国内规定。

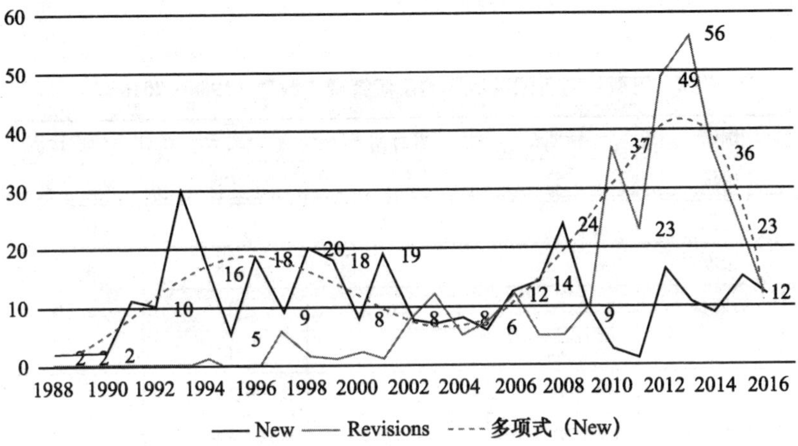


**图 2　巴西开展的反倾销调查（1988—2016 年）**

作者自制。数据来源：巴西发展、工业、外贸部网站，www. mdic. gov. br。

图 2 展示了自 1988 年巴西开始实施国内的反倾销规定后反倾销调查的数量变化。

1988 年至 2016 年间，巴西政府共启动 638 项反倾销调查，其中包括新调查和关于反倾销措施实施五年后的修订。在 20 世纪 90 年代巴西政府经历了认识与了解反倾销政策含义的初始期。2000 年至 2005 年，巴西启动的反倾销调查数量相对较少。从 2006 年至今，我们可以发现巴西在启动反倾销调查问题上的明显变化，其数量出现了前所未有的增长。自 2000 年至 2005 年间，巴西平均每年发起 9 项新的反倾销调查，然而在 2006 年至 2016 年期间，巴西每年平均启动 27 项新的反倾销调查。

在图 2 显示的时间段内，绝大多数的反倾销调查都导致了最终的反倾销措施，且这一现象在近几年尤为明显。其中，针对中国大

① 资料来源于 2017 年阿劳若（Araujo Jr.）的研究。

陆产品的调查居于首位（参见表2）。大约30%的反倾销措施都针对的是不同领域的中国进口产品。在该表中居于第二位的国家是美国，但其只占所有反倾销措施的10.4%。

**表2 巴西针对各国及地区的反倾销调查数量（1988—2016年）**

| 国家 | 新调查 | 修订调查 | 总数 | 所占比重 |
|---|---|---|---|---|
| 中国 | 68 | 40 | 108 | 29.5% |
| 美国 | 27 | 11 | 38 | 10.4% |
| 印度 | 12 | 6 | 18 | 4.9% |
| 墨西哥 | 8 | 6 | 14 | 3.8% |
| 韩国 | 12 | 1 | 13 | 3.6% |
| 德国 | 11 | 2 | 13 | 3.6% |
| 中国台湾 | 12 | 0 | 12 | 3.3% |
| 南非 | 11 | 0 | 11 | 3.0% |
| 俄罗斯 | 7 | 3 | 10 | 2.7% |
| 泰国 | 9 | 1 | 10 | 2.7% |
| 欧盟 | 4 | 4 | 8 | 2.2% |
| 阿根廷 | 6 | 3 | 9 | 2.5% |
| 法国 | 5 | 2 | 7 | 1.9% |
| 乌克兰 | 5 | 1 | 6 | 1.6% |
| 孟加拉国 | 2 | 4 | 6 | 1.6% |
| 智利 | 3 | 2 | 5 | 1.4% |
| 芬兰 | 4 | 1 | 5 | 1.4% |
| 印尼 | 4 | 1 | 5 | 1.4% |
| 英国 | 3 | 2 | 5 | 1.4% |
| 罗马尼亚 | 2 | 3 | 5 | 1.4% |
| 其他 | 45 | 13 | 58 | 15.8% |
| 总计 | 260 | 106 | 366 | 100% |

作者自制。数据来源：巴西发展工业外贸部2017年统计。

巴西大幅增加的反倾销调查似乎证实了进口产品对市场的冲击

程度和私营部门对反倾销政策需求之间的内在联系。① 图 3 显示了巴西雷亚尔自 1994 年 1 月至 2016 年 7 月的实际汇率波动。由该图可以明显看出，货币汇率、进口产品对市场的冲击程度和巴西工业部门要求政府采取措施保护自身利益的行为之间是有明显联系的。② 巴西增加反倾销调查的时期恰好是巴西货币出现明显升值的 2005 年年末之后。③

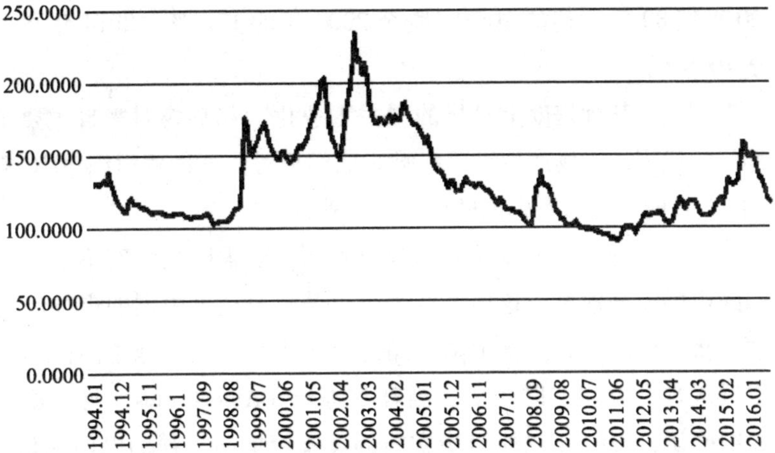


**图 3　巴西进口市场雷亚尔汇率变化情况（1994 年 1 月—2016 年 7 月）**

作者自制。数据来源：IPEADATA。

尽管过去十年巴西增加了反倾销措施的使用，但该政策同样遭到了来自巴西国内的强烈批评与反对。阿劳若（Araújo Jr）分析了巴西政府做出的各种反倾销决定，认为多数反倾销措施是通过使用反倾销税和增加竞争者成本来保护本国的垄断或寡头企业利润不会

---

① 就此问题的详细研究请参见 2001 年 Blonigen 和 Prusa、apudCastelan 相关论著。

② 对不同经济部门对巴西贸易保护政策施加的影响的研究超出了本文的讨论范围。但是针对这一问题，就有从国家和私营部门关系角度进行的理论研究（如 Evans），也有针对商业保护政策设计过程进行的具体研究（如 Baldwin、Krueger 和 Diniz）。

③ 正如 2017 年 4 月《经济学人》杂志发布的“巨无霸指数”（Big Mac Index）所显示的，雷亚尔是目前全球升值最高的货币。

减少。他建议政府改变对倾销行为的分析模式，尤其是研究进口产品为何会对本国产品造成损失的因果关系。根据世贸组织规则，国家在采用反倾销措施时应当考虑特定的市场结构，尤其是高度集中的集中度、准入门槛高和主导企业的市场力量等迹象。

许多国家都对中国产品采取了严格的贸易保护措施。但巴西对中国的反倾销措施由于自身过高的汇率而没有产生有效影响。在过去的30年间，巴西制造业在巴西GDP中所占比重出现了急剧下滑：从20世纪80年代初的20%，跌至2004年的17.4%，2014年更是跌至10.8%。

巴西这一某种程度上过早的“去工业化”趋势将对来自主要工业部门的代表的立场产生重要影响。他们反对依据世贸组织2016年12月11日的决定认可中国的市场经济地位。

来自不同行业的企业长期向政府施压，要求巴西政府不予承认中国的市场经济地位。这些企业预言，若政府认可中国的市场经济地位，将给目前面对大量中国产品已处于不平等竞争地位的巴西工业以毁灭性的打击。巴西全国制鞋业协会（Abicalçados）称：据世贸组织确认，2010年巴西对华实施的反倾销措施已帮助巴西在仅6个月的时间内恢复了4000个工作岗位。协会主席称由此可以确认中国对巴西确实存在倾销行为。①

## （二）巴西对外政策的转折点，还是巴西根本没有政策

目前巴西面临的政治危机是过去50年间前所未有的。尽管从表面上看，巴西的政治体制稳定、国家运转正常。但实际上，巴西正在经历一场真实可触的制度性崩溃，而且这场崩溃将会在未来多年对巴西继续产生影响。

---

① JoãoSorima Neto，“Indústria Brasileira Resiste a Reconhecer a China Como Economia de Mercado，” http：//oglobo. globo. com/economia/industria-brasileira-resiste-reconhecer-china-como-economia-de-mercado－20744341.

在巴西缺乏合适的政治领导人，而迪尔玛·罗塞夫民意支持率很低的情况下，巴西政坛精英们将米歇尔·特梅尔推上了巴西总统的宝座。

自罗塞夫总统的第二任期开始时起，代表财阀利益的大众媒体和司法界就开启了对她的弹劾过程。对罗塞夫的指控在某种程度上显得有些荒谬，因为她在涉及巴西石油公司的贪腐案中从未被正式起诉，而是被指控使用了“财政踏板”（fiscal pedaling）这一特殊金融核算方式。但近年来巴西例届政府都使用了这一特殊核算方式来掩饰国家逐渐增加的财政赤字。

事实上，从最近特梅尔政府一位重要部长遭泄露的谈话录音中可以确认，他们弹劾罗塞夫的主要目标之一就是保护那些在巴西石油公司贪腐案调查中遭到起诉的政治家。这些政治家使劳工党的高层能够不劳而获。[①]

罗塞夫的支持者之后用“议会政变”来形容巴西 2016 年五月发生的政治危机。“政变”一词既表示他们反对新当选的总统，也反映了新政府的计划实际上早已远离当初选民监督下的议程。

在对外政策方面，新政府政策的重点就是在地区内重新加强与美国的战略利益联系。官方对此变化的解释是，巴西与美国的贸易交往主要是工业制成品，而与中国的贸易交往则大量集中在初级产品。

但是，接下来，我们就要区分政府两个不同的趋向。

首先，在政治上，新总统的软弱、极低的民众支持率以及提名巴西社民党议员为外交部长，[②] 这些因素将使巴西政府被持强烈意识形态观念的外交部长所左右，特别是表现在对于巴西周边拉美国家的态度上。

---

① BBC, “Brazil Leaked Tape Forces Minister Romero Juca Out,” http://www.bbc.com/news/world-latin-america-36365781.

② 最初的外交部长是若泽·塞拉（José Serra）议员，现任则是阿洛伊西奥·努内斯（Aloysio Nunes Ferreira）议员（来自圣保罗州）。

其次，在经济上，米歇尔·特梅尔需要在2018年大选之前保持巴西经济平稳发展。① 根据新自由主义的信条，经济恢复的必要条件是要执行紧缩的财政政策。此外，政府还需要通过有利于市场运作的改革刺激私营部门释放它们的“兽性”即通过重建利润率、减少政府主要支出，促进向私人投资者甚至外国投资者出售国有企业的方式来积极改造市场。由于特朗普胜选，以及他的内向型经济政策在某种程度上降低了新政府与美国自动结成联盟的可能，特梅尔未来需要致力于保持更为多样化的对外经济关系以推动其政治目标的达成。

长期以来，特梅尔政府与工人阶级领导的联盟之间的主要区别就在于，前者致力于通过减少对经济包括对劳动市场的干预与管制来推行亲市场的政府议程。

在对拉美政策方面，新政府的转变意味着无视推动地区一体化进程及政治上独立于美国的战略目标，同时降低巴西对于在后布雷顿森林体系时期建立新的国际经济秩序的作用。因此，我们将看到巴西政府将重新考虑与美国有联系的国际组织的战略价值，如世界银行、国际货币基金组织和美洲国家组织。同时，对于金砖国家新开发银行、亚洲基础设施投资银行、南美洲国家联盟和拉共体等组织和机构，巴西即使不会从中退出，也会降低上述组织对巴西的重要性。也就是说，两届政府的主要区别就在于巴西将应对美国霸权时所做的战略调整。

从这个意义上讲，新政府中的主流观点认为，就巴西当前的经济条件而言，卢拉和罗塞夫执政时期的外交政策代价高昂且过于鲁莽。新政府同时指责劳工党执政时期推行的“南南外交”在意识形态上倾向于“玻利瓦尔主义”。这导致巴西政府忽视了当时巴西的经济利益和对人权问题（如委内瑞拉、伊朗）的关注。

我们可以预测到的是，巴西新政府可能会关闭其在非洲和发展

① 在社会危机严重性增加的情形下，上述经济的危机甚至都不会发生。

中国家的一些使馆，并可能对南美洲左翼领导的国家发现更为尖锐的批评。

但我们不能就此预测中巴关系将出现显著而剧烈的变化，至少在贸易与投资领域。如上所述，特梅尔的总统任期可能是短暂的，因此他将尽全力促进经济发展，而这就意味着巴西要与中国增加商贸往来，并且在所有可能的领域吸引直接投资，而较少关注本地技术状况及专利规定。

无论是考虑到来自某些商品贸易的自然压力，还是国家对于直接投资的需求，抑或是目前中国企业（如 GRCC、中国中铁）在巴西积极进行利益游说的现状，巴西都将特别关注农业、石油、天然气和基础设施建设领域的发展。从这个意义上来说，管道的基建项目（如在中国政府发表的早期成果清单中的项目）将不会由于政治原因而中断。中国企业收购巴西问题企业的行为仍将得到巴西政府的支持与鼓励。

特梅尔政府对那些成本巨大且耗时较长的项目（如跨太平洋铁路），兴趣寥寥，因为这一项目在时间上明显超过了他可能的任期，并且这一项目建设上可能要引入“特许权”运营方式（BOT）。这种更为自由化的投资方式可能不会获得允许，除非中国企业能够成功说服巴西政府高层。

因此，我们可以认为中巴之间的经济合作将依然保持强劲势头，但两国间的政治协调很可能会遇到阻碍。中巴合作的基调将更为倾向于商业方面，而较少涉及战略合作。这意味着巴西将会把金砖国家置于次要位置，对这一判断最好的印证将是巴西对金砖新开发银行和亚投行的态度。

当然，本文目前所下的每一个结论都是基于巴西目前政治形势的发展。我们所面临的政治状况十分令人担忧，经济环境也因此变得糟糕，腐败调查中的新发现可能使特梅尔及其支持者也卷入其中，这将使我们前景不明。或者是提前大选让特梅尔政府下台，或者是特梅尔政府作为一个过渡政府一直运行至 2018 年大选。

## 四、结论与思考

上述对中巴关系近期发展的介绍虽然简短且比较有限，但对了解中巴关系的主要问题以及未来中巴合作的潜力是十分有益的。

中巴两国经济的互补性使中巴友好关系能够持久发展，顺利度过政治动荡和短期经济冲击。中国和巴西将继续强化双边贸易联系，尤其是对巴西粮食作物的需求。中国企业已成为巴西国内主要的直接投资者。中国对巴西物流、能源和制造业领域的投资将会持继；并有可能在巴西资产价格走低并且利润重组时，增加对巴西企业的兼并与收购。

中巴之间面临的问题并不是稳健的双边关系是否会持续，而在于：第一，中巴之间的稳健关系将在中巴关系发展到什么程度时出现；第二，是否巴西将致力于建设战略伙伴关系，以及巴西是否能够从中国崛起中获益。

第一个问题与目前中巴贸易与投资在数量上的情况有关。它有赖于中国在“新常态”下的经济增速能够保证中巴年贸易额达到1000亿美元的目标，这一目标是中巴两国领导人在多个场合提到过的。同时，它也有赖于巴西经济的恢复速度。2016年巴西GDP增速降至3.8%，但将可能在2017年出现适度增长（如果不是负增长）。

更复杂的问题是与巴西中长期发展面临的挑战有关。

过去十年激增的商品价格使巴西能够恢复其在国际贸易中的原有份额。2000年，巴西在国际贸易中所占的比例不足1%。2013年，巴西所占比重升至1.3%。这主要是由于巴西执行了更具前瞻性的贸易政策，同时，21世纪前13年中大宗商品（例如大豆、纤维素、铁矿石和石油）成为国际贸易中受欢迎的交易商品。

上述是有利的一面。然而从不利的一面而言，巴西经济对出口产品依赖的持续增长沉重打击了2013—2014年政府的税收收入，因为在那期间，国际油价和铁矿石价格的波动影响了巴西石油和巴西淡水河谷这两家国家税收主要来源公司的收益。巴西在国际贸易中所增加的份额主要来自其非工业制成品的出口增长，其工业制成品在国际贸易中所占份额仍如2000年所观察的那样，低于1%。

此外，出口商品单一化的另一个负面影响表现为，运输业成为成本密集型行业。由此对与不同价值链上的物流相关基础设施建设的大量需求。现存的与出口相关的运输网络已接近于崩溃，并且对制造业产生了负面影响，因为它增加了总的生产成本。

巴西的国土面积、人口数量、地区差异性和经济不平等状况，决定了其不能采用单纯依靠出口的单一化经济发展道路。这种“把所有鸡蛋放进一个篮子”里的战略无法为建立更加复杂和综合性的生产安排提供足够的上游效应。而这是通过创新实现国家就业岗位增加、收入分配合理化、社会更加民主的必经之路。

中国与巴西的经济合作仍然有潜力可以挖掘。正如上述提到的原因，中巴经济关系将持续保持强劲增长，但两国在经济规划设定方面仍存在明显的协调难题，并且两国经济在多个领域仍有开展新合作的广阔空间。

两个大国之间的经济合作必然是一个复杂的问题。尽管如此，但中巴两国之间缺乏政策协调①似乎已至少在巴西方面造成了合作效率低下的后果。政策协调方面的难题源自政治属性，并揭示了巴西国家发展战略中的僵局。只有解开这种僵局，巴西才可能从对华关系中获益最大化，反之亦然。

两国经济合作的另一个方面是国际关系中政府与私有部门之间的关系模式。

---

① 中巴在多边经济机构中的合作为阐述这一问题提供了大量的案例。两国在政策协调方面可能存在问题，这表现为两国在建立基础设施建设投资基金和新建金砖新开发银行的过程中甚至未提及双方可能成为利益相关者。此外的明显表现是，在中拉基金和金砖新开发银行进行投资决定的过程中，中巴双方并没有考虑到双方在几个月前签署的“优先投资项目清单”（而金砖新开发银行可能并没有具体的投资清单）。

巴西历史上出现过两次私有部门外交成功影响两国间合作议程设定的情况。在巴西与美国的企业家论坛中，政府并没直接参与，两国企业就促进投资所面临的挑战进行讨论。鉴于两国经济规模上的差异，以及北美跨国企业在巴西市场中的深度参与，该论坛的议程主要关注于如何促进美国对巴西的投资。在这一案例中，私有企业先行沟通协调，政府紧随其后。

巴西与日本的私营企业之间进行交流的论坛有一个有趣的名字："聪明人集团"（The Wise man group）。这是一个包括了两国大型私企和国企总裁、知名经济领域咨询家（例如前政府部长、企业联合会主席）的高层次合作委员会。在这一案例中，与巴西及日本政府之间的沟通互动是其成功的关键。

我们知道巴西不同的经济部门在发展对华关系问题上有着迥异的观点与态度。造成这一现象的直接原因是巴西国家收支的组成。明显地，巴西农业经济部门坚定支持促进中巴关系的发展；而工业协会组织（例如：巴西全国工业联合会）则对发展更为开放的中巴经济关系存有很强的戒心。此外，基础设施建设和重型土木工程公司都十分希望能够与中国在拉美和非洲市场建立联合企业，并且多次在金砖国家工商论坛等场合就此事进行沟通与交流。

中巴之间的私企交往应该是一种什么模式？在不忽视目前多个双边协会提出的重要合作倡议前提下，巴西迫切需要建立一个涵盖巴西私营部门、联邦政府与州政府在内的高级别论坛，使其能够就对华长期关系发展进行讨论（以及如何采用有效措施使设想得以实现）。这一论坛也许并没不能消除各方在贸易与投资领域如何发展对华关系的观点分歧，但政府的存在与介入将可以促使参与合作的各方用一种更具战略性的眼光来看待中巴关系。而单纯的行业协会（或单一的政府行为）很难帮助行业协会避免其与生俱来的目光短浅的问题。政府对私营部门的引导之所以重要的另一个原因在于，巴西的资本主义在很大程度上依赖于国家的支持，尤其是基础设施建设投资、服务业出口（尤其是大型土木工程）以及重型制造业生产都依赖国家的长期金融支持。最后，与国家指导经济投资的本质特征相对应，明显应由政府来直接主导各种机制化的交流与沟通。

但在跳出这一实际问题后可以发现，真正重要的问题是鉴于两国经济的互补性，中巴合作仍有广泛的合作空间尚未被挖掘。

若中国在今后几年成功稳定保持在6%的GDP增速，中国对商品的需求尤其是对食品的需求将最有可能保持增长，这是消费主导型经济增长的必然结果，其主要特征是工资比重和购买力的增长。

在供给方面，中国钢铁产量明显过剩，并且对环境的威胁逐渐提升，中国受到来自世界要求其削减碳排放的压力也在增加。此外，目前中国有大量基础设施建设领域的国有企业面临着生产率试验，必须寻求经济“新常态”下的生存方式，而海外市场则可能是其救命的稻草。同时，中国也有大量的外汇储备，这些外汇储备的持有成本可通过将其投资进入回报率更高的行业的方式得到降低。

最后需要提及的是，像中国这样的国家除了积极参与后布雷顿森林体系的金融货币新秩序建设外别无他选。因为布雷顿森林体系这一二战后的金融经济权力安排已在各个层面显现出缺陷，尤其该体系已无法保证世界金融稳定和促进世界各国的协调发展。

在目前的经贸领域，一些小的改进将可能为巴西带来巨大的变化。用购买深加工食品替代传统的购买食品原料与初级产品的模式，将大幅提高出口产品的附加值，同时为巴西国内创造更多的就业岗位。例如，现在围绕将购买大豆转变为购买豆油进行了大量的讨论，但实际上，这种转变在出口份额中所占的比重仍旧较小（2016年其所占比重为1.46%）。在农业经济领域，巴西的战略发展方向应该是注重发展更具附加价值的农产品。

中巴在其他食品生产领域的合作潜能仍有待开发，尤其是在渔业和热带水果领域。同样适用的还有生物技术、化妆品和制药行业。因为巴西拥有令人印象深刻的生物多样性，尤其是亚马孙地区。

基础设施建设投资是双边关系的另一个重点领域。鉴于中国的钢铁产量过剩，可以果断地将部分中国钢铁企业搬迁至巴西。这样既可以减少中国的碳排放，也可以将在巴西当地生产的钢材用于巴西所规划的众多铁路项目建设中，同时也有望将产品出口至巴西的周边国家。

目前部分中国的大型企业（例如中国中铁）也开始在巴西寻找与当地公司建立联合企业的机会，以参与到南美一体化基础设施互联互通的投资建设当中。拉共体和南美洲国家可能通过引入相关机制来帮助各方就基础设施联通建设的执行议程达成最低程度的一致。

在能源领域，中国在石油和清洁电力行业有大量的投资。能源投资主要集中在风能、太阳能、生物能和煤炭发电站等项目领域。但是，中国在诸如太阳能光伏板及电池等技术领域仍有投资的空间。上述投资与发展将使巴西经济生产力短期内获得提高，并使能源消费更加有效。

中国和巴西在科学与技术领域拥有长期的合作关系，中巴地球资源卫星合作研究项目是两国科技合作的典范。该项目使巴西成为少数几个可在多方面（诸如森林退化控制、城市规划设计和农业）建立基本遥感数据的国家。对于巴西而言，继续加强用于和平目的的高科技合作应是其优先考虑方向。

两国旅游业合作也得到一定推动并初步取得成果，尤其是在巴西蔚蓝（Azul）航空公司出售部分股份给中国海南航空以方便收购葡萄牙 TAP 航空之后，根据巴西蔚蓝航空公司规划，该公司将在里斯本设立基地。这将更加便利中巴两国之间的民航交通往来。

绝大多数中巴存在潜在合作空间的领域与行业都需要两国提供长期的金融支持以达到发展的目的。中国与巴西目前已参与到一系列重要多边经济组织的建设与重建之中。这些计划的成功将会对投资便利化产生持久的积极影响。否则，与传统多边银行的主要利益相关者就投资便利化的谈判将需要很长的时间。这些基金尽管无法完全覆盖巴西基础设施建设资金的全部需求缺口。但其终究会对南美洲物流一体化网络建设中的重要项目发挥积极影响。

中国和巴西在扩大产能领域拥有广阔的合作平台。近期由巴西政治事件带来的不确定性必须加以严密关注，并从更高的国家自主性和全面发展的角度来判断，是否巴西政治上总体政策的转向将意味着中巴两国在进一步战略融合的道路上会出现“开倒车”的情况。

## 参考文献

1. Araujo Jr, José T, “Anatomia da proteção Antidumping no Brasil,” *Textos CINDES*, No. 45, 2017.

2. Blonigen, Bruce A. e Prusa, T. J. , “Antidumping,” *NBER working paper*, series 8398, 2001, available at: http: //www. nber. org/papers/ w8398.

3. Castelan, Daniel R, “O uso de medidas anti-dumping no Brasil, naÍndia e na China,” IPEA, *Texto para Discussão*, No. 1756, 2012.

4. Ministério da Indústria, “Comércio Exterior,” *Relatório DECOM*, No. 20, 2017.

5. WTO, “Director General Report: Overview of Developments in the International Trading Environment,” https: //www. wto. org/english/ news_e/news16_e/trdev_22jul16_e. htm, 2016.

# 中巴合作：下一步何去何从

雷纳托·鲍曼*

葛静静** 译

## 一、导 论

历史很重要，国家大小同样也很重要。当人们观察中国和巴西各自的经济发展轨迹以及两国为扩大双边关系所付出的努力时，最先映入脑海的便是这两个显著问题。

巴西幅员辽阔，其领土面积占南美洲的2/3。作为一个仅有500多年历史且从（葡萄牙）总督处获得独立不过200年的国家，巴西传统上一直是一个移民国家。

谈及巴西与邻国的关系，不难发现，近年来虽然巴西尝试在本地区内推动同各相邻国家间的经济往来，但这种努力并未取得良好的效果。导致这种努力无效的原因有很多，如巴西与其他西语邻国间迥异的历史发展进程、自然地理障碍、传统习俗及文化上的差异，以及其他的种种原因。自1870年巴拉圭战争结束后，巴西便与周边国家再没有发生过冲突。

这种和平的环境也使得巴西对经济/体制问题的关注成为其传统

* 雷纳托·鲍曼，巴西利亚大学经济学教授。

** 葛静静，四川外国语大学国际关系学院教师，研究方向为国际组织。

外交的一大支柱，其尤其重视对和平的维护以及平等对待发展中经济体。

中国显然拥有（与巴西）迥然不同的历史轨迹。

尽管中国是一个古老的国度，也是相当数量专门知识的发源地——无论是药物、哲学思想还是其他领域的发明——但中国长久以专注的是对领土的巩固。长城便是一个最明显的例子。这种特征本身也说明，在较长时间内中国同即使不是全部也是部分周边国家发生过冲突。

在 18 世纪以前，中国在国际市场上一直享有重要地位，而这种地位的维持基本上是基于中国采用的重商主义政策，即在进行商品交易的同时又对国外价值观保持相对的独立性。中国的体量、军事力量以及在多个领域（火药仅仅是其中一个例子）的科技进步都帮助其维持了这种孤立主义。此外，古代帝王天赋神权的神圣地位也进一步巩固了这种隔绝的特质。

当然这种情况在 19 世纪初期便发生了巨大的变化。当时的中国社会风雨飘摇，欧洲列强在入侵后又将西方的文明形态强加于这个已经被国内政治矛盾消耗殆尽的国度。

在过去的 70 年里中国同世界其他国家间的关系发生了翻天覆地的变化。尽管在国际多边机构中并未引起较多关注，但这种变化引领或者说发起了一系列的有利于发展中国家的运动。

在过去的 30 年间，整个世界亲历中国产品出现在全球的每个角落。此外，中国在海外投资的强度之高也是史无前例的。

综上，巴西和中国在与邻国关系等方面的确有着截然不同的历史发展轨迹。

两个国家无论从地理范畴还是人口范畴的角度来看都属于真正的“大国”：巴西的领土面积达 8400 平方千米，中国的领土面积达 9400 平方千米；2015 年的数据显示，巴西拥有 2.07 亿居民，而中国的人口也不少于 13.71 亿。[①] 庞大的人口数量使得两国拥有较大的国内市场。几十年来这一市场特征成为巴西工业部门发展的主要动力来源，而中国却将出口贸易视作其生产增长的主要决定因素。这两个例子说明相对封闭的经济只会使国家的竞争力一直处于较低水平，而参与国际竞争将促进其生产达到国际标准。

虽是如此，两个国家广袤的土地中还隐藏着一个巨大的、根本性的差异：即巴西大部分的土地是适于农业生产的，而因水资源的相对匮乏以及高山、沙漠地区占有较大面积，中国自己生产的粮食很难满足国内人口所需。

前面两段内容说明了近年来中巴双边贸易被打上南北贸易特色（即以食物和原材料来交换工业制成品）的主要原因，并且产生相应的结果，即对上述产品的需求存在价格和收入弹性的差异。

毫无疑问，想要全部列出这两个经济体之间的相似性和差异性恐怕需要一张很长的清单，且无论这个清单有多长，也很可能是无法面面俱到，而（弄清两者的相同点和差异点）也并非当前的主要目标。

简言之，我们现在讨论的是两个完全不一样的分析对象。两国在全球治理问题上存在共识，即都觉得现有治理体系不符合他们的基本利益诉求，与此同时，两国也都面临着由所谓的“中等收入陷阱”引发的相似的社会难题。因此，大体上来说，在处理相关问题方面时，它们彼此有很多值得相互学习的地方。

有趣的一点是，中国曾因外向型经济而有过一段高速增长时期，并且通过对外贸易获得了较大的国际影响。在陷入这个发展“陷阱”后，中国当前的经济发展也转为以刺激国内消费为主；而巴西在实行有限开放以及积极分配政策，并经历很长一段低速增长之后，也面临一系列同样的问题。换句话来说，两个国家经历了相反的发展

---

① 参见世界银行的“世界发展指数”（World Development Indicators），www. worldbank. org。

轨迹。

基于以上背景，中巴双边合作又有哪些值得期待的呢？

## 二、中巴双边经济关系

如前文提到的，中国最近成功跻身全球最重要的境外投资国之列，2015 年对外投资额几乎达到当年其国民生产总值（GDP）的 2%，在中国对外的投资中，毫无悬念的占比最大的是中国在美国国债上的巨额投资，紧接着是中国在工业国的直接投资，再之后是中国在亚洲的投资。

然而，最近一段时间出现了中国投资者们开始大规模转向非洲和拉丁美洲的情况。中国在非洲和拉美投资的一个重要特点是大多数投资为资源导向型的。这就揭示了之前讨论的关于双边关系的一个重要问题。

中国同拉丁美洲的贸易关系开始的要稍早一些。早在 1997 年智利和秘鲁这两个拉美国家就因当时的亚洲金融危机而损失惨重，（造成这种情况的）一个直接原因便是当时他们已经同部分亚洲国家建立了紧密的经贸关系，其中又以与中国的经贸往来最为频繁。

对巴西而言，自 2013 年以来，中国俨然已经成为其最重要的出口市场（2016 年占巴西总出口额的 15%）和第二大商品进口来源国（2016 年占巴西进口总额的 18%，仅次于欧盟）。如果考虑到 2005 年两国的进出口贸易情况（巴西向中国出口的数额仅占其出口总量的 6%，而从中国的进口额也仅为巴西进口总额的 8%），上面那些突出的数字显示出中巴两大经济体在贸易往来上惊人的发展速度。

而在直接投资方面则发展相对较慢：中国是巴西第 12 大投资国，2016 年 1 月至 11 月中国对巴西的直接投资额仅占巴西直接引资总额的2%。

两国双边贸易良好的发展势头与各自在贸易相对优势方面的差异性有关（中国的相对优势体现在能够比巴西提供更多元的产品①）。这使得中国具有更多样化的出口及贸易政策。中巴两个经济实体不仅在贸易开放程度、相对优势等方面存在差异，贸易优惠政策无疑促进了中国同其邻国之间产业互补性的发展，而这也显然成为中国产品竞争力的重要来源。

美洲开发银行（Inter-American Development Bank）② 最近的一项研究梳理了拉丁美洲和加勒比国家出口商在中国所遇到的主要贸易障碍。研究指出，中国针对价值链中不同层次的进口商品采用了有差别关税结构：消费品平均关税为11.1%，而半成品为4.9%，原材料仅为1.09%。

这对于那些自然资源丰富的经济体来说是一个难题，大豆以及咖啡等原材料商品深受该关税结构的影响。由于拉美国家几乎很少出口加工制成品，因而铁、铅、铝、铜、锌等矿产品出口商成为该关税体系的受害者。

随着中国签署的双边优惠协定日益增多，这个问题反而愈加严重，因为附加在拉丁美洲公司出口产品上的关税相当于这些协定中中方合作伙伴产品征收的关税的两倍。

此外，拉丁美洲的出口商还面临来自中国国内税收政策和补贴方面的贸易壁垒，尤其是对农产品的课税。

例如，中国的有差别关税结构对进口大豆施行贸易保护政策，也就意味着巴西（出口到中国）的大豆需额外多缴纳平均水平73%的关税。（巴西）在中国有24个正在进行的项目，（项目所涉及的农

---

① 2006—2008年间的数据显示，巴西在225种产品上具有相对优势，而中国具有相对优势的产品接近巴西的二倍，多达547种。数据来源于R. Baumann，2010（org），*O Brasil e os demais BRICS-Comércio e Política*，CEPAL/IPEA，Brasília。

② IDB，"*Revelando las Barreras del Comercio entre China y América Latina y el Caribe*"，Monografia 474，Washington，DC：2016.

产品）总量大概不低于中国全部农业生产4%。

这种贸易结构直接导致了自2008年以来（中国）国内商品和国际商品的价格差在不断扩大，例如2014年的价格差已不低于24%，而当年中国的平均关税为9.2%。在这些初级产品中又属猪肉和鸡肉等肉类产品受影响最大。

此外，中国进口的一些农产品和原材料还受国营企业的管制，是价格管控的对象。

因此，在设定双边探讨的议程时有两个重要因素自然成为备选话题：

第一，双方可以做些什么以消除现有的贸易壁垒，以及如何增强巴西对华出口产品种类的多样化；

第二，如何设计一套既适合中国投资者，同时又能吸引中国直接投资转向对巴西利益最为关键的部门和项目的双边机制。

金砖五国已经认识到相互间贸易壁垒的存在。五个成员国绘制出各自具有相对优势但却在其他成员国遭遇高贸易壁垒的产品列表，并于2014年金砖国家福塔莱萨峰会期间将提前准备的实质性报告提交给五国贸易部长。而大体上这也是五国目前关于贸易谈判所取得的唯一进展，后来大家认为这个问题应交由世界贸易组织处理而并未进一步探讨下去。

就贸易壁垒而言，（中巴之间）显然有一个悬而未决的双边议程。中国给予邻国的贸易优惠政策以及邻国给予中国产品的优惠，这些明显对巴西制成品出口产生了消极影响。[①] 这一问题理应也被列入双边倡议中。

如前所述，尽管中国对巴西的直接投资是新近才开始的，且投资总量仍然较低，但中国已表现得异常活跃。

2015年，仅中国的两家银行——国家开发银行（Chian Develop-

① R. Baumann, I. Oliveira, "Os BRICS e seus vizinhos-comércio e acordos regionais", IPEA, Brasília, 2014.

ment Band）和中国进出口银行（Export and Import Bank of China）——就共持有超过 1.8 万亿美元的资产，而其他主要开发银行[①]的总资产在一起才达到 7000 亿美元。[②]

除了银行贷款，中国还成立了众多的双边和区域融资基金，这些资金至少使中国的资产增值了近 1000 亿美元。在拉丁美洲和加勒比地区，中国经营的各种基金[③]据估算价值约为 380 亿美元。

这使得中国成为一些国家的主要资金来源：对于拉丁美洲和非洲的一些国家来说，中国开发银行为它们的发展项目提供了大部分资金。事实上，一些拉丁美洲经济体由于开展这些业务而相应增加了债务，这已成为一个相对重要的问题。

## 三、有待解决的问题

中国投资者的出现——不管是身份明确的中国企业还是来自避税区的伪装投资者——引起了包含巴西在内的一些国家的各种担忧。

上文已提到，中国的大部分投资是以资源为导向的，其中包括购买重要的矿藏区或农业生产区域。其结果在国际关系方面引发了一个新问题：鉴于中国公司主要是国有企业，如何处理别国占有一国部分领土的事实？很难预测最终这将引发何种冲突。

但也存在不同的情况。在一些国家，中国工人是伴随着中国投资的流入而一同进入的，而在另一些国家，这种情况尚未被接受。在一些国家（如巴西），立法部门对非本国居民可购买的土地总量设

① 指亚洲开发银行、非洲开发银行、美洲开发银行、欧洲复兴开发银行和世界银行。

② Rohini Kamal, Kevin P. Gallagher, *China Goes Global with Development Banks*. Washington: Bretton Woods Project, 5 April 2016. In: http: //www. brettonwoodsproject. org/2016/04/20508/.

③ 这里的基金指的是中—拉合作基金、中—拉产能合作投资基金、中—墨（西哥）投资基金和最近设立的中巴扩大产能合作基金（简称中—巴基金）。

定了最高限额，而在其他国家对此没有限制。澳大利亚近日制定了[①]关于国有企业购买澳大利亚资产的更严格的措施，并限制外国人可以购买的土地数量。

到目前为止，巴西抵制了大量外国工人的涌入。此外，巴西还一直限制外国人手中掌握的土地数量。然而，这些问题仍然是潜在的敏感问题。

为满足中国国内巨大的需求，除购买土地和粮食外，中国对巴西农业部门也进行了投资。此外，为获得（对巴西国内）大部分生产和贸易链条的控制权，中国还投资了能源、铁路和港口基础设施，并且收购了贸易公司。可预见的是，中国在不久的将来将获得越来越多的对从事初级产品生产的重要经济部门的控制权。

然而，中国对巴西的投资并不限于初级产业部门。中国对基础设施项目的兴趣也越来越大，与此同时，一些中国制造业公司开始在巴西国内开设工厂。

中国政府支持的优先投资项目也能较好地体现其对外投资的多样性。这些项目包括能源传输线路、水电站、铁路、供水厂、食品加工厂等。事实上，中国投资者在巴西能源传输领域的强大影响力已经成为一个有争议的问题。

鉴于巴西政府的联邦结构，为确定哪些部门和项目应被优先处理常需要联邦、州和市政府多个层级共同协商。巴西立法给予这三个层级的政府相当大的权力。

最近，巴西总统出席了在中国杭州举行的二十国集团（G20）领导人第十一次峰会。借此机会，巴西总统与中国国家主席进行了双边会晤，据悉，两位领导人在会谈中同意推进两国全面战略伙伴关系。

根据媒体后续的报道，巴西愿意加强与中国在经贸、能源、航

---

① 参见：https：//www. ft. com/topics/places/Australia；http：//next. ft. com/content/918980ce5f8f11e6ae3f77baadeb1c93。

空、农业、金融、基础设施和应对气候变化方面的合作。不难理解，这些领域是两国共同的利益关切之所在，因此两国间存在着相当多样化的潜在合作机会。

对巴西而言，这些合作领域符合其双重利益。巴西在加快基础设施方面有明显的需求，且当局政府已宣布将以更积极的态度以吸引外国资本来资助上述所需的项目。事实上，当前巴西经济政策的基础之一便是推进一些曾经因技术和政治等原因而被搁置尚未实施的项目。

此外，巴西工业生产的竞争力维持在一个较低水平，这从其出口业绩指标以及制成品进口的增加便能看出。而从其在国际贸易方面取得的成就来讲，中国则可作为（其他工业生产国的）参考。因此，（巴西）也期待中国在投资巴西工业部门的同时也能为其带来管理技能和生产技术方面的优秀经验。

基于此，中国投资者不应仅将巴西视为自然资源的来源国，抑或把当地的基础设施建设仅看做是原材料的输送通道。伙伴关系还应包括为提高当地生产者竞争力所做的贡献。

这并不是说（两国）在其他领域没有合作倡议。

## 四、近期取得的成果

两国签署和平利用科学和技术协定至今已近30年的历史，且两国从1999年开始已经共同研制了五颗人造卫星。这些联合倡议的动机是为了避免富裕经济体因技术垄断地位而对两国获取领土图像索要高价。

这些卫星已成为绘制版图和帮助监测空气污染和测量土壤湿度及其他用途的重要工具。最近通过这些设备获得图像已成为公用事业，有些时候也被第三国用于勘测等工作。因此，作为技术知识分享的一种途径，对技术人员的培训也被列入中巴合作倡议中。

从这个角度看，两国伙伴关系的共同利益已经超越了简单的双边关系。中国虽是全球第二大经济体，但仍奉行与大多数发展中国家相似的政策议程，是寻求建立全球治理新模式的一个强大合作伙伴。

近年来，中国和巴西之间的经济关系不仅是双边利益的产物，也是中国和巴西在国际舞台上的活动的反映。

就与拉丁美洲的关系而言，最近最突出的倡议是中拉论坛。它沿袭了中国—拉美企业家高峰会（成立于 2007 年 11 月，是中国与拉丁美洲和加勒比地区经济贸易合作的第一个促进机制和平台）的发展轨迹。“中拉企业家高峰会议”还通过了一个促进贸易和投资的重要方案。

拉丁美洲和加勒比国家共同体（CELAC）于 2010 年在墨西哥成立。它是由 33 个国家组成的，包括所有南美洲国家、一些加勒比国家和墨西哥。其主要特点表现在参与者方面，这是唯一一个没有美国或加拿大参与的区域组织。

在中国提议下，中国—拉共体论坛于 2014 年 7 月在巴西利亚正式成立。首届部长级会议于 2015 年 1 月在北京举行，参与此次会议的包括 33 个拉共体成员国中的 4 位国家元首和 20 国外交部长。拉共体—中国论坛第二次部长级会议预计将于 2018 年 1 月在智利举行。

根据论坛发表的声明，双方已考虑通过中国—拉丁美洲和加勒比国家五年合作计划（2015—2019）。该计划涵盖了各领域合作，如政策和安全、国际事务、贸易、投资和金融、基础设施和交通运输、能源和自然资源、农业、工业、科学和技术、航空航天、教育和人力资源培训、文化和体育、新闻、媒体和出版、旅游、环境保护、灾害风险管理和防控、消除贫困和医疗卫生以及人民友好等。

未来十年，中国同拉丁美洲以及加勒比国家间的双边贸易预计将翻一番，总规模达到 5000 亿美元。另外，中国也表示有意在拉美和加勒比地区的部分领域进行不少于 2500 亿美元的投资。

中国对拉丁美洲的投资兴趣很大程度上与自然资源的开采有关。

至今，其投资主要的领域便是农业、矿业、石油和天然气。而拉丁美洲国家更期待的是（中国）至少在区域性大国的投资结构上有所变化，即将更多资源投入到技术先进的工业部门。

两国的另一个可能的合作交叉点是中国与葡语国家经贸合作论坛（总部设在澳门）。然而，这方面合作，仍在“进展中”且它将如何转化为具体的行动仍有待观察。

此外，双方潜在的合作维度还基于两国在多个重要平台的成员国身份。

二十国集团是协商讨论全球政策问题的最重要平台之一，而中国与巴西都是该组织的成员。两国可携手在国际事务中发挥建设性作用并维护自身利益。

两国誓言推动国际货币基金组织的份额改革，后来在二十国集团中他们对于将该决定付诸实践的坚定也很好地说明了两国的共同举措所能带来的改变。

当然，中国和巴西也是金砖五国的创始成员国。其成立之初旨在为新兴经济体更多参与全球治理创造机会。随着时间的推移，明确和巩固一系列共同利益的需求导致金砖国家集团议程的多元化，以至于一些分析家开始质疑金砖机制到底能走多远。此外，过去两年中，金砖五国中的巴西、俄罗斯和南非这三个成员国的经济增长率处于较低水平也进一步加深了有关金砖机制的质疑。

最近金砖机制通过的两项具体倡议（向外界）发出了积极的（合作）信号，即建立新开发银行（NDB）和应急储备安排（CRA）。前者已经开始运作，在金砖五国中各审批一个项目。可以想见在未来几年新开发银行的运作模式必然会在投资组合方面更加多样。而且其业务必须是以市场为导向的，而非一定符合政治偏好。

与此同时，中国启动了“一带一路”倡议和亚洲基础设施投资银行（亚投行，AIIB），也涉及大量的资本。“一带一路”倡议所包含的一系列项目，最终将促进中国与西欧之间交通的便利化，同时也将打通中国进入北非的通道。亚投行是一个有着较强能力的机构，其吸引了包括巴西在内的数个国家的资源，而目标仅是为亚洲国家的项目提供资金。

中国几乎同时做出的这些举措引起一些拉美分析家的怀疑，他们质疑中国真正将主要精力放在哪里，以及中国在亚洲的利益会在多大程度上弱化其对拉丁美洲国家的承诺。

然而，最近的事实可能会给分析家们提供一些参考，这一点将在后文继续探讨。

中国与多个国家启动了一些基金项目。最近一次是中巴基金，该基金具有前所未有的金融结构和新的决策模式，即资金运作将以项目为依托，两国出资比例为3：1，而决策机制为1：1。该基金将重点涵盖物流和基础设施、能源和矿产资源、先进技术、农业、农用工业、农产品储存、制造业、数字服务和其他服务部门，而这些被视为两国的共同利益。

中国最近还与三个拉丁美洲国家——智利、秘鲁和哥斯达黎加签署了自由贸易区协定。将这些协定同中国与其他国家签署的协定，以及与美国和欧盟同合作伙伴签署的“典型的”贸易优惠协定相比，中国显然采取了一种更加灵活、务实的做法。

美国和欧盟所签署的协议是典型的“一刀切”，即协议条款在不同的伙伴国间只有微小的差异。中国同他国的协议更加灵活，属于“量身定做”型，其条款因每个伙伴国的利益不同而有所调整。显然，考虑到每个谈判国的需要和利益所在是更加务实的做法。

原则上，这将促使巴西考虑与中国谈判双边协定的可能性。然而，双边协定包括贸易优惠的可能性并不高，因为所有南方共同市场的成员都只能作为一个整体与第三方谈判贸易协定。好消息是，作为现任南方共同市场轮值主席国的阿根廷正式表达了其促进优惠协定谈判的意愿。在短期内，可以做以及也许应该做的是在其他问题上的倡议，例如减少双边贸易壁垒、促进投资政策、加强技术合作、推进关于政府采购和服务的谈判等具体问题。

巴西在弹劾前总统后经历了最近的一次政府更迭。新的政府团队已表现出进一步发展对外关系的意愿，这也提升了外界对巴西经济向好发展的期望值。而这也体现在实际的经贸谈判以及为外国直接投资创造更具吸引力的条件方面。加上前面已提及的南方共同市场主席国的意愿，这也提高了人们的信心，也许我们可以看到南共市成员国们将在谈判中更加积极主动。

在短期内，一些意外事件也可能会增进中巴双边关系。

美国最近的总统大选引发了一场关于国际贸易和其他国际关系未来前景的辩论。如果全球最大的经济体采取更加防备的、保护主义的立场，那么其很有可能导致南—南关系的加强。某种程度上，巴西与中国的双边关系也会因此而强化。

多年来，美国推动签署一项远超于简单贸易优惠政策的雄心勃勃的协议。事实上，“跨太平洋伙伴关系协定”的核心是影响和均衡“边境内”的措施，例如劳工政策、竞争规则和其他措施。一些分析家认为2016年谈判已经达成了一个令人愉快的结果，这些参与的国家发出强烈信号，即他们找到了在全球视角下制衡中国影响力的途径。

作为美国新任总统，唐纳德·特朗普（Donald Trump）提出的首批举措之一是签署一项退出TPP的法令。这一举措是在部分联系密切的成员的经济份额达到总体GDP的较大额度时才会实施的（在现实中主要表现在一旦美国和日本正式批准了这一举措，那么退出TPP的整体进程将会开始）。最重要经济体（即美国）的缺席，这让人们认为，剩下的伙伴很难按照最初的计划继续向前推进。

此外，美国新任总统自参选以来，反复强调中国是美国经济的主要挑战，并威胁对进口的中国产品征收更高的关税。

与此同时，2016年发生了让人吃惊的事件是英国人投票决定退出欧盟，尽管之前大多数分析师认为根本不可能出现这一结果。这种新形势给英国和欧盟双方均带来了前所未有的挑战。

这些情况综合在一起可能会使得中国在与英国谈判时处于更加有利位置，因为英国离开欧盟时不仅意味着要与所有伙伴国重新谈判贸易协定，而且还需重新界定与其他一些国家的关系。

## 五、下一步何去何从

这种情况将在多大程度上影响到中国和巴西之间的关系？

悲观的解读将使前景更加令人担忧：如果中国产品在进入美国和欧洲市场时面临更高的关税壁垒，中国将试图在其他地方出售这些产品，而这可能会引起整体贸易的转移。

其他地方的贸易壁垒可能会导致中国人为地创造条件，以便在第三方市场交易其商品。众所周知，因不公平贸易的存在，双边贸易中已经采用了大量保护性措施。反倾销壁垒的出现频率尤为显著。如果中国对其出口采取额外的激励措施，我们可能会看到这些贸易保护措施将更为变本加厉。

而乐观的解读则将 TPP 的瓦解（或推迟）以及英国与欧洲国家的重新谈判看做新的贸易机会。这可能有助于推进中国的对外贸易并增加收入，同时也刺激了中国对进口商品的需求。

此外，“跨太平洋伙伴关系协定”的中断可能为巴西向中国以及其他市场出口初级产品（特别是粮食）提供更多的贸易机会。

中国作为一个海外投资者一直非常活跃。其中一个重要原因就是，持有大量的美国国债意味着其巨额外汇储备的回报率非常低。这促使其利用这些资源在数个国家中进行投资以期获得更多的回报。在这方面，巴西也不例外。例如，中巴基金就主要来源于外汇储备，以求获得更高的税率或回报。

美中双边关系恶化可能会刺激到中国减少其美国国债持有量，或者至少减缓购买新债券的步伐。当然，这将对美国政府的融资产生负面影响，特别是在新政府将其工作重点放在大规模投资基础设施建设的时候。

然而，从受援国的角度来看，这可能意味着有更多的资源可用于符合共同利性的投资项目上。如果这些成为现实，那接下来的关键便是明确这些共同利益。

当前新的国际形势存在如此多的新特点，特别是在美国经济可能趋于封闭且英国忙于攸关自身前途的重要谈判的情况下，就像上个十年刚开始的时候，这将为发展中经济体提供更多的施展空间，当然这是建立在完全不同的基础上的。

如果果真如此，那么这对于加强如金砖国家这样合作机制是一种动力：各成员国若能明确共同利益和联合战略，将可能在全球治理上发挥一定影响。

总之，中巴双边合作将加强和促进两个合作伙伴的发展议程，从而使得双方能够明确他们的目标以及对彼此的期待。

# 中国与拉丁美洲：从巴西的角度看挑战与焦点

泰伊·莫雷特·索恩·费尔南德斯*
李智婧** 译

## 一、拉丁美洲的对外关系

自20世纪下半叶以来，拉丁美洲国家一直在寻找其他区域的合作伙伴，以帮助他们克服以农产品出口为主的经济竞争劣势。联合国拉丁美洲和加勒比经济委员会（ECLAC）研究认为，拉美国家应该发展自己的民族工业而不是依赖于进口工业产品。鉴于此，拉美国家开始寻求贷款为发展提供资金，同时通过提高技术和增加机械设备来扩大他们的工业园区。

基于当时的国际背景、地理位置、历史渊源和文化联系，拉美国家首先选择与美国和欧洲开展合作。20世纪初，美国已经成为大多数拉美国家的主要投资者和贸易伙伴。二战后的冷战时期，美国增强了在该地区的存在，并在安全、经济和政治等各个方面推出了无数举措。这些举措包括建立一个重要的政治磋商平台——美洲国家组织（OAS），以及签订一个在某些方面类似于北约（NATO）的

---

* 泰伊·莫雷特·索恩·费尔南德斯，国际商务分析师，外贸与工商管理学士，华东师范大学政治学硕士，复旦大学博士研究生。

** 李智婧，四川外国语大学国际关系学院教师，研究方向为国际组织。

《美洲国家间互助条约》（ITRA）。

目前，拉丁美洲有大量盛行的文章，强调美国力量介入拉美地区的破坏性后果和美国主导方式对该地区的不利影响。根据这些学者的说法，美国的态度是傲慢的，因此大多数拉丁美洲国家并不认同美国是朋友或合作伙伴。

事实上，冷战时期美国为日本和西欧的复苏提供了大量的经济援助，对比之下，向拉丁美洲提供的资金和投入显得微不足道。在当时，拉美普遍存在贫困现象，不平等问题也十分严重。政府没有资金来启动基础设施建设项目。他们对来自外国，尤其是来自美国的援助期望从未得到满足。

这些学者认为，美国并不想建设一个富裕、发达的美洲大陆，而是希望分裂的状况持续下去，好让自己成为这个大陆上唯一富有且占据主导优势的国家。因此，在 20 世纪 50 年代，共产主义成为拉美国家寻求新的发展道路和问题解决方案的有吸引力的选择。1959 年，古巴成为第一个发动革命的国家。在菲德尔·卡斯特罗和切·格瓦拉的领导下，共产主义者开始执政，着手将美国公司国有化，并推动土地改革。美国认为古巴是一个错误示范，并试图入侵猪湾，然而这一美国中央情报局（CIA）领导下的行动以完败告终。

随着时间的推移，美国和古巴的关系变得越来越糟。古巴被中止美洲国家组织的成员资格，并且遭受禁运和制裁。1962 年，古巴同意苏联在其领土上部署导弹使得双边关系进入最危险的时刻。直到现在，美国和古巴的关系还没有正常化。另外，美国担心其他拉美国家会步古巴的后尘，在本地区发动军事政变，因此向独裁者们提供支持只要他们尽一切可能避免共产主义在这一地区的出现。

美国一边在国际上宣扬人权和自由，一边却在自己的大陆上维护着专制政权。冷战结束后，拉美国家重启民主化进程，但他们认为美国对拉丁美洲之前的惨痛历史负有责任，这种情绪一直没有被克服。20 世纪 90 年代，当美国提出“华盛顿共识”时，人们感觉美国再次试图在经济上主导该地区。然而，拉美人已经吸取了教训，开始寻找新的替代方案以重新融入国际社会。

从 20 世纪 90 年代末开始，特别是在 21 世纪的前十年，拉美国家的对外关系发生了实质性的转变。出现了其他联盟和战略伙伴关系，其中拉美国家与中国的关系尤其引人注目。造成这种变化的部分原因可以被解释为，在 20 世纪 90 年代冷战结束的背景下，来自旧秩序的政治和意识形态束缚被消除。其他国家，尤其是亚洲国家，在经济上的崛起，为全球带来了新的商机。

随着拉美国家“进口替代工业化”模式的日渐式微，出于对美国和欧洲伙伴关系的不满和自身外交的日趋成熟，他们开始倾向另一种形式的对外关系。这种对外关系扩大了他们的关注点，不再只是聚焦于为发展寻找贷款。他们开始寻求一种更深层次的合作关系，这种合作关系着力于可直接创造就业机会、提供技术创新和商业模式新的部门与项目。

在这种背景下，拉丁美洲开始扩大参与国际事务的范围，与此同时也不断推进内部机制的调整。其中包括建立特定的阵线，如南方共同市场（MERCOSUR）、南美国家联盟（UNASUR）和 2011 年成立的包括所有 33 个拉美和加勒比地区国家的拉美和加勒比国家共同体（CELAC）。这一新的拉美阵线尽管存在着各国发展不均衡的情况，也没有对供需链进行深入的整合，但却体现出他们对拉美地区身份的重新认同、加强参与国际事务的共同意愿。

## 二、拉丁美洲与中国的关系

就拉丁美洲国家与中国的关系而言，特别值得一提的是数字上的变化，尤其在贸易和投资领域。如果在 20 世纪 90 年代，美国是几乎所有拉美和加勒比国家最重要的贸易伙伴；在 2000 年至2012年之间，中国已基本取代美国，成为许多拉美国家的头号贸易伙伴。中国已成为巴西、智利和秘鲁主要的出口目的国，哥伦比亚、古巴、乌拉圭和委内瑞拉第二大出口目的国，阿根廷的第三大出口目的国和墨西哥的第四大出口目的国。就进口来源地而言，中国在1990年只是拉美一个次要的合作伙伴，而目前在所有被提及的国家中，中国是最重要的四个国家之一。总的来说，2000年至2012年，拉丁美洲和中国之间的货物贸易额增长了21倍，从120亿美元增加到2500亿美元。[①]

如上一章节所说，这里提到的数字反映的是拉丁美洲国家的心态变化，同时也是中国崛起的结果。中国自2010年以来就拥有世界第二大的国内生产总值（GDP），而且从2000年到2010年，其GDP年均增长率大约为10%。[②] 此外，中国还制定了全面的国家战略和具体的产业政策，以满足其发展需要及保障其基本原材料的供应。

从这个角度上看，由于拉美地区有着丰富的自然资源，如石油、铁矿石和其他金属材料，中国在这一地区的存在受到越来越多的关注，特别是大型矿产开发项目和基础设施建设。以中国石油天然气集团公司（CNPC）和中国海洋石油总公司（CNOOC）为例，由它们所参与组成的联合体2013年赢得了巴西里见拉盐下层石油区块的开发权。类似的项目也在委内瑞拉、阿根廷和秘鲁展开，中国在这些地方对石油、天然气和铜矿进行了大量的投资。[③]

鉴于中国在拉美地区日益增加的影响力，很多学者和学术机构，

---

① CEPAL, Comissão Econômica para a América Latina e o Caribe. Promoción del comercio y la inversión con China: desafíos y oportunidades en la experiencia de las cúmaras empresariales latino-americanas, 2013. Disponível em: http://www.cepal.org/publicaciones/xml/2/51652/Promociondelcomercio.pdf. Acesso em 25/09/2014.

② WORLD DATA BANK. The World Data Bank. 2014. http://data.worldbank.org/indicator/NY.GDP.MKTP.KD.ZG? page = 1.

③ JUSTO, Marcelo. "Conheça os principais investimentos chineses na América Latina". BBC, 2014. Disponível em: http://www.bbc.co.uk/portuguese/noticias/2014/05/140505_investimentos_china_venezueala_fl. Acesso em 14/12/2014.

如雅迪尔·瓦德尔、凯文·加拉格尔、俄尼斯托·塔尔维（伍德罗·威尔逊中心、芝加哥大学、牛津大学、哥伦比亚大学、美洲开发银行）等，开始将这些关系称为“新三角关系”。[①] 根据他们的说法，中国在拉美地区的影响力巨大，所以大家不能再只是关注拉美和美国的关系，而忽略中国存在的事实。

对于许多拉美学者而言，中国在这一地区的存在意味着一种替代，对美国来说是一种抗衡。如果说过去拉美国家完全依赖美国的帮助，那么现在中国则成为新的选择，其带来新的资金和投入。从政治关系的层面来看，中国与拉美地区国家建立了许多双边对话的论坛，如中国—巴西高层协调与合作委员会（简称高委会，COSBAN）。高委会成立于2004年，包括11个分委会，涵盖了几乎所有的双边议程，包括经济、金融、政治、文化和技术等问题；同时也有关于投资、知识产权、海关等方面的特别工作组。[②] 这种机制的存在证明双方对这一关系的重视。对中巴两国而言，这一伙伴关系不仅应侧重于贸易和投资问题，还应关注技术、卫生、教育以及其他战略议题。

2014年7月，中国国家主席习近平在访问拉丁美洲时提出了中国与拉丁美洲国家合作的“1 + 3 + 6”模式：“1”意味着为该地区专门制订一个合作规划；“3”指三个合作方向；“6”则指6个重点合作领域，其中包括能源和自然资源。[③] 此外，在访问期间，习近

---

① Woodrow Wilson Center.（2013）.“China, Latin America, and the United States: The New Triangle.”

② BRASIL, Ministério das Relações Exteriores. “Concertação e cooperação entre Brasil e China: a terceira reunião da COSBAN”, 2013. Disponível em: http://diplomaciapublica.itamaraty.gov.br/24 - brasil-china/45 - concertacao-e-cooperacao-entre-brasil-e-china-a - 3 - reuniao-da-cosban. Acesso em 14/12/2014.

③ CHINA, MINISTRY OF FOREING AFFAIRS, MFO. “Xi Jinping Attends China-Latin America and the Caribbean Summit and Delivers Keynote Speech, Comprehensively Expounding China's Policies and Propositions Toward Latin America, Announcing Establishment of China-Latin America Comprehensive Cooperative Partnership of Equality, Mutual Benefit and Common Development, and Establishment of China-CELAC Forum”, 2014. Disponível em: http://www.fmprc.gov.cn/mfa_eng/zxxx_662805/t1176650.shtml. Acesso em 10/10/2014.

平还参加了在福塔莱萨举行的金砖国家峰会和在巴西利亚举行的中国—拉美和加勒比国家领导人会晤，并对巴西、阿根廷、委内瑞拉和古巴进行国事访问。在此期间，习近平签署了包括经济援助和大型投资项目在内的多项协议。①

尽管如此，一些学者指出，目前中国与拉美的双边关系是相当不对称的，其中拉丁美洲显然处于不利地位。根据瓦德尔的说法，拉丁美洲与中国的关系是南北关系模式的再现，而不是平等的南南关系，拉丁美洲国家处于非常不平衡的地位。② 比如事实上，巴西从中国进口了大量技术密集型和高附加值产品，但巴西 80% 的对华出口都是三种初级产品：铁矿石、大豆和石油。③

根据拉丁美洲和加勒比经济委员会（2015 年）的数据，拉美地区出口总体的构成仍然令人担忧。拉美各国一直对出口中国的商品有明确的偏好，这阻碍了这一地区各国政府的努力，即形成更加多元化的、知识密集型的、社会及环境可持续发展的生产和出口结构。在这种背景下，出口多样化成为一个紧迫的挑战。2013 年，拉美地区出口到中国的初级产品占对华总出口的 73%，占其全球总出口的 41%。相比之下，低、中、高技术制成品出口仅占该地区对华出口总额的 6%，占其全球出口的 42%。2013 年，从中国进口的低、中、高技术制成品占到从中国地区总进口的 91%，而这一数值占其全球进口总额的 69%。显然，这种跨行业贸易是由初级产品交换制造业

---

① BRASIL. Ministério do desenvolvimento, indústria e comércio exterior, MDIC/SECEX. Balança Comercial Brasileira, 2014b. Disponível em: http://www.mdic.gov.br/sitio/interna/interna.php? area = 5&menu = 576. Acesso em 01/10/2014.

② WORLD BANK. (2013). "Contribution to trade and competitiveness reforms in the Latin American Region". Retrieved from: http://www.worldbank.org/en/results/2013/09/11/trade-competitiveness-reform-latin-america.

③ BRASIL, Ministério das Relações Exteriores. Atos assinados por ocasião da visita ao Brasil do Presidente da República Popular da China, Xi Jinping, 2014a. Disponível em: http://www.itamaraty.gov.br/index.php? option = com_content&view = article&id = 5716: atos-assinados-por-ocasiao-da-visita-ao-brasil-do-presidente-da-republica-popular-da-china-xi-jinping-brasilia - 17 - de-julho-de - 2014&catid = 42: notas&Itemid = 280&lang = pt-br. Acesso em 14/12/2014.

产品所构成的。

除贸易不平衡外，我们还应考虑到初级产品市场存在的隐性波动。在21世纪初期，中国、印度和其他新兴市场的需求增加，导致初级产品价格持续上涨，而在过去几年里，委内瑞拉和巴西等拉丁美洲国家的初级产品出口却由于需求的下降而减少。中国等国家的需求放缓，导致拉美国家国内生产总值（GDP）增长放缓。对巴西而言，经济增长速度下降甚至导致了其他问题（如失业率上升）。此外，多年来，委内瑞拉一直依赖高油价来维持其经济增长，但由于初级产品价格下跌，委内瑞拉也受到了不利影响。①

然而，世界银行2014年发布的一份报告强调，如果管理得当，原材料出口的风险可以被控制。从这个意义上讲，解决这些潜在负面效应的举措不是限制商品出口或对进口设置贸易壁垒，而应采取减少对生产活动中供需的限制、改善基础设施及创造有利的投资环境等其他必要措施。因此，应对这些挑战将列入拉美国家的国内议程，问题的解决应取决于国内的战略和重点改革，而不是不经规划就在国际上讨论的双边问题。同样值得注意的是，原材料出口只是目前双边关系模式中存在的众多风险之一。

据巴西各公司在中国—巴西高委会（COSBAN）会议上提交的报告称，虽然拉丁美洲国家欢迎中国在关键领域投资，但包括巴西航空工业公司（Embraer）、巴西淡水河谷公司（Vale）和巴西马可波罗公司（Marcopolo）在内的几家公司在与中国巩固合作、扩大对华投资和销售等问题上面临巨大困难。这些困难包括中国企业和政府的官僚体制，也包括各种显而易见的障碍，因为在中国，商业形象不是优先考虑的问题。

---

① BRASIL, Ministério das Relações Exteriores. Atos assinados por ocasião da visita ao Brasil do Presidente da República Popular da China, Xi Jinping, 2014a. Disponível em: http://www.itamaraty.gov.br/index.php?option=com_content&view=article&id=5716: atos-assinados-por-ocasiao-da-visita-ao-brasil-do-presidente-da-republica-popular-da-china-xi-jinping-brasilia-17-de-julho-de-2014&catid=42: notas&Itemid=280&lang=pt-br. Acesso em 14/12/2014.

可见，尽管拉丁美洲正在改变对中国的态度，但合作中严峻的风险和挑战依然存在。毫无疑问，对于拉丁美洲而言，中国是一个值得关注的投资者和贸易伙伴，也是与美国和欧洲等传统市场重要的抗衡力量。然而，在双边关系中，中国正在主导合作领域，明确提出其战略项目及对自然资源方面的巨大兴趣；而拉丁美洲似乎只是在顺应中国的需求，并未发展自己的战略。有专家指出，现在拉美各国面临的至关重要且十分紧迫的任务是，实现该地区的自我重组。唯有如此，拉美与中国的关系才能在模式上有进一步的改善，而不是重走这一地区与北美关系的老路。此外，拉丁美洲国家需要进行一些内部改革，以应对目前以出口商品为主的对外关系带来的风险。

## 三、中国如何证明自己不同于欧美

有些学者担忧中国在拉美地区的存在会带来诸如以下问题：“中国希望在这一地区获得什么？”“中国会试图取代美国成为这一地区的主导力量吗？”“中国主要想获取拉美国家的自然资源，建设基础设施项目也仅是为了进行低成本运输贸易而使自身受益吗？”

对于部分学者而言，中国并非是拉美国家的另一个选择。相反，他们认为中国在拉美地区的存在可以理解为一种新帝国主义范畴下的权力和控制，因此拉美国家应当对中国的真实意图保持警惕。

对于更多人来说，中国对拉美地区自然资源的需求值得关注。即使在欧洲，“原材料计划”和“自然资源政策”这两个分别于2008年和2010年启动的项目，都旨在分析可能出现的与自然资源相关的紧张局势和冲突。在这两个项目文件中，都特别关注到了中国。2007年，中国实际消费了全球铁矿石总产量的45%，在进出口两方面的业务都有所扩展，也加大了对这些资源的国际投资，特别是对拉美地区的投资（Sievers，Buchholz & Huy，2010）。

同样，在2017年的一期《华盛顿邮报》的一篇文章认为，中国在拉美国家的声望源于其自身经济的吸引力。而辛特拉认为，拉美国家想从中国获得什么这个问题很难回答，但是我们可以研究这段关系中各方利弊得失。她指出，当巴西和智利这样的国家受益于互补性贸易时，墨西哥却在很多方面失去了进入市场的机会，贸易赤字不断累积，无疑会成为大输家。①

在为该报做的系列专访中，笔者发现拉美地区的官员和商人并没有对拉美国家和中国的关系寄予厚望。当我问他们最希望听到中国人发表什么样的声明时，他们说：

——“更加开放地对待我们的产品，特别是加工食品。更快地向我们的肉类生厂商发放卫生许可证。”（巴西驻上海领事馆 P. A.）

——“贸易多元化，在基础设施、前沿技术和航空领域加大投资。”（上海新开发银行 D. C.）

——“免除关税，修建铁路，批准更多的许可证给巴西肉类生产商。”（巴中企业家委员会 S. B.）

——“更多投资。”（上海律师 R. T.）

——“为‘两洋铁路’提供全部资金，并管理其运营。”（里约热内卢大学工程师 E. C.）

——“消除食品卫生方面的贸易壁垒，发放更多的执照和许可证给我们国家的水果生产商，比如葡萄和牛油果的生产商。”（厄瓜多尔—中国商会 J. H.）

——“在贸易谈判中尊重我们之间的差异、我们的标准和规则，不要破坏我们的工业。”（巴西商务部 H. S.）

从与这些拉美国家的商务人士和政府官员的访谈中，我们可以得出结论：他们并不期待任何奇迹出现，或者说对于中国已经

---

① Cintra, M. R. V. (2011). China na América Latina: suas estratégias, interesses e as implicações dessa aproximação Sino-Latio-Americana no relacionamento triangular China-América Latina-EUA. Retrieved from: http://www.proceedings.scielo.br/scielo.php?pid=MSC0000000122011000300021&script=sci_arttext.

给予的，他们并不期待有大的改变。他们希望的是中国所宣布的项目都能真正落实，带来更多投资和贸易机会；也希望通过减少繁琐程序发放更多的执照和许可证，促进中国和拉美国家之间贸易的便利化。

这或许表明了中国和拉美国家之间的关系还不深厚，虽然许多国家把中国当做战略伙伴，但是这种伙伴关系主要建立在金钱、贸易和投资上。然而，梅尔吉索确认，中拉关系正在朝新的方向发展，远远超出贸易领域，目前已包含金融（外国直接投资和贷款）和政治合作。仅 2016 年一年，拉美各国政府已经从中国的政策性银行获得了 210 亿美元的贷款。不过，他认同在拉美国家和中国关系的中长期发展中，贸易往来仍然是主要特征。①

从这个意义上说，近期贸易衰减和资本大量外流或许表明中国在其他国家中的影响力也在减弱。即使美国在特朗普执政期间失去人心，中国也未必能获利。更确切地说，虽然中国通过达成双边和多边协议的方式加强与拉美国家之间的联系，但这种关系会因为贸易停滞不前而受到阻碍。从 2003 年到 2013 年的十年间，中国和拉美国家之间的贸易额从大约 200 亿美元增长到 2900 亿美元。但是在 2014 年，拉美国家对中国的出口略有下降，接下来的一年里拉美国家从中国的进口也有减少。近年来的贸易缩减表明除非中国已准备好在这一地区做出新的特别的金融承诺，否则不会取得更大的外交成果（Shenomi，2016）。

洛普斯认为，为了改变这种以经济为基础的双边关系，中国应该投入更多发展其软实力。目前全世界已经有超过 450 所孔子学院，中国投资了数亿美元运营位于北京的中央电视台和新华社两家公共媒体。尽管如此，“中式生活方式”的观念并没有在拉丁美洲社会广泛传播。其结果是，中国虽然是拉美国家不错的贸易投资伙伴，却

---

① Melguizo, A.（2017）. “It's time for a new era of China-Latin America business relations.” World Economic Forum. Genebra, 2017.

没有在拉丁美洲赢得民心，至少短期内中国还没有做好取代美国成为拉美地区终极合作伙伴的准备。①

大西洋委员会2015年出版的一本刊物曾提出系列建议，然而毫无新意，与目前中国和拉美国家正在实施的做法并无不同。例如，这些建议包括：不依赖拉丁美洲原材料出口的长期发展计划；从美洲开发银行（IDB）和联合国拉丁美洲和加勒比经济委员会（ECLAC）这样的区域性组织的角度展开更多研究，重视双边协定的收益和成本；具体的条款和附加条件；各国政府积极参与创建或支持在公共、私人和学术部门成立机构，帮助协调个体利益以明确共同对华策略；建立中国和拉丁美洲之间专门的双边和多边工作团队；与中国在相互理解和互惠协商的基础上达成贸易和对外直接投资的协议。这样做可以明确未来是采取主动还是防御的政策，而非由某个部门基于自己部门利益而做出的选择。

与此同时，在2016年11月对拉美地区的最近一次访问中，习近平主席表明，愿与一个强大的而不是怯弱的拉丁美洲建立互信和平衡的关系。从他的话语中，我们可以感受到中国坚定地支持发展中国家在全球治理体系下提升自己的话语权，中国号召拉美国家积极参与亚太地区的自由贸易协定，反对一切形式的贸易保护主义。他还表示中国愿意增加对拉美国家的技术转让，推动与这一地区的人力资源合作。②

习近平主席也表达了想把中国与秘鲁和智利的贸易协定扩展至其他太平洋沿线国家的意愿。2016年，在德里召开的金砖会议上中国也曾提议签署五个国家之间的贸易协定。然而这种贸易方式遭到质疑，主要原因是金砖其他成员国担心贸易协定可能导致中国商品

---

① Lopes, D. B. (2017). "Why China Is Not Bound to Lead Latin America." The Diplomat. Retrieved from: http://thediplomat.com/2017/04/why-china-is-not-bound-to-lead-latin-america/.

② Baijie, A. (2016). "Xi: China will share development opportunities with Latin America". *China Daily*. Retrieved from: http://www.chinadaily.com.cn/world/2016xivisitepc/2016-11/22/content_27449788.htm.

进口激增，损害当地制造业。

双边协定的确对一些国家有利的同时可能对其他国家带来负面影响。利用区域平台和发展区域贸易协定，将会增加拉美地区的竞争力以及强化其与中国协商时的谈判能力。现有的平台如加勒比共同市场（CARICOM），中美洲共同市场（the Central American Common Market），南方共同市场（Mercosur）和太平洋联盟（the Pacific Alliance），将有利于建立合作协调机制和制定面对中国的策略，同时也会联合为一个对中国更有吸引力的市场。在与中国的对话中，拉丁美洲的区域贸易协定应当不只是关注关税政策，还应包括非关税措施，以及关于服务、投资、政府采购、知识产权、竞争政策和监管透明度等方面的规范。①

须知 21 个国家中有 11 个保持了与台湾地区的外交关系。拉美人的另一个担忧是他们认为中国大陆并不把拉丁美洲当做首选目标，只是出于地缘和经济的目的。以巴西竞选联合国安全理事会（UNSC）常任理事国为例，中国尽管从 1993 年开始就把巴西当做战略伙伴，但在这件事上却出力甚微。② 巴西外交界认为，安理会目前的成员构成是"不能接受的"，他们迫切希望安理会进行改革，给予新兴国家更多权力，包括让巴西成为常任理事国。然而中国并没有做出更有力的承诺，只是表态中国会"高度重视巴西在联合国安理会发挥更大作用的愿望"。

梅尔吉索还提到，"这种伙伴关系已经不仅限于贸易，但又仍然是关于贸易的伙伴关系"。他认为现在是建立一个新型的中国——拉丁美洲联盟的时候了。新一轮的生产发展政策应包含关于促进技术升级、产业多样化和区域一体化的政策，这些都至关重要。他还表

---

① Melguizo, A. (2017). "It's time for a new era of China-Latin America business relations". World Economic Forum. Genebra, 2017.

② Lopes, D. B. (2017). "Why China Is Not Bound to Lead Latin America". *The Diplomat*. Retrieved from: http://thediplomat.com/2017/04/why-china-is-not-bound-to-lead-latin-america/.

示一切都是说易行难，但如果我们真的想把握这一商贸机会促成更有前途的中拉关系，就必须付诸行动。[①]

事实上，为改善双边关系需要做的还很多。拉美人希望从中国获得更多关注，更高效地实施投资项目和更高水平的商业贸易。从中国的角度来说，则需要采取更多行动来加强信任和友谊。例如中国支持巴西在争取联合国安全理事常任理事国上付出的努力；通过提供更多的奖学金和更多技术领域的项目来建立更紧密的文化联系，这些都有助于表明中国的兴趣不只是在于初级商品和自然资源上。

最后，我们应当牢记拉丁美洲需要做好自身的功课。根据世界银行发表的报告，如果拉丁美洲想要打破作为原材料和廉价商品出口商的“魔咒”，拉美国家应当进行提升产业竞争力的改革，而不是依靠来自外部的帮助。在这种情况下，解决问题的方案不应源自外部，而应源自本地区，源自各国政府实施改善商业环境和提高竞争力的改革。[②]

## 四、结　语

本文概述了拉丁美洲与美国、欧洲的传统关系，并讨论了中国在该地区的特殊角色，并尝试去回答“如何理解中国在拉美的存在?”这一问题。正如文中所示，学者们观点各异，但显然对这种不平衡（主要是对拉美国家不利）的关系，存在很多批评的声音。

对拉美官员和商人的简短访谈显示：相比于希望从中国得到超乎寻常的利益，他们更多的是将中国视为可以依赖的伙伴，希望保

① Melguizo, A. (2017). “It's time for a new era of China-Latin America business relations”. World Economic Forum. Genebra, 2017.

② WORLD BANK. (2013). “Contribution to trade and competitiveness reforms in the Latin American Region”. Retrieved from: http://www.worldbank.org/en/results/2013/09/11/trade-competitiveness-reform-latin-america.

持高额的贸易和获得更多的金融投资。正因如此，近期发表的多篇文章也表明，中国还未准备取代美国成为这一地区最重要和可靠的伙伴。尽管密切的政治互访和针对大量项目的扩大对话正在进行，中国对拉美的关注仍被视为是建立在经济上的，基本上是直接获取商品和投资于互联互通领域（基础建设和港口）。

从这个意义上讲，本文可总结如下：从拉美学术研究领域的角度来讲，对于中国在这一地区的利益还存在着很多担忧。然而，从私营部门和政府的角度来看，他们希望巩固并深化经济联系，但并不希望发生实质性的改变。因此，这种关系的未来更多取决于中国的态度而非拉美的立场。中国会在软实力上投入更多吗？中国会与拉美国家建立更多政治联系并满足拉美的政治意愿（例如巴西要求获得联合国安理会席位）吗？或者中国会对增加贸易和投资感到满意并继续保持其作为至关重要的经济支柱角色吗？

本文并不能回答所有的问题，但我们相信这段关系的未来更多取决于中国的态度，取决于中国会如何加强在拉美的存在和与拉美的联系，证明这段关系会带来长远的利益。贸易投资的增长和金融的联系需要一个长期的发展过程，拉丁美洲原材料输出的现状会有所转变。① 目前的贸易关系并未推动区域经济的发展，因此这正是中国证明其影响力上升并有利于打开双赢局面的好时机。

① Peters, E. D. (2015). "China's Evolving Role in Latin America. Can It Be a Win-Win?", The Atlantic Council. Washington, DC. Retrieved from: http://publications. atlanticcouncil. org/chinalatam//.

# The Dragon in the Canary's Eyes: A Study of Brazil's Perception on China

Nidi Bueno* Natália Coelho** Renata Ribeiro***

## Ⅰ. Introduction

During the Han dynasty the dragon was a symbol of imperial power. Currently, China is referred by Western scholars as a dragon due to its strength, although the Chinese mythological creature has little to do with the hostile animal sometimes portrayed in the West. On the contrary, the Chinese dragon is a spiritual and cultural icon that represents prosperity. On the other hand, Brazil's association with the little canary was first related to its national soccer-team yellow jerseys. However, since a unique aspect of Brazil's rise relies on its capacity to influence and motivate other countries to cooperate, its image matches the one of a friendly and benevolent bird. The imaginary of so distinct creatures-and countries-makes one

* Nidi Bueno earns a PhD in International Relations at University of Brasilia, Brazil, and Georgetown University, United States. Currently Dr. Bueno is a Associate Post-Doctoral Fellow at the University of Brasilia's Institute of International Relations and a Professor at Euro-American University Center.

** Natália Coelho is full-time PhD candidate at the University of Brasilia's Institute of International Relations (Irel-UnB).

*** Renata Ribeiro is full-time PhD candidate at the University of Brasilia's Institute of International Relations (Irel-UnB).

wonder: how the canary would see the dragon?

This article aims to answer the question above by focusing on Brazil's perception of China. Its central argument is that Brazil's general perception on China can be well described as conflictive. It also argues that democracy and information access are the issues that damage China's image the most while BRICS, culture, sports and education are the topics that benefit China in the way it is seen in Brazil's eyes.

The work is divided into three parts. First, it explains the methodological tools used to develop and treat data tracked an updated original survey of Brazil's perception on China. Second, it presents the empirical findings gathered from the survey. In this section, the paper shows indexes related to twenty-two topics, eleven issues, and an index for the aggregate Brazilian perception of China. Third, it goes through general and academic literature on China published in Brazil in 2016, scrutinizing the perceptions behind the different titles. In addition to its empirical findings, this study claims its relevance based on its methodological paths to turn qualitative measures into quantitative index and then turn it back into newly elaborated qualitative standards.

## Ⅱ. Methodology

To develop a survey of Brazil's perception on China, a specific analytical model based on five steps was implemented. At the first step, a number of key-issues related to China was selected. Hence, regarding Brazil's perception on China, eleven key-issues have been selected:

1. Brics
2. Economy & Trade
3. Democracy

4. Environment
5. Human Rights
6. Multilateral relations
7. Domestic politics
8. Information access
9. Education
10. Culture & sports
11. Religion

At the second step, antagonistic peers of questions referring to each selected issues were identified. The first question ( *t*1 ) of each peer always presented respondents a sentence with a positive assumption about China and about its state or behavior regarding a particular issue-related topic. For instance, for the issue on Environment *t*1 assumptions was:

*China is a world leader in investments in greenhouse gases reduction.*

Meanwhile, the second questions (*t*2) of the peer always presented respondents a sentence with a negative assumption about China and on its state or behaviour regarding another issue-related topic. For instance, again for the issue on environment *t*2 assumption was:

*China degrades the environment.*

Table 1 shows the eleven antagonistic peers of questions that had been developed to track Brazil's perception of China in eleven different issues.

**Table 1 The Antagonistic Question Peers' Survey**

| | |
|---|---|
| BRICS | *t*1. The BRICS are an important incentive for Brazilian development.<br>*t*2. China does not give real importance neither to the BRICS nor to Brazil. |
| ECONOMY & TRADE | *t*1. Chinese government conducts fair and transparent trade negotiations.<br>*t*2. Chinese manufacturing industry is a threat to jobs in Brazil. |

续表

| | |
|---|---|
| DEMOCRACY | *t*1. China's political regime is suitable for a country with a vast territory and population.<br>*t*2. China should be condemned for not being a democratic regime. |
| ENVIRONMENT | *t*1. China is a leader in investments in greenhouse gases reduction.<br>*t*2. China degrades the environment. |
| HUMAN RIGHTS | *t*1. Chinese government respects international Human Rights law.<br>*t*2. Chinese economic power is based on inhumane conditions imposed on workers. |
| MULTILATERAL RELATIONS | *t*1. China represents the interests of the global South in the international system.<br>*t*2. Chinese relations with the United States are more important to China than Chinese alliances with the developing world. |
| DOMESTIC POLITICS | *t*1. China's political system promotes the common good of Chinese society.<br>*t*2. China has high levels of corruption, impunity and illegal political practices. |
| INFORMATION ACCESS | *t*1. The internet control carried out by the Chinese government has positive elements.<br>*t*2. There is no freedom of press in China. Restrictions to the access of information are harmful to the Chinese population. |
| EDUCATION | *t*1. Chinese educational system is better than the Brazilian.<br>*t*2. There is excessive repression in the Chinese educational system. |
| CULTURE & SPORTS | *t*1. Chinese traditional wisdom should be more explored by Brazil.<br>*t*2. China does not have much to contribute to Brazil in terms of culture and sport. |
| RELIGION | *t*1. Chinese religions are elements of convergence with Brazil.<br>*t*2. Buddhism and Confucianism are rivals of the Brazilian Christian culture. |

Yet in this second step respondents were asked to pick up just one alternative among five. The alternatives were:

a. I totally disagree

b. I disagree

c. I have no opinion regarding it

d. I agree

e. I totally agree

The survey was sent to various segments of the government, civil society, third sector, political parties and it was answered by one of the main decision-makers of each entity. Universities were also inquired and the responses assemble the opinion of scholars of the Economy, Sociology and International Relations Departments, among others.

Among the respondents are counted high representatives of civil society and business group, such as the Directors of International Relations of the Federation of Industries of the State of Rio Grande do Sul (FIERGS) and of the state of Santa Catarina (FIESC). Answers were also received from the first top layer of national government agencies, such as the Secretaries of International Affairs of the Ministry of Planning (MPOG) and the Ministry of Social and Agrarian Development (MDS).

The statements about theBRICS were answered by other several high representatives, such as directors for International Relations of the Research Institute (IPRI-FUNAG), the Brazilian Space Agency (AEB) and the National Agency of Waterway Transportation (ANTAQ). Moreover, the assertions were also evaluated by the heads of the International Advisory Departments of the Ministry of Defence, the Ministry of Tourism, and the Ministry of Foreign Relations, the Coordinator-General of the Ministry of Human Rights, the Director of FUNAG, and others.

Regarding environment, the survey gathered the perception of representatives of Non-Governmental Organizations (NGOs), such as the Chairman of the Board of Directors of "Instituto Socioambiental". On democracy, the Public Prosecutor's Office and the Superior Electoral Court were among those which contributed to the survey. In what concerns religion, the

Baptiste Presbyterian Church opinionated, together with other members of civil society. About culture & sports and education, the statements were replied NGOs such as "Instituto Ayrton Senna" and Foundation "Educar DPaschoal".

At the third step, already entering into the treatment of the answered questionnaires, the perception by topic (the *t* Perception Index) was gathered. This index is the first of the three indicators proposed by this study (Table 3). Initially, a mathematical tool was used in order to transform subjective individual perceptions into arithmetical figures (Table 2). To achieve it, although it does not appear in the survey's questionnaire and respondents are not told on it, the model treats the offered alternatives as they were algorithms, in order to give them a further arithmetical treatment and translate the results into quantitative measures.

**Table 2 Quantifying perceptions**

| Alternative | Correspondent Arithmetical Value |
|---|---|
| A-Totally agree | 2 |
| B-Agree | 1 |
| C-No opinion | 0 |
| D-Disagree | -1 |
| E-Totally disagree | -2 |

Therefore, the algorithms 1 was attributed to alternative *B* ("I agree"); 2 was attributed to alternative *A* ("I totally agree"; while 0 was attributed to alternative *C* ("I have no opinion regarding it"); -1 was attributed to alternative *D*; and -2 to alternative *E*.

**Table 3 Indexes regarding Brazil's perception on China**

| Index | Specific Goal (To track the:) | Index Formula |
|---|---|---|
| *t* Perception | Perception on a Particular Topic | $X = \frac{(R1 + OR)}{NR}$ <br> In which: <br> X = *t* Perception Index <br> R1 = Respondent – 1's answer <br> OR = Other Respondents' answers <br> NR = Number of respondents |
| *i* Perception | Perception on a Particular Issue | $X = \frac{t1 + t2}{2}$ <br> In which: <br> X = *i* Perception Index <br> t1 = Result for Topic 1 <br> *t*2 = Result for Topic 2 <br> 2 = Number of topics |
| *a* Perception | Aggregated Perception | $X = \frac{i1 + i2 + i3 + i4 + i5 + i6 + i7 + i8 + i9 + i10 + i11}{11}$ <br> In which: <br> X = *a* Perception Index <br> i = i Index Perception <br> 11 = Number of issues |

Then, all the answers to *t*2 (which contains negative assumptions) were accounted in its opposite value. This happens due to the fact that the proposed model assumes that someone's disagreement with a negative assumption reflects his/her positive perception on the subject in the same extension that someone else's agreement with a negative assumption reflects his/her negative perception about it. To operate this model's propriety, the *Q*2 individual results were multiplied for *– 1* factor. Hence, for instance, if the respondent's answer to a negative assumption was *E* ("I totally disagree”), which corresponds to $-2$, it was multiplied it for $-1$ and *2 was* the product of the equation. The $-1$ multiplier factor is applied to all possible answers as well, thus:

( −2)x( −1) =2; ( −1)x( −1) =1; 0x( −1) =0; 1x( −1) = −1; and 2x( −1) = −2.

Finally, the *i Perception Index* was extracted by submitting the arithmetical results to the following formula:

$$X = \frac{R1 + OR}{NR}$$

In which:

X = *t* Perception Index

R1 = Respondent − 1’s answer

OR = Other Respondent’s answers

NR = Number

Once already applied the formula, following this original model, the arithmetical figures were transformed into qualitative assumptions. To reach this, two situations were considered.

Situation 1: The topic-sentence affirms some positive view on China. In this case, there are the following possible results and their related Qualitative Rational Assumptions ( * QiRA):

—I strongly disagree ( −2): This means that respondent’s perception is strongly negative.

—I disagree ( −1): It means that respondent’s perception is *negative.*

—I have no opinion regarding it: It means that the topic has *nule* impact on respondent’s perception.

—I agree (1): It means that respondent perception is *positive.*

—I strongly agree (2): It means that respondent’s perception is *strongly positive.*

Situation 2: The proposed topic-sentence affirms some * negative * view on China. In this case, by using the −1 *multiplier fammctor*, there would have also five possible results and their related Qualitative Rational Assumptions ( * QiRA):

—I strongly disagree [(−2) x (−1)] = 2 This means that respondent's perception tends to be *strongly positive.*

—*I disagree* [(−1)x(−1)] = 1: It means that respondent's perception tends to be *positive.*

—*I have no opinion regarding* it [(0)x(−1)] = 0: It means that the topic has *nule* impact on respondent's perception.

—I *agree* [(1)x(−1)] = −1: It means that respondent's perception tends to be *negative.*

—*I strongly agree* [(2)x(−1)] = −2: It means that respondent's perception tends to be *strongly negative.*

The results for eleven topics were treated under situation 1 terms and then submitted to the formula

$$X = \frac{R1 + OR}{NR}$$

The results for the other eleven topics were treated under situation 2 terms before being submitted to the same proposed formula. Once processed the twenty-two topics, the *i Perception Index* was extracted for each of them.

At the fifth step, perceptions by issue were tracked (the *i Perception Index*). For that it was used the formula

$$X = \frac{t1 + t2}{2}$$

In which:

X = *i* Perception Index

$t1$ = Result for Topic 1

$t2$ = Result for Topic 2

2 = Number of topics

## Ⅲ. Empirical Findings

1. Perception on 22 topics *inside* 11 *key-issues* ( *t* and the *i* Perceptions Indexes)

According to the survey, there is a positive view on BRICS. When it comes to its role in Brazil's economic development, the 0. 83 index (Table 4) indicates a supportive perception. It is confirmed by the 0. 67 index (Table 5) generated by the answers to the question on the importance China gives to BRICS as whole and to Brazil in particular. Therefore, Brazilians endorse China and BRICS as necessary partnerships to boost Brazil's economic growth.

**Table 4 *t Perception Index* 1**

| Positive Statements | | |
|---|---|---|
| BRICS | The BRICS are an important incentive for Brazilian development. | 0. 83 |
| ECONOMY & TRADE | The Chinese government conducts fair and transparent trade negotiations. | -0. 60 |
| DEMOCRACY | China's political regime is suitable for a country with a vast territory and population. | -1. 00 |
| ENVIRONMENT | China is a leader in investments in greenhouse gases reduction. | 1. 00 |
| HUMAN RIGHTS | The Chinese government respects international Human Rights law. | -0. 60 |
| MULTILATERAL RELATIONS | China represents the interests of the global South in the international system. | 0. 43 |
| DOMESTIC POLITICS | China's political system promotes the common good of Chinese society. | 0. 80 |

续表

| Positive Statements | | |
|---|---|---|
| INFORMATION | The internet control carried out by the Chinese government has positive elements. | -2.00 |
| EDUCATION | Chinese educational system is better than the Brazilian. | 1.00 |
| CULTURE & SPORTS | Chinese traditional wisdom should be more explored by Brazil. | 1.50 |
| RELIGION | Chinese religions are elements of convergence with Brazil. | 1.00 |

In relation to the topic "economy & trade", the survey concluded that Brazilians have a negative perception of China's commercial endeavours. The -0, 60 (Table 4) index showcases that Brazil tend to mistrust that China's negotiations on trade are not as fair and transparent as Beijing states. However, Brazilian do not believe that the Chinese companies are direct competitors with Brazilian companies. The 1.00 (Table 5) index indicates that Brazilians have a positive perception of the Chinese industries while analysing its impact on jobs in Brazil.

According to the Perception Index on democracy, Brazilians' view as a whole is negative. The -1.00 (Table 4) index represents that Brazil does not consider the Chinese political regime the more suitable for the country. In addition, the second -1.00 (Table 5) negative view indicates that China should be internationally condemned for conducting a non-democratic political regime. The overall perception shows that a democratic regime matters. Therefore, as Chinese regime is not considered democratic for Brazilian people, they are concerned about it.

In environmental issues, the Brazilian perception about China is positive (index 1.00) when it comes to Chinese investments deployed to curb greenhouse gases' emissions (Table 4). Nonetheless, the perception is negative regarding China's relation with environment deterioration. The -

1.67 (Table 5) index suggests that Brazil has a strongly negative perception about this issue. Brazilians see China as one of the world leaders in environmental deterioration.

**Table 5  t Perception Index 2**

| Negative Statements | | |
|---|---|---|
| BRICS | China does not give real importance either to the BRICS or to Brazil. | 0.67 |
| ECONOMY & TRADE | The Chinese industry is a threat to jobs in Brazil. | 1.00 |
| DEMOCRACY | China should be condemned for not being democratic. | -1.00 |
| ENVIRONMENT | China degrades the environment. | -1.67 |
| HUMAN RIGHTS | Chinese economic power is based on inhumane conditions imposed on workers. | -0.40 |
| MULTILATERAL RELATIONS | China-US relations are more important to China than Chinese alliances with the developing world. | -0.71 |
| DOMESTIC POLITICS | China has high levels of corruption, impunity and illegal political practices. | -0.60 |
| INFORMATION | There is no freedom of press in China. Restrictions to the access of information are harmful to the Chinese population. | -1.00 |
| EDUCATION | There is excessive repression in the Chinese educational system. | 0.00 |
| CULTURE & SPORTS | China does not have much to contribute to Brazil in terms of culture and sport. | -0.50 |
| RELIGION | Buddhism and Confucianism are rivals of the Brazilian Christian culture. | 1.00 |

In respect to human rights, Brazil has one negative and one null perception about this topic. First of all, the -0.60 (Table 4) index showcases that Brazilians perceive China as a recurrent violator of human rights' international rules. Besides that, the -0.40 (Table 5) survey index states that Brazilians do not have a fixed opinion when it comes to work conditions in China.

The topic on multilateral relations brings a negative and a null perception about China. Firstly, the null perception 0.43 (Table 4) about China's representativeness of Global South interests means that Brazil has no consolidated opinion on this issue yet. Nonetheless, the second question is negatively perceived (−0.71), as seen on Table 5 According to Brazilians' perception, China considers the bilateral relations with the United States more relevant than the ones established with the developing world.

Regarding this part of the survey (PI), there is a mixed view on Chinese domestic politics. When it comes to the role of China's political system in promoting the common good of Chinese society, the 0.80 (Table 4) index denotes a supportive perception. Though this is contradicted by the reactions to the affirmation on the levels of corruption, impunity and illegal political practices. The −0.60 (Table 5) index indicates that interviewees partially agreed to this negative perception.

In relation to information access, the survey suggests that there is a predominant negative view. The −2.00 (Table 4) index shows that examinees strongly disagreed with the assertion that the internet control carried out by the Chinese government has positive elements. In addition, the −1.00 (Table 5) index reveals that individuals partially agreed that there is no freedom of press in China and that restrictions to information are harmful to society.

The perception about Chinese education is a transition zone between null and positive. The 1.00 (Table 4) index suggests there is a positive perception on the Chinese educational system, which is considered better than the Brazilian. The survey indicates that there is not a clear opinion on whether the repression in the Chinese educational system is excessive, since the index is null (0.00), according to Table 5.

In what concerns "culture & sports", the results were contradictory. On the one hand, the 1.5 (Table 4) index implies that interviewees have a positive perception on Chinese traditional wisdom, which they considered should be more explored by Brazil. On the other hand, the 0.5 (Table 5) index means that the perception on the contribution China can give to Brazil in terms of culture and sports is in a transition zone from null to negative.

Finally, the survey showed there is a positive perception in regards to religion. The 1.00 (Table 4) index indicates a supportive perception of Chinese religions as elements of convergence with Brazil. Similarly, the 1.00 (Table 5) index reveals that Buddhism and Confucianism are not seen as rivals of the Brazilian Christian culture.

**Table 6　i Perception Index**

| | |
|---|---|
| BRICS | 0.75 |
| ECONOMY & TRADE | 0.20 |
| DEMOCRACY | -1.00 |
| ENVIRONMENT | -0.33 |
| HUMAN RIGHTS | -0.50 |
| MULTILATERAL RELATIONS | -0.14 |
| DOMESTIC POLITICS | 0.10 |
| INFORMATION | -1.50 |
| EDUCATION | 0.50 |
| CULTURE & SPORTS | 0.50 |
| RELIGION | 1.00 |

According the *i* Perception Index, Brazil's perception of China is positive on BRICS, religion, education, culture & sports. However, it is negative on democracy, human rights, environment, access to information. On issues such as domestic politics, economy & trade, and multilateral relations, Brazil's perception of China is still null or almost null. As said before, a null result does not imply the absence of any view on the issue, but it does indicate the presence of at least two conflictive points of view about the same subject.

### 2. The Aggregated Perception (A Perception Index)

**Table 7 The *a Perception Index***

```
I----I-----I----I-----I------I-----I-------I------I
2  1.5  1   0.5  0    -0.5  -1     -1.5   -2

                        -0.04 < > a Index
```

The Aggregated Perception (*a* Perception) Index is 0.04, which refers to conflictive perception category. It indicates the non-prevalence of neither an absolutely positive image nor an absolutely negative image about China. This non-prevalence means an alert situation, in which the aggregate perception can remain in this way or easily and unexpectedly to shift into either positive or negative. It seems to be reasonable to state that policy makers and businessmen are better served in their goals and purposes if aware of the shifting and unstable nature of a concrete situation encompassed by any *a* Perception Index in between –0.4 and 0.4.

## Ⅳ. Perceptions from the literature

This exploratory survey (Table 8) aims to categorize how many and which were the main books about China published in Brazil during the year of 2016; by who they were published; and in what filed of knowledge. The survey also includes Chinese books published in Brazil, which had an impact on Brazil and/or were supported by relevant Brazilian social actors.

About the BRICS, the survey (Table 8) found the book Post-Western World: How Emerging Powers are Remaking Global Order, by Oliver Stuenkel. The author is an Assistant Professor of International Relations at the Getúlio Vargas Foundation (FGV) in São Paulo, and a member of the Carnegie Rising Democracies Network. He has several works published about the BRICS and his blog postwestern world. com explores how emerging powers are changing the world.

**Table 8 General Literature**

| AREA | TITLES | PUBLISHER/SPONSOR |
|---|---|---|
| BRICS | Post-Western World: How Emerging Powers are Remaking Global Order | John Wiley & Sons |
| ECONOMY & TRADE | China Made in Brazil: Personagens, curiosidades e histórias sobre dois séculos de aproximação entre o Brasil e seu principal parceiro comercial (En.: China Made in Brazil: Characters, curiosities and histories about two centuries of approach between Brazil and its main commercial partner) | Babilonia Cultura Editorial State Grid Brazil Holding (sponsor) |
| | Políticas Industriais e Comerciais da China sob a perspectiva das regras da OMC (En.: Chinese Industrial and Commercial politics under the perspective of the rules of WTO) | Confederação Nacional da Indústria (CNI) |
| | Pensamento crítico: Perspectivas Asiáticas (En.: Critical thought: Asian Perspectives) | Centro Internacional Celso Furtado de Políticas para o Desenvolvimento. BNDES, CAIXA, Banco Nordeste, ADECE (sponsors) |

续表

| AREA | TITLES | PUBLISHER/SPONSOR |
|---|---|---|
| BRICS | Post-Western World: How Emerging Powers are Remaking Global Order | John Wiley & Sons |
| ENVIRONMENT | Os desafios das mudancas climáticas: os casos Brasil e China (En.: The challenges of climatic change: the cases Brazil and China) | Paco Editorial |
| HUMAN RIGHTS | As Boas Mulheres da China (En.: The Good Women of China) | Companhia das Letras |
| BILATERAL & MULTILATERAL RELATIONS | Brasil e China: 40 anos de relações diplomáticas (En.: Brazil and China: 40 years of diplomatic relations) | FUNAG-Ministry of Foreign Relations (MRE) |
| DOMESTIC POLITICS | Introdução à Revolução Cultural na República Popular da China: aspectos econômicos, sociais e políticos (En.: Introduction to the Cultural Revolution in the People's Republic of China: economic, social and political aspects) | Editora União Brasileira de Escritores (UBE) |
| | Os Excluídos (*romance*) (En.: The excluded) | Editora Nova Fronteira |
| | As rãs (*romance*) (En.: The frogs) | Companhia das Letras |
| EDUCATION | Jovens universitários em um mundo em transformação: uma pesquisa sino-brasileira (En.: Young undergraduates in a transforming world: a Chinese-Brazilian research) | Instituto de Pesquisa Econômica Aplicada (IPEA)<br>Social Sciences Academic Press (SSAP) |
| CULTURE & SPORTS | 拆 [chai] | Fumproarte (sponsor) |
| | Textos de História da China Antiga (En.: Old China's Texts of History) | Projeto Orientalismo |

As showcased in the Table 3, economy & trade is the area which spurred most interest. The book **China Made in Brazil** was published in a bilingual edition (Portuguese-Chinese), with in-depth research and interviews with nationals of both countries. The work was sponsored by the State Grid Brazil Holding, which is a main Chinese investor in the Brazilian energy sector. The second book about economy & trade, **Chinese Industrial and Commercial politics under the perspective of the rules of WTO**, was funded by the Brazilian National Confederation of Industries (CNI), which is directly affected by Chinese policies in trade. Finally, the last book in this area, **Critical thought: Asian Perspectives**, aims to understand the various facets of China, especially its rapid economic growth and the consequences of the Chinese ascent to Brazil. The research was sponsored by state banks and Brazilian development agencies.

In relation to environment, the exploratory survey (Table 3) found the book **The challenges of climatic change: the cases Brazil and China**. This is the result of an academic conjoint work of several scholars and was published by a peer-reviewed editor. On the next topic, human rights, the book **The good women of China** was written by a Chinese journalist, Xinran, who has collected accounts of women who suffered humiliation and abandonment (rape, forced marriages, amorous delusions, misery and prejudice). The Portuguese version was published by Companhia das Letras, one of the main Brazilian editor companies. This fact demonstrates the increasing interest of Brazilian society in the conditions of China's population.

About Chinese bilateral & multilateral relations, the survey found Brazil and China: 40 years of diplomatic relations, published by the think-tank of the Brazilian Ministry of Foreign Affairs (FUNAG-MRE). The book assembles articles by various diplomats and focuses on future perspectives, cooperation in sciences, technology and trade. In the area of domestic politics, the table displays 3 works: Introduction to the Cultural Revolution of People's Republic of China, The excluded, and The frogs. The first was written by Durval de Noronha Goyos Junior, a Brazilian lawyer who has extensive experience in trade practice law and Chinese commercial policies. The last two works are translations of important Chinese books, both which bring to Brazil a little of China's social conflicts.

In the educational field, there is the book **Young undergraduates in a transforming world: a Chinese-Brazilian research**. The work consists in a binational study lead conjointly by the Brazilian institute of economic research (IPEA) and the Chinese Social Sciences Academic Press (SSAP). Finally, in the area of culture & sports, the survey (Table 8) found 2 works: 拆 and Old China's Texts of History. Both books were written by Brazilians (Letícia Lampert and André Bueno, respectively) and were sponsored by art projects.

**Table 9 Scholarly Literature**

| AREA | TITLES | JOURNAL |
|---|---|---|
| ECONOMY & TRADE | China X Nordeste do Brasil: uma qualificação das transações comerciais bilaterais recentes. (En.: China and Brazil's Northeast region: an assessment of the recent bilateral trade transactions) | Revista Econômica do Nordeste |
| | Estratégia e comércio internacional: a importância da China ao Brasil (En.: Strategy and international trade: the importance of China to Brazil) | Século XXI |
| | O impacto da Parceria Transatlântica de Comércio e Investimento (TTIP) para os principais parceiros comerciais do Brasil: China e Mercosul. (En.: The impact of the Transatlantic Trade and Investment Partnership (TTIP) for Brazil's main trading partners: China and Mercosur) | Revista Brasileira de Economia de Empresas |

续表

| AREA | TITLES | JOURNAL |
|---|---|---|
| ECONOMY & TRADE | Comércio exterior da região Nordeste na esteira do "Efeito China" (En.: Foreign trade of the Northeast region in the wake of the "China Effect") | Revista Econômica do Nordeste |
| | Estrutura de capital de Brasil, Rússia, Índia e China mediante crise econômica (En.: Capital structure of Brazil, Russia, India and China by economic crisis) | Revista de Administração Mackenzie (RAM) |
| | Desenvolvimento Industrial brasileira e chinês: Um conto de dois caminhos diferentes (En.: Brazilian and Chinese Industrial Development: A tale of two different paths) | Revista Espacios |
| | O Intercâmbio Comercial Nordeste-China: Desempenho e Perspectivas (En.: Brazil's Northeast region and China Trade Exchanges: Performance and Prospects) | Revista Econômica do Nordeste |
| | Brazil and China: the agribusiness connection in the Southern Cone context. | Third World Thematics |
| | Evidências empíricas da prática de dumping no comércio internacional entre Brasil e China e Brasil e EUA (En.: Empirical evidence of dumping practices in international trade between Brazil and China and Brazil and the United States) | Id Online Revista Multidisciplinar e de Psicologia |
| DEMOCRACY | Proteção aos Direitos Civis e Políticos e Democracia: Breve Análise da Situação do Brasil e da China (En.: Civil and political rights and Democracy's protection: a brief analysis of the situation in Brazil and China) | Revista Aporia Jurídica |

续表

| AREA | TITLES | JOURNAL |
|---|---|---|
| BRICS | National Intelligence Systems as Networks: Power Distribution and Organizational Risk in Brazil, Russia, India, China, and South Africa | Brazilian Political Science Review |
| | Fluxo de comércio entre o Brasil e os demais países dos BRICS (En.: Trade flows between Brazil and other BRICS countries) | Revista Economia e Desenvolvimento |
| MULTILATERAL RELATIONS | Network Governance and the Making of Brazil's Foreign Policy Towards China in the 21st Century | Contexto Internacional |
| ENVIRONMENT | Evidências da Vulnerabilidade Ambiental do Comércio entre a China e Países Latino-Americanos Selecionados (2000 – 2011): os casos de Argentina, Brasil, Chile e Peru (En.: Evidence of trade environmental vulnerability between China and selected Latin American Countries (2000 – 2011): Argentina, Brazil, Chile and Peru) | Revista de la Red Iberoamericana de Economia Ecológica |
| | A China na ordem ambiental internacional das mudanças climáticas (En.: China in climate change's international environmental order) | Revista Estudos Avançados |
| CULTURE & SPORTS | Índia "Ocidental", China "Tropical": uma "espiritualidade do corpo" como elemento propiciador de encontros culturais no Brasil (En.: "Western" India, "Tropical" China: a "spirituality of the body" as a propitious factor of cultural meetings in Brazil) | Horizonte, PUC/MG |
| | Integração cultural dos imigrantes chineses no Brasil (En.: Cultural integration of Chinese immigrants in Brazil) | Revista de Estudos Orientais |

Similarly, Table 9 categorizes the scholarly literature published in Brazil in the year of 2016. According to the survey, it is possible to infer that the preferred topic was economy & trade. Nine papers were published, with a special focus on trade in Brazil's Northeast region. The importance of trade issues for Brazilian scholars can be confirmed by observing that even those papers categorized as environment and BRICS are also concerned with the economic consequences.

Table 9 also displays that the paper "Civil and political rights and Democracy's protection: a brief analysis of the situation in Brazil and China", categorized asdemocracy, is related to other field of analysis covered by this paper: human rights. Although only one paper was published about this theme in particular, there is a huge interest for democracy and human rights in China.

The importance of China-Brazil ties is also highlighted by the paper "Network Governance and the Making of Brazil's Foreign Policy Towards China in the 21st Century", which analyses Brazil's foreign policy towards China during Lula and Dilma Rousseff's presidency. Provided that China is one of the leading actors of the developing world and Brazil's main partner since the beginning of Lula's terms, the impact on International Relations' scholars in Brazil is unquestionable.

The same applies to environment issues. Brazilian scholars understand that China is a main actor concerning this subject, reason why understanding China's position about climate change is crucial for further developments on this topic.

Concerning culture, as Table 9 indicates, the given focus on Chinese culture by Brazilian scholars represents an increasing interest towards this matter. Similarly, the growing presence of Chinese immigrants in Brazil has become an interesting new field of study, as it may represent an interesting blend of different cultures.

## V. Conclusion

According to the survey findings, Brazil's overall perception on China is conflictive. In general, democracy and information access were the main issues that damage China's image in Brazil. On the other hand, BRICS, culture, sports and education were the issues that boost China's image and draw Brazilians' attentions.

The *t* indexes show that environment and information access were the main topics with negative rates. It highlights that Brazilians are aware of the struggles China is having regarding those issues. As far as information access is concerned, the majority of survey's participants perceived China as a non-democratic country that restricts some internet contents to its population. Moreover, the way China deals with the press is one of the main concerns of Brazilian citizens. In relation to Environment, a topic that has drawn Brazil's attention in the last few years is environment degradation. Since media and researches indicate that China is one of the world's largest gas-emitter due to its rapid growing economy, Brazil raises concerns about how pollutant's emissions can affect the environment as a whole.

However, the *t* indexes also display that environment, education and culture & sports have the highest positive rates. It is interesting to notice that, although participants see China as one of the main environmental pollutants, they also are aware of all investments China makes in renewable energy. China's efforts in this matter is well-known by various segments of government, civil society, third sector and political parties. Education, culture & sports are other topics that were high-rated by participants, due to the positive perception Brazil has of all these items. For Brazilians, China represents a country compromised with high quality education and high performance in sports. Brazilians know they have a lot to learn with China in those issues.

Different from the findings from*t* indexes, the GI index indicates that the BRICS and religion received the better rates as a whole. The participants see the BRICS as a relevant coalition for the developing world and believe that Brazil can gain considerable ground with the partnership. Moreover, Brazilians in general have a positive perception of China's engagement with BRICS. Regarding Religion, participants did not perceive China's religions as Christianity's rivals. On the contrary, Brazilian understand that Buddhism and Confucianism, for example, can be an element of convergence with Brazil, as more and more Brazilians declare themselves to follow Eastern religions in recent times.

With regard to negative rates, the survey findings indicate that GI and*t* indexes have similar results. Information access and Democracy received the worst rates of the GI index, what confirms what was said before: Brazil perceives China as a non-democratic country that restricts communication channels. This result showcases that the democratic system is a pivotal tenet for the participants. Recent historical events make Brazilians in general more inclined to defend democratic values.

For future research, the survey method could be replicated spatially, temporally and spatially-temporally. Spatial replication should be applied to other BRICS' countries to map the perception of China towards their populations. This study will be relevant to understand how tight are the ties between China and the coalition. On the other hand, temporal replication can be employed from the year 2017 onwards to follow up China's image throughout the time. At last, the survey modelling should be applied in a spatial-temporal basis, creating historical series about the perception of China in other BRICS' countries from 2016 onwards. The development of such researches will be valuable to allow China to strength its image among some of its four main partners on the emerging world.

## References

BUENO, André. Textos de História da China Antiga. Rio de Janeiro: Ebook, 2016.

CARDOSO, Daniel. Network Governance and the Making of Brazil's Foreign Policy Towards China in the 21st Century. Contex to Internacional, v. 38, n. 1, 2016. Available at: http://www.scielo.br/scielo.php?script=sci_arttext&pid=S0102-85292016000100277.

CAVALCANTE, Catarina Melo; SANTOS, Adolfo Barreto. Proteção aos Direitos Civis e Políticos e Democracia: Breve Análise da Situação do Brasil e da China. Revista Aporia Jurídica-ISSN 2358-5056, 2016. Availableat: http://www.cescage.com.br/revistas/index.php/aporiajuridica/article/view/51/56.

CENTRACCHIO, Francesca. Brazil's Soft Power as a Tool for World Power Emerging Process. Centro Studi Internazionali, 2016. Available at: https://www.cesi-italia.org/index.php?page=articoli&id=506&ln=en.

CEPIK, Marco; MÖLLER, Gustavo. National Intelligence Systems as Networks: Power Distribution and Organizational Risk in Brazil, Russia, India, China, and South Africa. Brazilian Political Science Review, v. 11, n. 1, 2017. Available: http://www.scielo.br/scielo.php?pid=S1981-38212017000100201&script=sci_arttext.

COSTA, Christiane & BORBA, Cibele. China Made in Brasil: Personagens, Curiosidades e Histórias sobre dois Séculos de Aproximaçao entre o Brasil e seu Principal Parceiro Comercial. Rio de Janeiro: BabiloniaCultura Editorial, 2015.

DA CRUZ, Matheus et al. Índia "Ocidental", China "Tropical": uma "espiritualidade do corpo" como elemen to propiciador de encontros culturais no Brasil/ "Western" India, "Tropical" China: a "spirituality of the body" as a propitious factor of cultural meetings in Brazil. Horizonte, v. 14, n. 43, 2016. Availableat: http: //periodicos. pucminas. br/index. php/horizonte/article/view/P. 2175 –5841. 2016v14n43p789.

DANTAS, Alexis T.; JABBOUR, Elias MK. Estratégiae Comércio Internacional: A Importância da China ao Brasil. Século XXI, v. 7, n. 1, 2017.

DA SILVA, Mygre Lopes; CORONEL, Daniel Arruda; DA SILVA, Rodrigo Abbade. O impacto da Parceria Transatlântica de Comércio e Investimento (TTIP) para os principais parceiros comerciais do Brasil: China e Mercosul. RevistaBrasileira de Economia de Empresas, v. 16, n. 2, 2016. Available at: https: //bdtd. ucb. br/index. php/rbee/article/view/6262.

DE MELO, Maria Cristina Pereira. Comércio exterior da região Nordestenaesteira do "Efeito China". Revista Econômica do Nordeste, v. 44, n. 2, 2016. Available at: https: //ren. emnuvens. com. br/ren/article/view/74.

DE MELO, Maria Cristina Pereira; MOREIRA, Carlos Américo Leite. China X Nordeste do Brasil: umaqualificação das transações comerciais bilaterais recentes. Revista Econômica do Nordeste, v. 40, n. 4, 2017. Available at: https: //ren. emnuvens. com. br/ren/article/view/374.

DE SOUSA NETO, Elísio Ferreira Guedes; DO NASCIMENTO, Vera Lúcia; QUEVEDO, Andressa Pacífico Franco. Evidências empíricas da prática de Dumping no comércio internacional entre Brasil x China e Brasil x EUA. Id on Line REVISTA DE PSICOLOGIA, v. 10, n. 30, 2016. Available at: https: //idonline. emnuvens. com. br/id/article/view/409.

Deng, Yong; Fei-Ling Wang. *In the eyes of the dragon: China views the world.* Oxford: Rowman & Littlefield, 1999.

DIEGUES, Antônio Carlos et al. Brazilian and Chinese Industrial Development: A tale of two different paths. Revista ESPACIOS. Vol. 37 (N°

05 ) Año 2016. Available at: http: //www. revistaespacios. com/ a16v37n05/16370512. html.

DOS SANTOS SILVA, Edilson et al. Estrutura de Capital de Brasil, Rússia, Índia e China Mediante Crise Econômica. Revista de Administração Mackenzie, v. 17, n. 3, 2016. Available at: http: //editorarevistas. mackenzie. br/index. php/RAM/article/view/8294.

DWYER, Tom; ZEN, Eduardo Luiz; WELLER, Wivian; SHUGUANG, Jiu; KAIYUAN, Guo. Jovens universitários em um mundo em transformação: uma pesquisa sino-brasileira. Brasília: IPEA, 2016.

FEISTEL, Paulo Ricardo; HIDALGO, Álvaro Barrantes. O Intercâm-bio-comercialnordeste-China: desempenho e perspectivas. Revista Econômica do Nordeste, v. 42, n. 4, 2016. Available at: https: //ren. emnuvens. com. br/ ren/article/view/176.

FERREIRA, Leila da Costa. Os desafios das mudanças climáticas: os casos Brasil e China. São Paulo: Paco Editorial, 2016.

JÚNIOR, Durval de Noronha Goyos. Introdução à Revolução Cultural na República Popular da China: aspectos econômicos, sociais e políticos. São Paulo: UBE, 2016.

LAMPERT, Letícia. 拆 [chai]. Porto Alegre: Fumproarte, 2016.

LIMA, Marcos Costa. Pensamento crítico: Perspectivas Asiáticas. Rio de Janeiro: Letra e Imagem, 2016.

LIMA, Sérgio Eduardo Moreira (Org). Brasil e China: 40 Anos de Relac¸ões Diplomáticas. Brasília: FUNAG, 2016.

LI, Yiyun. Os Excluídos. Rio de Janeiro: Nova Fronteira, 2016.

MOREIRA, Helena; RIBEIRO, Wagner Costa. A China na ordem ambienta linternacional das mudanças climáticas. Estudos Avançados, v. 30, n. 87, 2016. Availableat: http: //www. scielo. br/scielo. php? script = sci _ arttext&pid = S0103 -40142016000200213.

OLIVEIRA, Thais Diniz; ALMEIDA, Luciana Togeiro de; MAZZE-

RO, Marcelo Fernando. Evidências da Vulnerabilidade Ambiental do Comércio entre a China e Países Latino-Americanos Selecionados (2000 - 2011). Revibec: revista de la Red Iberoamericana de Economia Ecológica, v. 26, 2016. Available at: http://www.raco.cat/index.php/Revibec/article/view/314915.

PANZINI, Fabrizio; SPADANO, Lucas; ALVIM, Eduardo; ROSAR, Soraya. Políticas Industriais e Comerciais da China sob a perspectiva das regras da OMC. Elsevier, 2016.

TAQUES, Fernando Henrique; CAVALCANTE, Heloisa Helena; MONTEIRO, Marcelo Balloti. FLUXO DE COMÉRCIO ENTRE O BRASIL E OS DEMAIS PAÍSES DOS BRICS. Revista Economia e Desenvolvimento, v. 14, n. 2, 2016. Availableat: file:///Users/usuario/Downloads/24343-66022-2-PB. pdf.

XINRAN (Translator: FERREIRA, Manoel Paulo). As Boas Mulheres da China. São Paulo: Companhia das Letras, 2016.

STUENKEL, Oliver. Post-Western World: How Emerging Powers Are Remaking Global Order. New York: Wiley, 2016.

YAN, Mo (Translator: Amilton Reis). As Rãs. São Paulo: Companhia das Letras, 2016.

WILKINSON, John; WESZ JUNIOR, Valdemar João; LOPANE, Anna Rosa Maria. Brazil and China: the agribusiness connection in the Southern Cone context. Third World Thematics: A TWQ Journal, 2016. Available at: http://www.tandfonline.com/doi/abs/10.1080/23802014.2016.1259581.

# Twin Ocean Railroad-China's "Silk Road" Extended to Latin America

Marcos de Paiva Vieira*

## Ⅰ. Introduction

Looking at our Planet from outer space, if one plots a line showing the "One Belt, One Road" (OBOR) and, then, another one from selected China Ports, such as Shanghai, Ningbo or Tianjin, crossing the Pacific Ocean, all the way to Peru, and decides to link this to the "Twin Ocean Railroad" (TOR), leading down to Rio de Janeiro, Brazil, at the Atlantic Ocean shores, quite a number of ideas and questions may come up. Such a link could make one wonder what is truly in the minds of the Chinese Leaders today. Anyone that puts together these two lines-closing the spherical link from Brazil to Italy or Portugal by crossing the Atlantic Ocean and, ultimately, further crossing the whole Eurasia, all the way to China-can see there is room for quite a different reasoning than one would normally consider. It is possible to perceive the possibility of China extending the OBOR route all the way to Latin America (LATAM), and completing the global circle by building the TOR. It does make a lot of sense, actually.

---

* Marcos de Paiva Vieira is the Deputy Secretary-General of the Guangdong Emerging Economies Society, Professor at Guangdong University of Technology.

Over three years ago, in Oct. 2013, the Chinese Government revealed to the world two of the most advanced and brilliant ideas of the XXI Century-The initiatives of the "Silk Road Economic Belt" (SREB) and the "Maritime Silk Road" (MSR). Currently, they are regarded as only one large initiative called "One Belt, One Road" (OBOR), in short. Its target is to bring more connectivity and cooperation among the countries linked by the ancient "Silk Road" trade route, putting together China and the rest of the Eurasian Region. The other very important and great idea of the Government of China relates to the "Four I's" -to promote and encourage actions towards an Innovative, Invigorated, Interconnected and Inclusive World Economy. These are focused especially on the emerging economies.

All the above, if observed from a broader bird's eye view, are intrinsically linked to a natural wave of expansion of the production basis of China. It follows a simple, straight-forward rationale, looking at it from China's perspective:

—A huge population that demands an equally huge generation of new jobs every year, as more people move to the Coastal Region and urban areas, plus those moving up the social-economic ladder;

—An industrial base that is evolving from a low technological content and minimum wage system to increasingly higher technology and more skilled labor, demanding higher pay;

—A tremendously big volume of production of a series of intermediary products, such as steel, inputs for the production of consumer goods to be exported mainly to Western economies;

—An excess (idle) capacity in many industrial sectors caused by the recurrent (cyclical) Capitalist crisis of the West, thus the need to find some way to "export" such industries, themselves, in the "Production Capacity Cooperation" initiative;

—By seeking an alternative route to the current expensive Panama

Canal, dominated by the USA, China brings up the possibility of making transportation costs lower and, thus, competitiveness higher for all, be it in the flow of commodities from Latin American countries to Asia, or the products Made-In-Asia to Latin America;

—As a recent additional element to the above trend, the new-President-elect of the USA, Donald Trump (DT), and his very unstable style of government, not to mention the animosity and aggressiveness against the Latin Americans (and other foreigners), leads LATAM countries to seek another "safe-port" of stability as partner, also in the geopolitical realm. The trade protectionism DT keeps advertising as one of his main policies is scaring away the USA's traditional supporters everywhere, especially in LATAM. China has placed itself as a "rock of stability", as clearly stated by President Xi Jinping in his historical speech at the Davos World Economic Forum in January' 2017, positioning itself as the best alternative for many emerging economies to develop closer ties, at the same time China increases the foreign direct investments (FDI) in them, mainly in infrastructure and energy (especially clean, renewable sources);

—The genuine wish by the Government of China to help poorer countries and emerging economies and their lacking populations to become "Inclusive" in the global advancements and progress, promoting a trickle up in the social ladder, as Education and Health are also enhanced;

—All these movements by China in LATAM, investing in the TOR (among so many other FDI actions), added to the OBOR progress, are the best example, today, of the expansion of "soft power" by China in the international environment. It makes no sense, considering the current level of evolution of mankind, to continue to focus in "hard power" of nuclear weapons and more wars, under the backwards' DT's style. China is teaching the whole world that it is possible to be hegemonic without having to dominate others, simply respecting every local characteristic, as stability is being promoted. THIS is soft power!

—And it goes on, following the logics that China MUST continue to expand, somehow.

Thus, brilliantly, the Government of China has been opening a myriad of opportunities to the countries located along the ancient "Silk Road", around 60 of them currently, making it possible for about 900 deals to be under way in various fields of business, most of them in infrastructure. China had established the Silk Road Fund of USD40 Billion to finance these initiatives and has even taken direct participation in several of the projects, since then.

This is going to surely "Invigorate" those economies, make them more open for "Innovation", as it "Interconnects" everyone and, no doubt, make many people become "Inclusive" in the process. And, extending this initiative to LATAM, as a link could be made between the two Oceans, Pacific and Atlantic, the whole broader idea surely multiplies, exponentially, the advantages of the original one.

The macroeconomic logics behind it all, as one includes the fantastic development that the TOR is going to bring to LATAM, fit perfectly in all kinds of Economic theories, particularly the Keynesian one. It reminds us that the ultimate key is to keep up the effective demand level. China's attitude of cooperation and its constructive model of development is giving the world the opportunity to evolve, instead of continuing to follow the previous hegemonic model from the USA, based on maintenance of the effective demand by means of conflicts and destruction throughout the Planet. The focus is not to bring a threat to the hegemony of the USA, 101 years after the start of operation of the Panama Canal, but to bring "Inclusiveness" into the process, so that those smaller economies also have a chance to enjoy human kind's evolution. Unfortunately, the Americans are too self-centered and do not see such good-for-all consequences, as DT takes the wrong turns, currently.

It is under the above broader umbrella of logic reasoning that the present work intends to analyze the TOR initiative, the recent proximity of China to LATAM, especially Peru and Brazil, considering the perspective of the uncertainty to the whole world being brought forward by DT's erratic policies using his dreadful Tweets. It is important to present an objective view of the various aspects that influence the TOR, including the international and geopolitical variables and the LATAM local and regional issues.

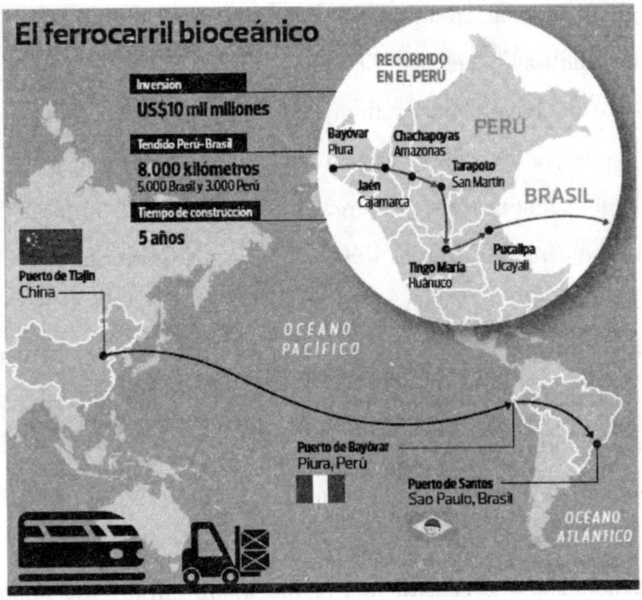


**TOR Original IDEA (currently, the final Port is ILO, not Bayóvar)**

*Source*: *Diário El Comércio-May*' 2015.

In order to conclude, some selected related aspects that may influence the future outcome of the TOR development will be listed, considering the current reality of LATAM, especially in what refers to several quite significant changes that have happened there recently, along 2016 and in the first quarter of 2017, both politically and economically. This author will dare to present some suggestions and recommendations that could be used by the Chinese interested parties, even if only as "food for thought".

## Ⅱ. Selected Key Aspects of the Twin Ocean Railroad

### 1. What is the Twin Ocean Railroad (TOR)?

First of all, let's recollect what the TOR is: Back in May' 2008, the Brazilian National Transportation Plan identified the so-called "Transcontinental Railway" (named EF - 246, or EF354). It would link the coast of Rio de Janeiro State, from Porto de Açu in the township of São João da Barra, to the railway system of Peru, passing through the State of Minas Gerais (Ipatinga city, where Usiminas steel mill is located), and cities like the capital of Brazil, Brasília, Uruaçu (Goiás State), Água Boa (Mato Grosso State), Vilhena and Porto Velho (Rondônia State), Rio Branco and Cruzeiro do Sul (in the westmost State of Acre, bordering Peru), and, from there, streching all the way to the Pacific Ocean, to one of the Peruvian Ports, originally.

The total extension within Brazilian territory is estimated at 4, 400Km. Up to 2009, only the Uruaçu-Vilhena stretch had its pre-project studies concluded. The construction of the whole railway was supposed to start in April' 2011, but has not yet begun. A public company called VALEC (under the Ministry of Transportation) was formed in Sep.' 2008 with the sole purpose of building this railway and exploring its infrastructure①.

Some key steps taken by the related Governments to promote

---

① See http://www.valec.gov.br/acoes_programas/FerroviaTranscontinental.php.

the TOR:

—End of Jul. ' 2014, during a visit to Brazil, President Xi Jinping signed a Cooperation Memorandum allowing Chinese companies to invest in Brazilian Railways;

—On Nov. ' 12th, 2014, the President of China, Xi Jinping, and the then President of Peru, Ollanta Humala, during his visit to Beijing, signed a Memorandum of Understanding (MOU) for the creation of a tri-lateral study group, which would allow the progress of the same project;

—On May' 19th, 2015, Prime-Minister of China, Li Ke Qiang, visited Brazil and reinforced China's intention to participate in the TOR project;

—Nov. ' 2015, there was a follow-up meeting of the Brazilian Government with the Embassy of China. In Dec' 2015, another meeting was held at the Embassy of Peru;

—In Feb. ' 2016, there was a meeting of 20 Chinese businessmen at the Brazilian Senate, related to the TOR; on June' 29th, 2016, the Senate held a Joint Public Hearing involving the Infrastructure Services Commission, the Economic Affairs Commission and the Foreign Affairs and National Defence Commission, for the same purpose; and, in July' 2016, a group of Senators was invited by the Chinese Government to visit China and get to know the potential of China in construction of railroads, as well as its advanced industrial park for the sector. They clearly expressed their awe upon their return, at the Brazilian Senate Plenary!

—Finally, on Oct. ' 11th, 2016, representatives of the Governments of Brazil and China signed the MOU for putting together the USD20 Billion investment fund focused on energy and infrastructure, quite an important progress to make the TOR come true;

—In Jan. ' 2017, both Governments, China and Brazil, have begun the implementation of the USD20 Billion investment fund, from which,

USD15 Billion are coming from China, and USD5 Billion are complemented by Brazilian National Economic and Social Development Bank-BNDES, and the construction Government-owned bank, Caixa Econômica Federal-CEF. According to the International Affairs' Secretary of the Ministry of Planning of Brazil, Jorge Arbache, the fund is expected to be operational already in Mar' 2017①.

2. Peru, PPK and Their Position About the TOR:

Who is PPK? In order to better understand LATAM's local situation and Peru's current status in relation to the TOR, a profile of the President elected in 2016, Pedro Pablo Kuczynski (PPK), is drawn in the sequence, together with a brief outlook of the country, based on his main ideas and international relationship.

The recent visit of PPK to China, Sep.' 13th and 14th, 2016, carried a clear and strong component of Diplomacy-the intention by the newly elected President of Peru to demonstrate to the world that China is Peru's #1 partner. It was his first visit abroad and he emphasized this aspect, maybe even a bit excessively. The innaugural trips of the three predecessors of PPK, were all to Washington, D. C. In any case, after all, China is in fact the largest trade partner of Peru, having surpassed the USA since 2011.

At the same time, PPK also emphasized that he did not go to China seeking loans, credit or financial help. Instead, he went looking for cooperation and investment in infrastructure, trade and tourism. Then, in his first speech in China, presented to businessmen, he added that, indeed,

① See article by Mary Rose Malinao, "China to begin financing Brazilian Projects in joint Fund of USD20 Billion in March", at Latin Post, on Jan.' 11th, 2017, at http://www.latinpost.com/articles/131425/20170111/china-to-begin-financing-brazilian-projects-with-joint-fund-of-20-billion-by-march.htm.

he was going to visit other countries in the sequence, but, repeated that China is the #1 in this sort of road show to attract FDI. In terms of Diplomacy, this is the equivalent to kicking off a negotiation, taking the first step, but already including a warning, such as, "hey, let's dance my friend, I am available, but there are other suitors".

In the sequence, PPK did visit the USA and also spoke at the United Nations Organization-UNO's General Assembly. He is known in Peru as "gringo" (a Latin American term for "American", quite a negative one, more in the sense of "American intruder"), a remark that refers to his past strongly linked to the USA. As PPK touted the main features of his economic agenda, such as enhancing credit, repairing inefficiencies and trying to reduce Peru's dependence on copper, he was trying to strongly seduce investors to focus on Peru, instead of other LATAM candidates for American FDI. His words were: "We have a lot less baggage than Brazil and Argentina. We have modest inflation—less than 3 percent—and we have no net debt to speak of either"① . The final goal of PPK was to take advantage of the low level of USD yields for Peru's international debt, that is, to create a credit revolution by refinancing around USD6 Billion out of their USD45 Billion debt. Not a bad idea at all.

PPK clearly has a strong bias in favor of the Americans, something that he does not try to hide. He even had to renounce his American citizenship in order to run for President of Peru. But, he invited President Xin Jin Ping to attend the APEC Meeting in Peru on Nov.' 18th to 19th, 2016, which was followed by an official State Visit, to complete the scene, on Nov.' 20th. He actually tried to over-emphasize his proximity to China, as his natural movement would have been to move closer to the USA, in-

---

① See article by Ben Bartenstein and John Quigley, "Wall Street vet turned Peru President pushes credit revolution", at Bloomberg, on Sep.' 20th, 2016 at http: //www. bloomberg. com/news/articles/2016 – 09 – 20/wall-street-vet-turned-peru-president-pushes-credit-revolution.

stead. But, considering the attitudes of USA's new President, DT, it is hard to say how close Peru may remain to them, in the near future.

PPK's origins are not Peruvian, he has lived quite a cosmopolitan life and his spoken Spanish even carries an English accent. Last July' 28th, 2016, he was sworn in as the 4th President elected in a democracy in Peru. This term is going to last up to 2021, all going well, when Peru celebrates 200 years since its independence in 1821. It is going to be a big celebration and PPK intends to have made some quite positive changes and progress by then. Following are the main biographical and profile facts about PPK:

—Born in Lima, Peru, on Oct. ' 03rd, 1938, from a German father of Polish ascendance (a Jewish fleeing from World War II) and French mother. After finishing his studies at Markham College, in Lima, he studied at Rossall School in England. Then, he studied music in Switzerland and at the Royal College of Music in England. At the University of Oxford, he studied Economics, Philosophy and Political Science, having completed at Exter College in 1959. He got a Master's Degree in Economics at Princeton University in the USA in 1961, and returned to Peru to become the Manager of the Central Reserve Bank of Peru, in the Government of Belaunde Terry;

—Due to the military 1968 coup detat, he fled to the U. S. A., through the border of Ecuador, having stayed there for 10 years. After doing some work in mining in Western Africa up to 1980, he returned to Peru to give support to the leader of Acción Popular, having taken seat as Minister of Mines and Energy. As an Economist, he was Director of several companies, such as Compañia Acero del Pacífico (steel), Magma Copper, Edelnor, Toyota, Tenaris Inc, Taiwan Fund, and First Boston Bank, in Wall Street. He also worked for the World Bank;

—After former President Alberto Fujimori had been deposed, PPK decided to return to Peru, once more, to join the candidate for President Alejandro Toledo as chief of his Government Plan. Once elections were won, he became Minister of Economy, on two terms, 2001 – 02, and 2004 – 05. After that, up to 2006, he became the Prime Minister.

The new President of Peru has quite a young personality, with a spontaneous style, still playing piano and the flute, and enjoys making jokes. He said that he did not mind letting go of his American citizenship, but regretted losing his medical benefits there.

PPK is not having an easy task in Peru, considering the corruption, drug trafficking and violence problems. About the other countries in LATAM, PPK considers that, presently, most of them are experiencing the end of a cycle, the one of leftist populism, that had expanded for over a decade taking advantage of the high commodities' prices. According to him, "the voters are looking for people that have a more practical sense, less ideology. The top priority is to make our economies grow"① . Latin America, today, represents only 8% of the global GDP, the same as in 1900, "we have made no progress at all", he added.

In relation to the TOR, PPK has presented a number of "doubts", which ended up having significant influence in the development of the project. During his first visit to China, one of the points quite stressed by PPK to the media was exactly this one, that he "had doubts" about the TOR②, the main ones being the following:

① See article by Victor Reyes "Quién es Pedro Pablo Kuczynski, el nuevo Presidente de Peru?", at RPP Notícias, on Jun.' 09th, 2016, at http://rpp.pe/politica/elecciones/pedro-pablo-kuczynski-ppk-es-nuevo-presidente-del-peru-con-resultados-onpe-casi-al – 100 – noticia – 96868; and article by Pedro Vicalchagua, "Pedro Pablo Kuczynski, el nuevo Presidente electo del Perú", at Peru 21, on Jun.' 10th, 2016, at http://peru21.pe/politica/pedro-pablo-kuczynski-nuevo-presidente-peru-perfil – 2248931.

② See article "PPK admite dudas por la viabilidad del interoceanico Brasil Peru", at RPP Notícias, at http://rpp.pe/politica/gobierno/ppk-admite-dudas-por-la-viabilidad-del-tren-interoceanico-brasil-peru-noticia – 994561.

—He believed the feasibility of the project is seriously challenged by its high cost;

—He doubted that there is enough volume of return cargo back to Brazil, to counter-balance the huge tonnage of soybeans and corn that will be shipped by train from the Brazilian State of Mato Grosso, alone;

**Soybeans from Brazil to China = 50000000 tons/year**

*Source*: *ASA Agency and Pastre. com*

—PPK claims that the geography of Peru does not really help in the construction of the railroad, since there are too many high mountainous areas (the Andes) and the number of tunnels that may need to be dug makes the TOR too expensive, thus not feasible; and

—The environmental cost had also been stressed by PPK, to close his "doubts".

Looking at these items closely, one-by-one, and trying to counter-argument them, could bring some light to the issue, as follow:

—It is indeed quite a high cost for the complete TOR project. However, if the funds are not coming from Peru, it is not for PPK to be so concerned. But, obviously, one needs to check the feasibility in terms of rates of return. The gains in terms of lower transportation costs and also transit time for the goods between Brazil and China, alone, justifies the TOR initiative.

—The intangible gains, say, the geopolitical ones, for example, as

LATAM and Asia become free from the high costs of the Panama Canal and the domination of the route by the U. S. A. , are incredibly higher than any tangible ones, measured in USDollar terms only. To complete, the intangible aspects, the increase in China's soft power in the region due to this TOR project is simply tremendous and cannot be left out of the equation, in this author's opinion.

—The argument of not having enough return cargo back to Brazil, is one of the most closed-minded and short-sighted ones that a President of a small country could have. It takes just a quick look at the development of international trade and globalization in the past 70 years for anyone to see the influence of more competitive logistics to boost them. Containerization, larger vessels, better practices, more efficient design of sea vessels and airplanes, higher technology of engines making them more efficient, and the long list goes on, proving that the volume of trade expands exponentially, more than proportionately, to higher competitive logistics. On top of these, the development of Special Export Zones in or near the Ports are a sure shot to boost the aforesaid development of trade and volumes to return cargo, in this author's opinion. So, by making such statement PPK, probably, could be just "posturing" .

—Again, if the cost of investment is high, there are ways to overcome that, such as:

—Seeking the best possible financial terms, such as lower interest rates, extended payback, longer grace periods;

—The potentially positive involvement of the BRICS' NDB in the financial solutions;

—Finding the best route ever, including a minimum of tunnels;

—Taking into consideration the much higher fiscal revenues to be generated to the countries in the long run;

—Factoring in the higher level of development that all the neighboring regions are going to have during and after the construction;

—The number of jobs to be created by the construction, both direct and indirect; and

—Above all, the greatly positive geopolitical effect for China in the region.

All the above and many more, such as the "Inclusiveness" and the social progress, more than compensates the number of tunnels to be built in the TOR, for sure.

Another difficulty, however, came up and it is more of a technical nature. There is a difference of gauge between the Brazilian railroads and the Chinese ones. The Chinese feasibility studies point to the need of a specific gauge for the railroad that is necessary for the highly mountainous region of the Andes in Peru, though not necessary in the Brazilian plains. But, it would be above reasonable cost to have a gauge transposition station from one to the other in the middle of the Amazon. A technical solution could not really be found in this field.

Regarding the damage to the Amazon Forest and Indigenous tribes in the region, maybe this is the strongest point PPK has. It is indeed one of the most serious negative aspects of the TOR. However, there are technical means to minimize such loss to Nature and proper compensation to Indigenous people.

3. An Alternative Route, A "Central-via-Bolivia" TOR:

As a result to all these "doubts and difficulties", there has been a development of quite a fruitful solution, an alternative route, down south, passing through Bolivia, that could, not only be less detrimental to the environment, but be very positive for many more people, as it involves four more countries: Bolivia, that presently does not have an outlet to any of the two oceans; Paraguay, also lacking contact with the oceans, but could be linked to the TOR via river navigation; and even Argentina and Uruguay, also connecting via river navigation, a logistics link to the Argentina major agricultural producing regions.

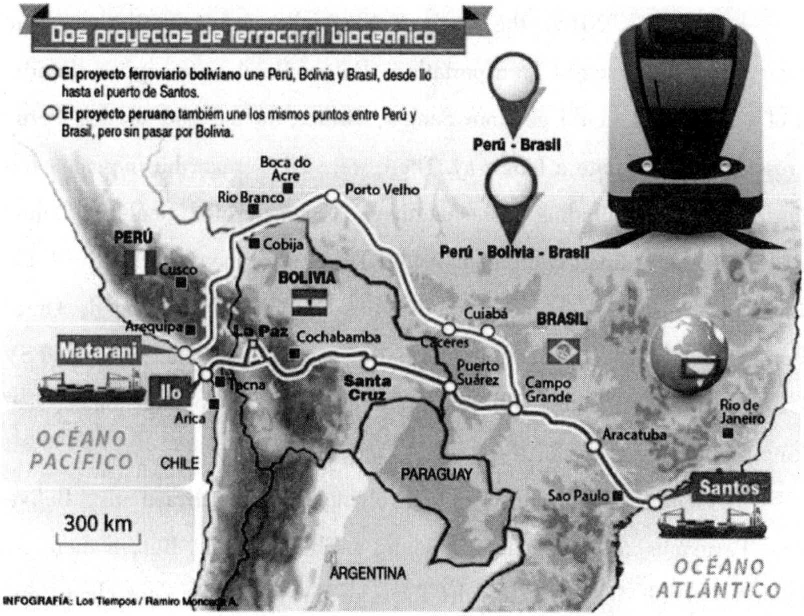


**Alternative Route for the TOR-via Bolivia**

*Source: Los Tiempos/Ramiro Moncada A.*

The alternative route including Bolivia adds many more international gains into the TOR issue. There are some interesting aspects related to it, such as:

—For starts, the Germans have visited Bolivia and offered technology and investments for a TOR that goes mostly through Evo Morales' country, only cutting through a very short stretch in the southern tip of Peru, in order to reach the Pacific Ocean.

— "It is our opinion that the connection by way of Bolivia is technically feasible and doable. Since it is shorter, it could be less costly and also have less environmental impact as the region to be crossed already has highways and railways", said the Ambassador of Germany, Peter Linder①. The length of the TOR, in this case, extends through 3755 Km, only;

—In Jan.' 2016, the German Chancellor, Angela Merkel, sent their Deputy Minister of Transportation, Rainer Bomba, to support the idea of a TOR that would go from Santos, Brazil, to the port of Ilo, Peru, crossing Bolivia quite a long way. There were 20 German businessmen following Bomba, including representatives of Siemens and Deutsche Bahn, both from the railroad equipment sector. There were meetings held with the Bolivian Ministry in charge of the studies-MOPSV (Ministério de Obras Políticas Servicios y Vivienda). Over the past couple years, the MOPSV has been in close contact with the Inter-American Development Bank, seeking financial support for this project, too;

—A multinational consortium involving Chinese, Brazilians, Bolivians, Peruvians and Germans may sound too bureaucratic. But, if there are business people included and the focus of the project is kept clean from politics, it may really work out. The fact is that the involvement of Germans may bring down tremendously the financial risk for the Chinese, not to mention the political ones, since the presence of the European "outsider" helps calm down Latin American hot tempers. So, China, in this author's opinion, should seriously look into this alternative, too;

—Technically and environmentally speaking, this makes a lot of sense, as the high Andes mountains would not be blocking the way, and

① See article "Bolivia recibe apoyo Alemán para tren bioceánico sin Perú", at El Comercio, on June' 06th, 2016, at http: //elcomercio. pe/economia/negocios/bolivia-recibe-apoyo-aleman-tren-bioceanico-sin-peru-noticia - 1907109? ref = flujo_tags_548158&ft = nota_1&e = titulo? ref = nota_economia&ft = mod_leatambien&e = titulo.

the need for tunnels is cut down significantly. Also, the Bolivian geography does not impose damage on the Amazon Forest in the same proportion as the Peruvian alternative does. The areas to be avoided include quite pristine protected ones, such as the Isconahua Reserve and the Juruá River Valley, in the middle of totally untouched Amazon forests in Brazil's States of Acre, Mato Grosso and Rondônia;

—Geopolitically, for Bolivia, it could be a many centuries' old dream come true-to have one way out to the Pacific Ocean, on top of being linked to the Atlantic, at the same time. Bolivian trade is the one that would definitely enjoy the most benefit of all;

—On the political side, at this point, after the impeachment, having Michel Temer as the Brazilian President; PPK elected in Peru; and Bolivia's Morales no longer having room for strong maneuvers forcing his leftwing excesses; thus the balance of power is completed by the Germans and harmony is more expected than the contrary, in such a multilateral arrangement. China definitely must look into it;

—The Brazilian interests in Bolivia, especially in the natural gas energy sector, are quite significant, already having heavy investments in the country. There is even a gas pipeline from Bolivia to Brazil, operative since 1999, and most of the gas produced there is destined to Brazil, having the first gas supply agreement been signed in 1972;

—For Bolivia, it is historically interesting to keep the best possible terms with Brazil, for economic reasons. Brazil is the largest trade partner of Bolivia, by far. Because of the largest border of Brazil is with Bolivia, there is quite a strong cooperation in the security area, mainly fighting drug trafficking in LATAM;

—Argentina and Paraguay, added even to Uruguay, are also expected to have important gains from this "Central-via-Bolivia" alternative, as above mentioned, via the river connections. Their cargo to and from China

Twin ocean railway: Main route and integration routes

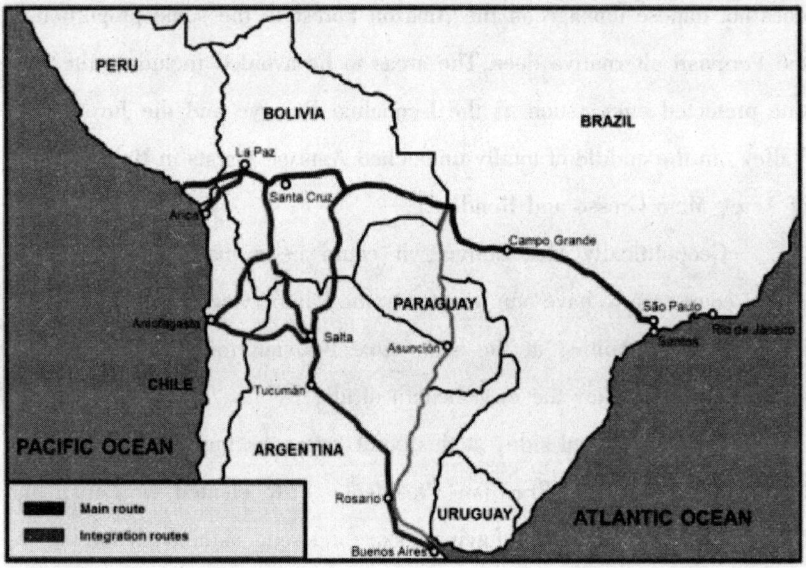


**Brazil + Bolivia + Peru + Argentina + Paraguay + Uruguay = Complete Logistics International Latin America-China = TOR**

*Source*: *Interamerican Dialogue.*

are sure to enjoy much more competitive freight rates. In short, the so-called "Corredor Ferroviário Bioceânico Central" (name in Spanish for the TOR via Bolivia) is most probably the alternative that is going to prevail!

## Ⅲ. Concluding Remarks

Presently, with the exception of Venezuela and Bolivia, all LATAM has changed its political direction from an old and corrupted leftwing leadership that adopted practices more concerned with their own individual and financial interests, than the real social needs of the population, as it should have been. The current trend is to adopt the best possible policies, fiscal, monetary, commercial and others, in order to lift LATAM back into its tracks of development. And China is ready to give LATAM a big hand, as it has been declared many times by the Chinese leaders.

From the Brazilian side, the Government has already given some hints as to how to "put the foot at the door", starting the TOR project in a step-by-step manner, leading for the complete idea to happen. It is important to prove to the population and the world that the TOR is a reality, because the Brazilian businessmen already believe in it.

The Ministry of Planning has already expressed to the Chinese side that one of the best ways for the Chinese investments to step into Brazil, immediately, would be to slice the TOR project into two or three streches, starting from the Atlantic Ocean as a first step, for instance. This railroad, alone, could cost much less than half of the cost of the whole TOR, at the same time that it would bring enormous logistics gains to the transportation of grains and iron ore, since most of the freight for these cargoes (Millions of tons per year) is done, today, via trucks on highways to Paranaguá Port, in Paraná, Southern Brazil. The impact on the Amazon is much smaller, the cost is much lower and the results in final cost of transportation are definitely a great advantage to the Chinese buyers of soybeans (and iron ore). The Chinese railroad equipment, locomotives and railcars are sure to be the ones to be used, opening up the country for all further investments, including all kinds of construction equipment of Chinese origin. In addition, doing it in this manner can attract Brazilian private investors, besides being able to later on step into the operation, as the new Government encourages concession contracts.

If both sides remain sitting on their respective positions relative the TOR, the Chinese trying the "all or nothing" approach, and the Brazilians talking about "putting the foot at the door" through a partial stretch first approach, opposing each other, the impasse will prevail and other players may get interested. This author's advice to the Chinese is to sincerely try to study the Brazilians' alternative of a "step-by-step" build up from one ocean to the other, checking the feasibility and rates of return. Very positive surprises are sure to come up. Maybe the Brazilians are right.

Considering the current estimation of cost could amount to around USD10 Billion for the TOR, and that the President of China, Xi Jinping, has already announced in 2016 that China's intention is to invest a total of USD250 Billion in Latin America infrastrucrure over the next decade, lack of funds does not seem to be the constraint. For the BRICS' image before the global media and the population in general, it could also be quite an opportunity to use the BRICS new banking facilities, such as the NDB, to start to operate giving priority to this project. Then, there is hope that the railway could become true.

Looking at the financial aspect from a bird's eye view, it is obvious that China has taken a leading role by establishing a series of new institutions such as the NDB, the BRICS' Contingent Reserve Arrangement, the AIIB-Asian Infrastructure Investment Bank, the Silk Road Fund, and the Shanghai Cooperation Organization. This set of regional entities serves as counterweight to the Western-dominated IMF-International Monetary Fund, the World Bank and the European Union Central Bank, hegemonic in the international financial order since the introduction of the Bretton Woods System after World War II.

China, however, does not confront the traditional institutions, on the contrary, encourages those in which it participates to recognize and complement the promotion of the originally powerful ones, not really offering competition. Surely, thus, there is not a situation of lack of funds to back up the TOR, following the efforts for the OBOR.

In any case, it is clear that the consequences of the TOR surpass the mere concept of financial application of funds. The issue is that, ultimately, joint management and execution of the construction will bring all the related nations together, surely making them much closer. Further cooperation in the operation of the railway, as the Brazilian Government is quite keen to such concessions, will ensure the continued amalgamation of the positive relationship among all nations involved, with highly profitable results. In the long run, this project, alone, could mean a total revolution and transformation of the relations between China and LATAM, boosting the importance of its positive role in the future of the region, consolidating the Chinese soft power.

Randomness, the unseen, the unexpected, the inexplicable, the opaque, in one word, uncertainties in general are, today, the only sure thing that can be said to characterize reality. This is not chaos, not really disorder of the current economic and political circumstances in the world. It is only the unknown nature of the actual facts that one shall face in the immediate future and on a daily basis. It could be affirmed that Governments, policy-makers, market analysts, academic scholars, businessmen of all nationalities and sectors, ultimately the population in general are being exposed to higher volatility and stronger stressors nowadays, than in any other period of the recent History of humankind. The availability of a flood of information, the increasingly fast pace of technological changes and the attitudes of individuals in key power positions (such as the USA President, DT), added to forthcoming political shifts in other equally important countries (in Europe, for example), and even the threats to the Planet's environment lead to such future, full of risks and unpredictable features.

It is true that some people, business and many other things thrive and end up growing as they are exposed to random stressors and shocks. These can be considered beyond resilient, which only resist and survive them. They truly gain from subtle changes, achieving evolution, fantastic ideas, cultural movements, ultimately conquering the victories from innovation and economic success. By looking at how wind affects a candle, this phenomenon can be understood better, as the fire may be energized by the wind, or extinguished by its excess.

Following this trend, LATAM is feeling quite "orphan" by the recent policies being implemented by USA's new DT Administration, which reinforces quite an insensible and anti-sustainable attitude of militarism, in his "Americanized style security". "America First" is putting down all former enthusiasm LATAM people used to have towards the USA. Deep down, DT's policies end up working towards the contrary of its allegedly purposes. They are only "heating the bed" for extremism, injustice, poverty and inequality, instead of combating them.

In contrast, by using the same peaceful development concept of the OBOR in the implementation of the TOR-sponsoring infrastructure investments, facilitating economic development, promoting cooperation and minimizing local conflicts-China is sure to extend the Silk Road all the way to Brazil, and onwards, back to China, through Europe and Africa.

The ancient wisdom of the Chinese rural society-including its strong sense of collective rationality, of community interest over individual, of sharing the social resources, of being organically integrated in nature's diversity-is being applied to promote the sustained development and peaceful trade, the best guide for the future of our Planet, in both the OBOR and the TOR. All these common concepts led this author to conclude that the combination of both OBOR and TOR represents the complete circle to develop and protect our Planet, bringing the best for all, under the new world order-the Chinese hegemony.

# A Research on Brazilian Commercial Law Development Progress

LIU Mengru[*] Translated by *YU Qiuyang*[**]

## Ⅰ. Introduction

Since the globalization, one country's market economy can effectively exert influence on other countries' economic developments and the global economy may push forward every concerned countries' economic growth. Following the development of international trade, the interdependence and trade interaction among different states become increasingly intensified. Nowadays, domestic economic activities and business affairs are much more involved with international factors and complicated than the past. As the cornerstone of business relationship, the commercial code gives necessary guidance on economic activities.

The international covenant and norm should be taken into consideration when government makes financial policies. Because the administrative object of commercial code has expanded from domestic business activities to international activities.

---

* LIU Mengru, PhD candidate, Portuguese lecture in Sichuan International Studies University.

** YU Qiuyang, School of Politics, Law and Public Administration, Hubei University.

China and Brazil established diplomatic relations in 1974. The two developing states cooperate closely in the international affairs and make great achievements in bilateral trade. According to the statistics released by the Ministry of Foreign Affairs in December 2016, Brazil is China's largest trading partner in the Latin America, meanwhile, China is Brazil's largest trading partner and export market. Since the year 1974, the two countries signed a series of cooperative documents for the economic development and market demand, such as China and Brazil Trade Agreement on $7^{th}$ January 1978, China and Brazil Ocean Shipping Agreement on $22^{nd}$ May 1979, Supplementary Agreement on Trade Agreement between China and Brazil on $29^{th}$ May 1984, Memorandum of Understanding on Trade and Investment Cooperation between China and Brazil on $12^{th}$ November 2004, Civil and Commercial Judicial Assistance Treaty on $19^{th}$ May 2009.

Obviously, whether one country can effectively push forward its national development or not depends on its commercial codes' international and trans-regional degree. In other words, in order to give useful guidance on transnational trade, the government should thoroughly understand other countries' commercial codes, combine them with own commercial law and sign bilateral agreement. Therefore, it is very necessary to study Brazilian commercial code for promoting the bilateral relationship and trade intercourse between China and Brazil.

## Ⅱ. The Origin of Business and Its History

Business, which also be called trade, means comércio in Portuguese. It stems from commercium in Latin, which refers to purchasing and selling. Historically, the primary form of business is the free exchange of goods, then it has evolved different types like trade, sale, retail, purchase and so on. To sum up, it is an umbrella idea including all kinds of transaction relationships. Essentially, business is one type of social relationship which involved buyer and seller.

### 1. Exchange directly-Currency transaction

The primary form of business occurs between two parties or more. The former is called bilateral trade; the latter is regarded as multilateral trade. The foremost type of trade is the direct exchange among goods, whose values and prices are decided by all participants. The consumer number, consumer's social status, living standard and other socioeconomic factors will be thoughtfully considered when participants fix goods' prices.

Along with the development of human relationship, the direct exchange of goods has gradually evolved into indirect trade by medium, like cattle, fish and shell. Those mediums played the role of currency in the trade and were replaced by the money. This kind of trade has slowly become commercial custom among dealers. The invention of currency makes it possible to distinguish purchase behavior from sell behavior, to more specific, the former means exchanging currency for goods, the latter, contrariwise, exchanges goods for money. Following social progress, today currency transaction includes credit card, digital currency and paper money, which efficiently promote commercial activities.

### 2. The history of business

Looking back at business history, the formal contact firstly appeared in ancient Greek who also used other legal written documents to guide maritime trade. During the same period, Rome regulated foreign trade by jus gentium. Afterwards, currency, bank, stock exchange and other trade institutions was founded during the Middle Age. While those institutions improved commodity circulation and economic activities, no specific trade law was published.

In his book Manual de Direito Comercial, Ricardo Negrão pointed out that "business arose from floating trade; businessmen and trade caravan transported goods from one city to another, trying to reach the most famous fair in European cities. Time passed, fairs gradually became market, which could be seen as a fixed location fairs. Stores, a specified workplace for practicing long-term sales, nearly appeared at the same time as fairs. The structure of goods distribution was constantly improved by merchants' various activities"① .

As André Ramos stated, "It is reasonable to believe that commercial law was firstly appeared in that historical period, namely the first stage of commercial law. It is also the rejuvenation period of cities and trades, especially the maritime trade"② .

It can be argued that during this period government finally could give effective guidance on commercial activities by organization and legislation. Besides, government could invest a new commercial system which was totally different the former goods exchange system. Facing the social division of labor caused by feudalism, it was very necessary to establish the corresponding institutions and guide commercial activities based

① Translation from "Nesseperíodo, o comércio, estava ligado ao comérc ioitinerante: o comerciante levava mercadorias de uma cidade para outra através de estradas, emcaravanas, sempre em direção a feiras que ocorriam e tornavam famosas as cidades européias [ …] Emsuaevolução, as feiras se especializam, surgem os mercados (feirascobertas) [ …] As lojas, cujafunção é a venda constante, num mesmo local, surgem quase que simultaneamente às feiras [ …] Os mascates completam o quadro de distribuição de mercadorias." – NEGRÃO, Ricardo. Manual de DireitoComercial. Campinas: Bookseller, 1999.

② Translation from "É justamente nessa época que se costuma apontar o surgimento das raízes do direitocomercial. Fala-se, então, na primeira fase desse ramo do direito. É a época do renascimento das cidades e do comércio, sobretudo o marítimo." 2009, p. 28.

on merchants' custom and tradition. After the French Revolution and the rising of economic liberalism, the economic invention from government has been remarkably decreased, during this period French government released civil and commercial code for the new socioeconomic situation.

From ancient times to the present, business is an integral part of people living. Specifically, the foremost trade occurred around the crowed places like castle, church and their surrounding areas; the trade caravans crossed the desert and carried goods to different places; as an economic great power, Roman Empire achieved trade integration.

The maritime trade and fair's growth during the Middle Age, together with the Industrial Revolution during the early modern times exerted huge influence on socioeconomic structure. The scope of trade expanded from adjacent area to far area, event different countries. All these commodity circulations remarkably improve the trade development as well as cross culture communication. At the same time, European and American countries massively invested in transportation infrastructure such as road, rail way and harbor and bridge, which could provide convenience for commodity circulation. They also zealously expanded their foreign trade and by this way a global market and world trade structure had been formed.

### 3. The characteristics of modern business

Most economists reach a consensus that business is essentially an operation benefiting the both sides. The foremost business is goods exchange. It is an exchange of equal value at conscious level since both sides of trade give an evaluation to the goods' value. The trade at the early time mostly occurred among small area, the tradable character of goods was mainly presented as the difference among various areas.

Compared to the trade at the early time, modern business has the character of pluralism, meaning that following the industrial development and people immigration the contact among different people is increased, a social network has formed. The direct selling firstly emerged and it has two main procedures: 1, the manufacturer directly ships goods to salesmen; 2, salesmen sell goods to customers. The California Perfume Company in 1892 (rename Avon in 1939) was the first direct selling company for selling perfume to customer. After joining the WTO, Chinese government gradually reduced the limit on direct selling industry and released a series of relevant laws and regulations.

Afterwards, the bundle-selling appeared in Japan, in Japanese it is called Ryohan which means large scale wholesale. This type of business is created to meet the huge market demand and consumption. The price of goods is fixed by their quantity. The most typical bundle-selling goods is living goods. By bundle-selling, customers can get freely choices, all sorts of goods, convenient services and promotion, all those characteristics make bundle-selling very popular among customers.

During the same period, the chain store with the characteristics of small scale, large quantity, huge flow of customer and long opening time. The most famous chain store is Kentucky, MacDonald and Starbucks. The brand effect plays a significant role in the chain store business. When merchants get the brand license, they can run a chain store. Generally speaking, there are three modes of chain store: firstly, special license; secondly, directly managed stores; thirdly, voluntarily franchise stores. The reason why chain store business has rapidly grown is that it can achieve impressive profits in short term, without high operating risk, sharing technologies and definite goal.

What should be noted is the e-commerce in 21$^{st}$ century, it has developed from electronic technology application to nowadays electronic business platform. Because of the business activities' complexity and plurality, e-commerce is widely applied among B2C, B2B, C2C, offline to online business and supplier to purchaser.

The original commercial code cannot deal with the complexity of modern business. Therefore, commercial law should develop with the process of society, advance of technology and plurality of market.

## Ⅲ. Law and Business

Business plays a significant role in human history. Following the economic, industrial and technological continuous development, facing the increasingly expand of large-scale business organizations and transactions, a social network and commercial relationship network has been formed by market activities.

In $11^{th}$ century, as a rising social class in Europe, merchants and other bourgeoisies pushed economic growth, maritime trade and coastal cities' commercial prosperity. In other words, merchants become a new social stratification which need special institution to be governed. For that purpose, the chamber of commerce served as merchant self-governance organization is founded. It helps merchants to manage their inner relationship and profit interest protection. To achieve the healthy development of business and improve the efficiency of the chamber of commerce, a series of laws and regulations were drafted and they laid foundations for commercial code. Those laws and regulations were called merchant law or merchant common law, involving the regulation and discipline of merchant and business custom.

At the beginning, the main aim of commercial code is to handle the relationship among merchants. However, following the rapid economic development in Europe, some changes has happened at business; the ways and means of practicing business have showed the diversity, including industries and activities which are not considered as business in the past. Obviously, the original merchant common law cannot meet the current demand, hence it need to be adjusted for business activities nowadays.

Like other human activities, business activities also need to be guided and stakeholders involved in the business need to be protected. As a branch of private law, commercial code aims to shape the relationship among merchants. Concerning the origin of commercial code, some scholars believe that the accelerated growth of business in Medial Europe is a key mark of its origin. At that time, the rising of urban bourgeois posed a serious challenge to federalism thought, in this sense it caused an inner revolution in western countries. From that time on, commercial code has shown various characteristics in different periods.

1. Differentiation in Commercial Code History

For satisfying the need of the merchants' frequent collaboration and cities' fast development, a series of merchant regulations have drafted specifically. The idea of equality in early modern period not only provide convenience for merchants but also enhance the cooperation relationship among business stakeholders. Compared with commercial code, the civic law or penal code is viewed as more strict and practical. However, since the economic globalization, there is an urgent demand of synchronic law which serves modern business.

Because of the appearance and development of capitalism, the original commercial code appears deficient under current circumstance. The entrepreneur's image, the concept of enterprise, the large-scale distribution has respectively stepped onto the stage of history. At the same time, the commercial transaction involved other legal relationship, including credit loan, consumer rights, contract signing, enterprise merger and acquisition, controlling the unfair economic activities, import goods consume, goods circulation and other business activities closely related to daily life. Due to the specialty of those legal relationships, special norms need to be established for guiding the legal relationship; those special norms gradually turn into commercial code or enterprise law, in other words those norms are the starting point of commercial code.

According to Negrão①, Oscar Barreto Filho②divided the commercial code into four historical stages:

From $12^{th}$ century to $16^{th}$ century is the first stage. The rising of merchant class was the precondition of commercial code. The norm made by merchants themselves had the character of self-discipline, meaning that government could not arbitrarily interfere and those norms were only applicated to business stakeholders. The main form of business activities in this period was mobile circuit trade, namely trade caravans carried goods to fair, market and store. A series of judicial agencies, such as stoke exchange and bank, were established for regulating business activities; hence stock market appeared. Simultaneously, the simple form of business association was founded like maritime partnership (one shareholder was responsible for the business on the land, another took care of sailing to the market), which was regulated by 1603 Ordenações Filipinas. Besides, the association constituted by family members also appeared; afterwards commercial entities such as company and joint stock company also arose because of the joint and several liability systems and third-party intervention.

---

① NEGRÃO, Ricardo. Manual de Direito Comercial. Campinas: Bookseller, 1999. pp. 28 – 34.

② Oscar Barreto Filho is a famous professor in commercial law, see more details: http://www.revistas.usp.br/rfdusp/article/viewFile/66596/69206.

From $17^{th}$ century to $18^{th}$ century is the second stage. Lots of big companies turned up during this period. At same time, affected by the popular mercantilism, governments strictly limited foreign trade, tried to achieve self-dependence and self-renewal. By exploiting colonies and trading with foreign countries, European states accumulated astonishing wealth. The commercial code was authorized by the highest power—king, meaning that the economy was determined by the politics. During this period, numerous law relating to the maritime and land trade came out.

In the $19^{th}$ century, the economic liberalism was brought forth and it became mark of early modern commercial code. The Napoleonic code in 1806 objectively described merchant first time, according to its definition merchant was the person who professionally did business. Since then, the business action replaced businessmen as the guiding object of commercial code. Through this way, commercial code abandoned the subjective personality and changed to lawful business actions' objectivity.

The fourth stage is modern commercial code. In the year 1942, Italian civil code achieved the integration process between civil and commercial codes, that is to say the main content of commercial law was included in civil code's labor part, which dealt with the company, enterprise, cooperation. The idea of civil and commercial codes integration resurged after the Brazilian Code in 1916, the Volume 2 of Brazilian Code in 2002 included the regulation about company law, forming a commercial-lawize civil code.

Ramos① stated the commercial code could be divided into three periods.

The first period mainly concentrated on Middle Ages' commercialism. During this period, the rising of cities, custom of business action and

---

① RAMOS, André Luiz Santa Cruz. Op. p. 44. Curso De Direito Empresarial: O Novo Regime Juridico Empresarial Brasileiro (Portuguese Edition), 2009, Published by Editora Juspodivm.

personal behavior of businessmen promoted commercial code which as a private law was compiled by merchants. Hence, the commercial law in this period had the obvious feature of subjectivity.

The second period entered the era of early modern. The monarchy state brought judicial monopoly. During this period, the main object of judicial monopoly was commercial law, it regulated the merchant class as well as all citizens involved in business activities. The typical commercial code in this period was the Napoleonic code①, which exert huge influence on bourgeois states. The Portuguese Civil Code in 1867 and Brazilian Civil Code in 1916 used the Napoleonic code for reference when they were complied. The Napoleonic code protected the interest of agricultural bourgeois, focused on property ownership; commercial code dealt with the industrial and commercial bourgeois' wealth.

The third period is modern times. The publish of Italian Civil Code in 1942 is the mark of this period. While in $19^{th}$ century Italy still was a civil and commercial codes separation state, the independent law tried to solve the problem which was not mentioned in the civil or commercial codes. Since the social progress, enterprise growth, business activities' diversification and industrial proletariat rose, the labor disputes emerge in large numbers, ultimately pushing the process of private law integration. In this code, company is interpreted as organized business activities, therefore the code is also called as the Company Code.

## 2. The concept of business activity

The French Civil Code in 1804 and the French Commercial Code in

---

① The general Napoleonic code includes five different codes at this period, namely civil code, commercial code, civil procedure law, penal code, criminal procedure law; the Napoleonic code in narrow sense refers to the French Civil Code in the year 1804.

1807 was respectively released, marking the establishment of civil and commercial codes separation model. Afterwards, the formal legal system replaced the hierarchical system, the legal system stands for industrial and commercial bourgeois rather than general merchant, guiding the business activities by unambiguous standard. Because of the practical demand, the theory on business activities, the theory can be regarded as one relationship within economic activities①. The business activity can be defined as business behavior done by the actor who be capable of business ability. The definition need commercial law to further explain what is the capability of being listed, who is business actor, what is business behavior.

The main object of commercial law has changed from subjective merchants to objective business action by any citizens. The French Commercial Code in 1807 included business action in it's the Business General Rules. Originally, the commercial code just recognized merchants who have registered; now commercial code also recognized civil subject who did not register but owned the capacity of business action. The objectivity of commercial code actually reflected the idea of equality.

To sum up, the original French commercial institution defined the concept of business by historical and traditional factors rather than scientific standard, therefore its definition was uncertain. From the perspective of traditional opinion, service provision, agriculture and real estate was excluded from business.

Business continually evolve, from original goods exchange to today global market. Following the development of maritime trade and the rising of market in Middle Ages, the industrial revolution in early modern disor-

---

① Translated from Coelho: " resume-se, rigorosamente falando, a umarelação de atividadeseconômicas, sem que entre elas se possa encontrar qualquer elemento interno de ligação. " COELHO, FábioUlhôa. Curso de direitocomercial: direito de empresa, 11. ed., rev. e atual, São Paulo: Saraiva, 2007. p. 15.

ganized the whole socioeconomic structure. One hundred years after the Napoleonic code, Italy issued New Civil Code, expanding the concept of business activities, especially considered the economic activities in the market after the Industrial Revolution; those economic activities had not been included into the concept of business activities before. The distinction between civil and commercial action was short of scientific standard; such kind imperfect pushed forward the concept of company.

3. The concept of company

Due to the Industrial Revolution and its influences, original definition about business activities could not keep up with the change of economic activities. The scope of business had largely expanded from 19th century to 20th century, the new concept of company became the new object of commercial law. The concept in Italy New Civil Code did not involve with economic activities, on the contrary it focused on factors which could improve economic growth, such as capital, labor, technology and raw material.

As a useful concept, company narrowed the scope of commercial law, limiting it to the companies' activities. Restricted by commercial law, companies' activities must meet two requirements: profession and purposiveness, meaning the subject either professionally produces, circulates goods or provides other services.

The concept of company in the Italy New Civil Code expanded the applied scope of commercial law. By the middle of the twentieth century, the private law combined the civil and commercial law by the business general rules, excluding non-economic activities.

## Ⅳ. The History of Brazilian Commercial Law

As a matter of fact, commercial code (Código Comercial) and commercial law (Direito Comercial) are often confused. From the perspective of Brazilian legislative mode history, the old Brazilian commercial code, namely the Commercial Code in 1850, was civil and commercial codes integration mode, however in 2002 Brazilian New Civil Code, commercial law was brought into the civil code as enterprise law (Direito Empresarial). The Commercial Code in 1850 was kept for regulating the maritime trade.

### 1. The Brazilian Commercial Code (Código Comercial)

Generally speaking, any business behavior belongs to the regulatory subject of commercial code. In the year 1808, the royal family introduced the concept of Brazilian commercial code. During that period, while Brazil itself did not own independent business legal system, the royal family intended to trade with European states. Hence, a series of laws on export and import were drafted. During the first stage of Brazilian commercial law, the law on commercial activities was in chaos and disorder.

For fulfilling the need of international trade, on the 25$^{th}$ June 1850, the first Brazilian Commercial Code was passed through number 556 decree. Based on the Portuguese Commercial Code, French Commercial Code and Spanish Commercial Code, the Brazilian Commercial Code aimed to regulate the domestic trade. After 150 years development, the Brazilian government released the Brazilian New Civil Code on the 10$^{th}$ January 2002 (Decree No. 10.406, 10$^{th}$ January 2002), used Italy traditional private law integration mode for reference. The Brazilian New Civil Code included the article about business, achieving the civil and commercial code integration mode. At same time, the Brazilian government also drafted enterprise law for supervising enterprises' activities. The Brazilian New Civil Code went into effect in the January 2003, the Brazilian Civil Code in 1916 (Decree No. 3. 071, 1st January 1916) and the first part of old Brazilian Commercial Code (Decree No. 556, 25th June 1850) were abolished. From 1st January 2003, the Brazilian Commercial only be responsible for maritime trade and other articles are repealed, which are authorized by the Brazilian New Civil Code.

The distinction between business general rules and business basic principle is that the former included business actors, business registration, corporate brand, business bookkeeping, business agency, manager's right, dealership, business assistants (such as agent, dealer and commissioner); the latter included the general principle of business activities as well as special business actions. The old Brazilian commercial code in 1850 now only be applied to maritime trade. The first part of abolished Brazilian Commercial Code in 1850 mainly deals with the merchant identity, merchant general responsibility, merchant privilege, business workplace and business assistant agent, commission agency, account book, charge d'affaires of transportation, transportation and store service, bank affairs, contract and business responsibility, business allotted time, business commission and trade etc.

## 2. The Brazilian commercial law (Direito Comercial)

The Brazilian commercial law originated from the time Portuguese royal family fleet from Europa to Brazil because of Napoleon'sinvasion of Portugal. On the 28th January 1808, a law was issued to regulate harbor trading with friendly countries. Additionally, Portuguese royal family also drafted other regulation documents, for instance, in 1[st] April 1808 the operation permission document was released for allowing merchants to found factory or manufactory; in 12[th] October 1808, an agreement about establishing Brazil Bank was signed.

In 1815, King gave Brazil the equal status as Portugal and Algarves in the United Kingdom① and independence in 1822. The first Brazilian commercial code was pasted by Decree No. 556 in the 25[th] June 1850, which used the Portuguese law, Spanish commercial code and French commercial code as sources of references. Due to the Brazil's economic potential and complicated social structure, it was very necessary to specifically draw up the law based on its national condition.

The original Brazilian law was legislated based on the concept of business activities, however, the Brazilian law did not give a clearly explanation to the concept. In the 1807 French Commercial Code, it was hard to identify whether the economic activities were civil or commercial. Drew the lesson from that, the Brazilian legislative body did not adopt the concept of business activities when they drafted the commercial law. In 1960, Brazil law gradually drew close to the Italy legal system, inclining to adopt integration private law system, which excluded insignificant business activities. From the year 1850, some reforms of the Brazilian Commercial Code obviously showed the intention of private integration.

In 1912, Hermes Rodrigues da Fonseca② proposed the commercial law draft plan, with the private integration proposal. In 1941, Minister Francisco Campos received the proposal of obligation code. Through the Brazil New Civil Code in 2002, Brazil actually achieved the integration of

① The United Kingdom of Portugal, Brazil and Algarves was a pluricontinental monarchy from 1815 to 1826.

② He is the 8th President of Brazil.

private law. In the latter half of $20^{th}$ century, the concept of enterprise was introduced to the Brazilian commercial law. In 1970, Brazilian business norm followed the Italy legal system and finally accepted the concept of enterprise in 1980, to reach a more effective and fair solution which can solve the interest conflict among merchants. After the year 1990, the Brazil government drafted at least three laws which did not involve the concept of business activities, to be more specifically those laws included the Customer's Interest Protection Code, Rent Law and Business Registration Law. The above process was summarized in 2002; in the Vol. 2 Special Law, it was defined as the Enterprise Law.

During the transition period of the Brazilian commercial law, the obstacle in the way of legal relationship commercialization, and adopting the concept of enterprise should be paid attention. In the Brazilian New Civil Code, the concept of business activities changed to the concept of enterprise.

## 3. The Brazilian New Civil Code and Enterprise Law

The Brazilian New Civil Code was publicized in January 2002 and went into effect in January 2003. It abolished the civil code in 1916 and the first part of commercial code in 1850. The new civil code kept the integration form of the Brazilian private law, used the Italy Civil Code in 1942 as a reference. In the new civil code, the concept of merchant gradually changed to the enterpriser of big company; the concept of enterprise accordingly replaced the complicated concept of business. Thereafter, the economic activities of enterprises became the regulatory object of commercial law.

The new code can be divided into general rules (Parte Geral) and special rules (Parte Especial) two parts, the former deals with the person, property and factum juridicum[1]; the latter included responsibility law, enterprise law, property ownership law, family law and succession law[2]. Based on the integration of private law, the new code regulates the economic activities by introducing the concept of enterprise. The Brazilian New Civil Code abolished the first part of commercial code in 1850, which involved with the concept of business activities, and propose the concept of enterpriser-a substitute for businessman.

According to the regulation of the new civil code, enterpriser is interpreted as anyone who professionally engage in the organized economic activities such as production, exchange and service provision[3]. Obviously, the economic actor must fulfill two legal requirements: firstly, he or she must be professional, that is to say they dedicate to produce, exchange or provide service; secondly, he or she must run an organization, namely the enterprise, and register at related government department. Hence, people who occasionally participate in the economic activities cannot be called enterpriser.

Expect the two requirements mention above, the enterpriser must have the capacity of civil act, to make the best of production mode, capital, labor, raw material and technology etc. factors in the enterprises' operation. What we should paid attention is that the enterprises' activities belong to the economic activities since it also pursues the profit, and runs in the organized way.

To sum up, according to the definition of the commercial code in 1850, merchant refers to the people who frequently do business; however,

---

① Translated from: das pessoas, dos bens, dos fatosjurídicos.

② Translated from: do direito das obrigações, do direito de empresa, do direito das coisas, do direito de família, do direito das sucessões.

③ Translated from the Article 966: é quem exerce profissionalmente atividade econômica organizada para a produçãoou a circulação de bens ou de serviços.

the concept of merchant and business activities was discarded in the 2002 Brazilian Civil Code, regulating the economic activities by the concept of enterpriser and enterprise (the first part of Vol. 2, the Brazilian New Civil Code).

4. The proposal of the new Brazilian Enterprise Law

During the thirty years of implementation, the enterprise law in 2002 caused huge controversy, therefore, in June 2011 the Brazilian Chamber of Deputies began to handle issues related to the Law 1572/11, proposing a new Brazil Enterprise Law, to more effectively solve the current problems, including bankrupt, company restoration, SA company①, free market, investment, e-commerce, new corporation and close down, legal norm, contract, unfair competition, enterprises' social responsibility (that is to say, the enterprise should not do any economic activities harmful to small companies) etc.

## Ⅴ. Conclusion

From the perspective of law, the origin and evolution process of commercial law and commercial code do reflect the specific social source and business progress. The regulatory object of the first Brazilian commercial law is maritime trading routine between Brazil and friendly countries, it is the original appearance of Brazilian commercial law. Afterwards, used the

① SA company refers to SociedadeAnônima, meaning that joint stock limited company. A joint-stock company is a business entity in which different stocks can be bought and owned by shareholders. Each shareholder owns company stock in proportion, evidenced by their shares (certificates of ownership).

Portuguese legislative system as a reference, based on the concept of business activities, the new formed Brazil commercial code clearly define the merchant rather than the concept of business activities. Since it is impossible to clearly distinguish the border between civil and commercial activities, the Brazilian legislative body considered the civil and commercial integration mode and drafted the new civil code in 2002, which replaces the concept of business activities by the concept of enterprise.

The Brazil New Civil Code, which achieved private law integration, abandoned the first part of commercial code in 1850 and introduced the concept of enterpriser into the new civil code, by releasing the enterprise law. Due to the fact that the general rules in the first part of commercial code in 1850 is abolished, only the second part about maritime trade is kept, it is reasonable to say the Brazilian civil and commercial law system has gradually changed from civil-commercial system to new civil code-maritime commercial code.

The transformation of Brazilian civil and commercial law system and the formation of enterprise law reflect the important role of enterprise in business. Following the bilateral relationship between China and Brazil continually deepens, it is very necessary to study the Brazilian legal system and compare its difference to Chinese system. Only by this way can we more effectively promote the commercial cooperation, more scientifically draft trade agreement and more efficiently protect our rightful interest.

# Paradiplomacy in Brazil and China: the Case of Ceará State and Fujian Province, 1996–2016

José Nelson Bessa Maia*

## Ⅰ. Introduction

With globalization and decentralization trends, paradiplomacy has become in both advanced and emerging countries an additional instrument for the development of a given region in the face of growing competition in the international arena and the movements for economic integration that tend to reduce the autonomy of the nation-states involved. There are countries that have already adopted specific legislation to discipline the activities that subnational entities can carry out without usurping the functions of official diplomacy or affecting agreements entered into by central governments.

---

* José Nelson Bessa Maia, Economist, Master in Economics and PhD in International Relations by University of Brasília (UnB). Research interests: International Relations Theory; International Economic and Financial Governance; Chinese Studies; Paradiplomacy. Recent publication on China: *The Increasing Presence of Chinese Investment in Brazil* (Brasília: Federal District Regional Economists' Council, Economic Conjuncture Magazine, 2016, text in Portuguese, available at: http://corecondf.org.br/2016/05/16/revista-de-conjuntura-no-57-set-dez-de-2015-e-janabr-2016/). He was director of foreign affairsoffice of the State of Ceará (1995 - 2006); Brazilian official representative at the G20 Framework Working Group (2012 - 2015) and is senior advisor since January 2016 at the International Secretariat for International Affairs (SEAIN) of the Ministry of Planning of Brazil.

Large countries, such as the USA or China, use paradiplomacy as a tool for the development of certain regions, enhancing specific sectors or projects and thus enabling faster business partnerships. Regions such as California in the US, or the Shanghai region in China, have the de facto autonomy to perform certain activities internationally without going through the scrutiny of respective central government officials and the lengthy negotiations that characterize traditional diplomacy.

In Latin America, few countries have specific legislation on paradiplomacy. Argentina is the only one in the region that recognizes the capability of the subnational entities in the international scope in their Constitution, granting autonomy so that they can act in the international scenario and defend their own interests.

As Brazil is concerned, there are already states with international structures that develop the paradiplomacy. Even so, the lack of clear legislation hampers the process, and even reversals may occur in the face of political changes. Rio de Janeiro was the first state in the country to create, in 1983, a structure capable of organizing the international activities carried out by the state. Brazilian major states such as São Paulo and Rio Grande do Sul have also put in place agencies responsible for defending their interests in the international arena and for acting in attracting investment and international cooperation. ①

In one hand, paradiplomacy can be an alternative tool to develop certain parts of the country by increasing integration with foreign actors. On the other hand, there may be reaction in some countries against paradiplomacy, especially in those that face regional nationalism, since the interna-

① For São Paulo state, the foreign affairs office web page is: http://www.saopauloglobal.sp.gov.br/eng-rel_inter.aspx. For Rio Grande do Sul state, the foreign affairs office may be accessed at: http://ww2.rs.gov.br/secretarias-e-orgaos/Governadoria/4/Assessoria-de-Cooperacao-e-Relacoes-Internacionais/159.

tional action of a subnational entity can be viewed as the external recognition of the autonomy of that region, which reinforces the importance of regulating such activities and applying an appropriate legal framework to harmonize the activities of the paradiplomacy with those of traditional diplomacy.

This paper deals with a case study of paradiplomacy between a Chinese province and a Brazilian state in the last 20 years. This paper has four sections. The first section presents a theoretical survey on paradiplomacy; the second one discusses the differences and similarities of paradiplomacy in China and Brazil. The third section describes the details of paradiplomatic actions between the Chinese Fujian province and Ceará State in Brazil during the last 20 years. The last section concludes with the outlooks for this peculiar case of Sino-Brazilian paradiplomacy.

## Ⅱ. Subnational Governments in the International Scenario: a Theoretical Survey on Paradiplomacy

Paradiplomacy or international action by subnational governments is a real phenomenon but still faces conceptual and theoretical problems since the mainstream of International Relations generally does not consider subnational entities as relevant actors in the international system. The reason for this resistance lies in the emphasis of the discipline on sovereignty seen as the exclusive right of nation-states to interact with other actors on the world stage. The academic mainstream therefore hesitates to relativize state sovereignty by admitting that other "minor" public entities may enjoy certain aspects of such an essential prerogative of the Westphalian nation-state.

The international interaction of subnational entities is a controversial issue from the conceptual point of view (especially in International Public Law). Although one finds throughout history episodes in which international cooperation and action of city-states were relevant, such as the action of cities such as Florence and Venice in Italy during the Renaissance period, the advent of the national state in the Westphalian tradition (since the Thirty Years War in the XVII century) concentrated international action on the figure of the state (in the person of the monarch or sovereign), who came to be considered the only legitimate actor to sign treaties and conclude agreements.

In analyzing the question of the growing involvement of subnational governments in the international scenario Panayotis Soldatos coined the term "paradiplomacy" to designate the international initiatives of these governments. As formulated by SOLDATOS (1993, p. 46):

"International activities carried out directly by subnational actors (federated units, regions, urban communities, cities), which support, complement, correct, duplicate or challenge nation-state diplomacy. The prefix 'for' indicates the use of diplomacy outside the traditional state-nation structure".

On one hand, the term paradiplomacy was also widely discussed by DUCHACEK (1990) who abandoned his own term "microdiplomacy", because he recognized that it could be considered derogatory, and preferred to adopt the name used by of Soldatos, which practically came to prevail in the specialized literature. Duchacek then established differences between cross-border paradiplomacy, trans-regional (without common border) and global paradiplomacy (which includes relations with the rest of the world).

On the other hand, HOCKING (1993, p. 31) suggests the idea of "multilayered diplomacy", that is, the diplomacy of multiple layers. What

Hocking criticizes in the term coined by Soldatos, and carried forward also by Duchacek, is that within it would underlie the idea of permanent competition and conflict between central governments (GCs) and non-central governments (GNCs). On the contrary, Hocking suggests that there is an interaction between these two spheres of authority, since non-central non-sovereign governments are still state entities, showing that there are issues that are relevant to both spheres. As Chen Zhimin et al (2010, 335) sums up:

The rise of local or subnational foreign policy actors in China indicates that a new multi-layered foreign policy system has (re) emerged in China. Within it, the central government remains as the dominating actor in China's foreign relations; nevertheless, the provinces have raised their profile on the international stage, and made themselves important foreign policy players in the low-politics areas"

In general, it can be seen from the foregoing that paradiplomacy is far from being a taken for granted concept among scholars and theorists of International Relations, even more so for those of a Realistic bias who see in this idea a sort of weakening of the state, a basic entity in the conception of the international system of this theoretical current and others that derive from it or, to a certain extent, those that accept this postulate. However, the subnational state can not be treated only as a numb, amorphous, internal and subordinate actor, since it also has institutionalized decision-making power, resources and jurisdiction over its territory.

The fact is that the scope and intensity of paradiplomacy have increased greatly in recent years. Some subnational governments open representative offices and conduct "trade missions" abroad; engage themselves with international and/or regional organizations; participate in international conferences; establish bilateral relations with non-central governments of other countries, among other initiatives. This new role stems both from domestic and international factors: at the domestic level, movements in the sense of fiscal decentralization and/or concessions to nationalism (devolution of powers to the regions) stand out; whereas, externally, economic globalization and the formation of supranational regional blocs become relevant. Both internal and external trends reinforce each other to pressure nation-states to provide more autonomy to subnational governments.

In fact, globalization and the constitution of regional economic blocs have diminished the capacity of states to structure their national economies, including in solving problems of territorial economic inequalities. As a result, the loss of power of nation-states in the face of market forces is a development favorable to the autonomisation of non-central governments. In response to the weakening of central governments in economic regulation, subnational governments take on the task of attracting foreign direct investment (FDI) and promoting exports and tourism, which are often key objectives in most cases of paradiplomacy. In addition, economic integration and trade liberalization, in turn, by implying a set of new norms and rules, also involve challenges to local socio-political forms of organization that affect subnational governments.

Despite resistance from central governments, paradiplomacy contributes to bring foreign policy closer to citizens, introducing an aspect that is both competitive and cooperative in the outline and implementation of a country's foreign policy (in the case where non-central governments do accept the rules of the game), thus creating benefits to the development of more decentralized systems. KINCAID (1990, p. 56) stresses that it is not merely accidental the fact that at most non-central governments with international activity in the world belong to nation-states with political systems characterized as democratic. ①

In addition, paradiplomacy acts as a prerequisite or ingredient to accelerate the local economic development of subnational government entities. In fact, non-central governments' initiatives and strategies to promote exports and attract foreign investment would be among the new roles of these government entities in their effortsto foster growth, as LEVY (1990) points out in the case of the United States of America (USA). More generally, as noted by JENKINS (2003), international activism at the subnational level, rather than a decline in state capacity, represents a reinvigorated strength of the national state, a proof of its flexibility, legitimacy and durability in the face of the demands of internal and external environments in constant change.

According to ROSENAU (1988, 1990, 2000), subnational entities that aim to establish external action are distinguished from sovereign-bound states, which have a global agenda that prevents them from focusing on a few objectives-as well as from non-state actors that are sovereign-free and that otherwise do not have to meet the demands of Westphalian "statehood" and can devote themselves to achieving limited ends without having to waste efforts and resources in a series of obligations that the status of sovereign statehood imposes.

However, unlike Rosenau who includes subnational governments alongside actors free of sovereignty-that is, multinational corporations, ethnic groups, bureaucratic agencies and political parties, PAQUIN (2005) and HOCKING (1993) prefer to classify subnational governments in a mixed category, combining the characteristics of actors con-

---

① Exception to this rule would be the case of the People's Republic of China in which the highly centralized and unitary state has allowed a growing role of its provinces in the international arena as active actors of export promotion and investment attraction. For more details see CHEN (2005).

ditioned by sovereignty and those who are free of it. In this sense, it means to say that the subnational governments in their dealings with international action would be mixed, that is, neither conditioned nor free of state sovereignty.

Ultimately, such mixed international actors would benefit from their status as states at the domestic level, which enables them to seek action abroad in the name of the interests of the political community they represent, at the same time as they resemble non-governmental organizations or corporations, whose international actions are directed towards specific (ad hoc) purposes, with no greater responsibility for the external representation of the state-nation and the fulfillment of diplomatic obligations.

## Ⅲ. Differences and Similarities of Paradiplomacy Actions in China and Brazil

As paradiplomacy is concerned, China and Brazil face some remarkable differences and similarities. First of all, Brazil is a large and populous country with a federal state in which the subnational governments have full political and administrative autonomy. Meanwhile China is a large and overpopulated country with a unitary state where provincial executive authorities are appointed by the central government. Second, Brazil is a western-type vibrant democracy with freedom of speech and freedom of press where all the chiefsof executives are regularly elected by clean popular ballot. In its turn, China is considered by many a kind of non-democratic state whose political system is a long way from the democracy standard of western states. ①

On one hand, the paradiplomacy has grown since the late 1980s in Brazil. The development of non-state actors, the economic globalization and changes in the state-centric world political order came together with the re-democratization in the country (end of the authoritarian military regime in 1985), as well as the enactment of the new 1988 Constitution and the implementation of new arrangements of regional economic integration (the Mercosurin 1991).

The Brazilian Constitution has no legal provision for supporting international initiatives by subnational entities (RODRIGUES, 2004). Municipalities and state governments have complementary and exclusive duties. However, no constitutional provision forbids them from developing international activities. Its article 21 states that the Union alone (i. e., the federal government) is set to maintain relations with foreign states and participate in international organizations and fora.

At the central government level, the Brazilian Ministry of External Relations (MRE) established, in 2003, a special service for dealing with subnational governments, directly under the authority of the foreign affairs Minister. This agency is now called Council of Federative and Parliamentary Issues (AFEPA) whose main objective is "to create a dialogue locus between the Ministry and governments of states and municipalities in foreign affairs, thus giving capillarity to the formulation of foreign policy"

① As described by ERVINE (2011), overall China can be formally defined as an authoritarian state, however socialism with Chinese characteristics is a far better way of describing China's unique system of government and economy. In fact, there are elements of democracy in China that continue old Chinese tradition of fairness, such as: the number of candidates are selected and then voters are allowed to make their selection anonymously; individual campaigns are paid for out of government funds so each campaign is equally funded; suffrage in China is completely universal with a minimum age of 18. Last but not least, in China women's rights are enshrined in the Constitution.

(RODRIGUES, 2004, p. 25). MRE has also set up regional offices in various states' capital cities as a way to oversee and provide support to international initiatives taken by subnational governments.

Most of the 27 Brazilian states and the majorof its 5, 500 municipalities are now endowed with foreign affairs offices or departments in charge of actions for managing international relations with sister provinces or sister-cities as well as to take steps to promote exports and tourism, raise funds directly from multilaterals development banks, obtain technical cooperation from foreign agencies and attract foreign direct investment. Some states and cities are indeed very active and innovative in their foreign relations while others are not prepared enough to avail themselves of the opportunities opened by the engagement in paradiplomacy. However differently from China there are no institutional patterns for the states to organize their international affairs units.[①]

On the other hand, as highlighted by Bueno (2012) e Chen Zhimin et al (2010, p. 333), in China, since 1978, under the leadership of Mr. Deng Xiaoping, the country initiated economic reforms at home and started to open up to the world. As mentioned by Chen (2001, p. 04), the reforms paved the way to for the Chinese provinces, and particularly the coastal provinces, to take more visible role in foreign affairs. The third plenum of Chinese Communist Party's Eleventh Congress decided to take steps to decentralize the power to provincial governments and transform them into internationally-oriented and self-motivated entities.

At the same time, provincial governments became stronger with more revenue resources and the transfer of some state-owned enterprises (SOEs) by the central government. Their legislative bodies were empowered to en-

① For a good description of the Brazilian diverse experience about paradiplomacy on a selection of states and municipalities see MARCOVITCH; DALLARI (2014).

act rules in the area of investment. Provinces were also allowed to retain part of the foreign exchanges earned in foreign trade and to use these foreign exchanges to import goods and equipment for local development purposes. Since 1980s, some provinces set up local investment companies to gain access to international bond markets. Therefore decentralization and internationalization in China have led to active paradiplomacy, especially in the coastal provinces of Jiangsu, Tianjing, Shanghai, Zhejiang, Fujian and Guangdong.

Despite the unitary system of China's national state, the provinces have three channels to influence the central government's foreign policy formulation. As Bueno (2012, p. 67) highlights:

"The first one is the National People's Congress (NPC), formally the most powerful political body of the Chinese republic. The second channel is the Chinese Communist Party (CCP) itself. The third channel is the Central Meetings on Economy (Zhongyang Jingji gongzuo huiyi)".

In sum, the forces of decentralization and internationalization have created the conditions for the Chinese provincial governments to embark on paradiplomacy. As a result, according to Chen Zhimin et al (2010, 336), two bodies directly linked to international affairs were created in all the provinces engaged in relations with foreign subnational governments: i) the provincial Foreign Affairs Office (FAO) and ii) the provincial Foreign Trade and Economic Cooperation Commission (FTEC). Within each province, one of the main tasks of its FAO is to provide technical and professional support to other local public administration agencies in their international contacts.

In addition, the FTEC is responsible for the projection of the foreign policy of the national government, the reception to foreign businesspeople and political authorities who are officially visiting the province, expedite passports and visas to businessmen and executives residing in the province who are traveling on business abroad, organizing and promoting activities together with sister cities and foreign sister provinces, for consular matters etc.

In its turn, the FTEC, which in some provinces has been reorganized as the Department of Commerce, is the provincial public administration body responsible for the foreign investment attraction and export promotion programs in the province. Among its operational activities is the implementation of national policies linked to international business, the administration of the Special Economic Zones (or EPZs) located in the provincial territory, the examination and approval of projects of direct foreign investments, by working with domestic exporting companies or with an interest in exporting and doing market research abroad, among other functions and activities related to the international dimension of provincial development. Another important aspect of the FTEC is the establishment of overseas offices for attracting investments, like the FTEC of Shanghai, which has, for instance, offices operating in Los Angeles (USA), Osaka (Japan), London (United Kingdom), Frankfurt and Hamburg (Germany) and Rotterdam. ①

## Ⅳ. The Chinese-Brazilian Case Study of Ceará State and Fujian Province

The paradiplomacy contacts between China and Brazil have increased since the middle 1990s and involve several provinces and states with agreements of sister-provinces and trade and investment partnerships. Let us deal here with the specific case of Ceará state and Fujian province.

① For more details on paradiplomacy in China see BUENO (2012, pp. 65 – 71).

## 1. The Features of Ceará and Fujian

### (1) The State of Ceará, Brazil

The state of Ceará, located in the Northeast of Brazil, has148, 800 square kilometers and 8. 8 million people. Its capital city, Fortaleza, has a population of 2. 5 million inhabitants and is the fifth largest of Brazilian cities. It has direct air connection with Cape Verde (3 hours and 20 minutes by TACV flight); Portugal (6 hours and 30 minutes of direct flight from Lisbon via TAP airlines) and the USA (7 hours and 25 minutes from Miami by American Airlines) as well.

**The Location of Ceará**

Traditionally an agriculture-based state, Ceará began an industrialization program under the central government military regime (1964 -

1985), and the industrial sector continues to expand annually. The service sector is the largest component of GDP at 56.7%, followed by the industrial sector at 37.9%. Agriculture represents 5.4% of GDP. Ceará exports: leather footwear (20.3% of exports earnings), crustaceans (17.6%), woven of cotton (16.9%), cashew nuts (14.7%), leather (13.1%), fruits, juices and honey (5.4%). Tourism also plays a large role in Ceará's economy, with the state's highlands, beaches and forests. On average, Fortaleza alone receives half a million foreign tourists annually.

The State of Ceará has a modern industrial and port complex of deep water (the so called Port of Pecém) with an active Special Economic Zone (EPZ).① The economy of Ceará represents 2.1% of Brazil's economy, with a GDP of USD 37.2 billion (in 2015) and per capita income of USD 4, 230. By 2015, its exports were USD 1.05 billion, while imports were of USD 2.6 billion. Exports to China were USD 45 million (4.3% of the total export revenues) and imports from China were of USD 585.3 million (21.6% of the total imported).

(2) China's Fujian Province

With an area of 121, 400 km$^2$ and a population of 37.9 million people, Fujian's GDP is US $ 417.1 billion, or 3.8% of Chinese GDP, with per capita income of USD 10, 300. The province's economy grew 9.0% in 2015, well above the Chinese average. Its capital, Fuzhou, is the fourth largest city in per capita income among the provincial capitals of China.

The fast development of Fujian in the last 35 years has generated intense immigration from the rest of the country, giving rise to strong urbanization. For this reason, the provincial government faces the challenge of

① For more information on Pecém Export Processing Zone in English see: http: //investimentos.mdic.gov.br/public/arquivo/arq1411503015.pdf.

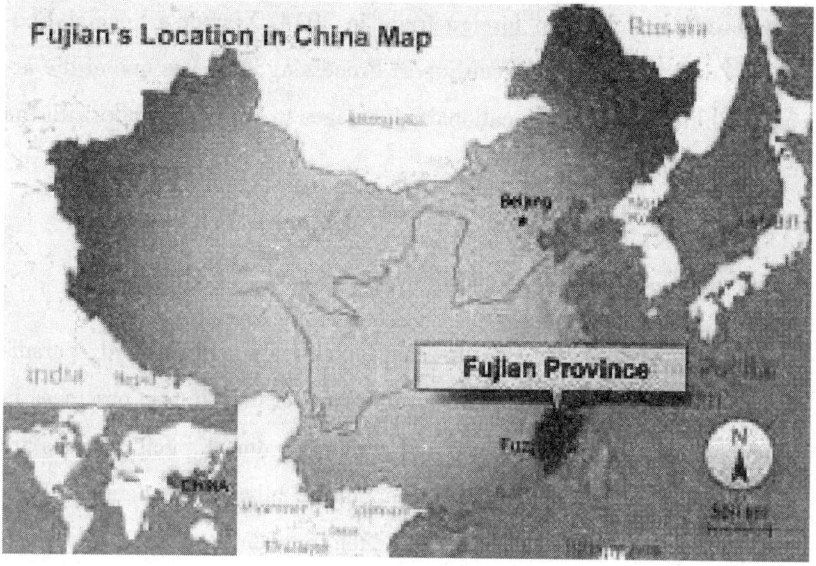


**The Location of Fujian**

maintaining accelerated growth and at the same time preserving its rich natural and cultural heritage. Industry accounts for 50.2% of Fujian's GDP, followed by Services, with 41.5%. The primary sector represents 8.1% of Fujian's economy. One of the first Chinese provinces to open its economy (Xiamen ZEE), Fujian is widely known as the pilot area of major reforms in China. Its opening to the outside encompasses several sectors and allows for the local government to adopt special policies and flexible measures to attract foreign investment (FDI).

Fujian province is highly oriented to foreign trade and foreign investment, ranking sixth in the national ranking, exporting USD 113.5 billion in 2014 (equivalent to 59% of Brazilian exports in 2015), growth of 6.6% in relation to the previous year and corresponding to 4.3% of national exports. In 2014, the value of its imports reached USD 64 billion, an increase of 1.9%. The international trade of the province has become increasingly dynamic, exhibiting 18000 companies actively involved in foreign trade in 2014. Xiamen's Special Economic Zone (something likeanExport Processing Zone) is one of the areas of China with better locational advantages to stimulate trade with the rest of the world.

### 2. Fujian Approaches Ceará in 1996

As China's diplomacy has become increasingly multi-layered, paradiplomacy is an important and highly valued tool of the Chinese provinces in the quest to promote their exports and attract investment. Such relations are usually established by means of memoranda of bilateral cooperation. With such agreements, Chinese provinces often provide assistance to foreign missions visiting China, including participation in fairs, and articulate the reception to Chinese delegations on overseas missions.

Fujian Province currently maintains at least 20 sister-province relationships with numerous provincial and/or regional governments from 17 countries on all continents. It is worth mentioning that, in addition to Fujian's sistershipwith foreign subnational entities at the provincial/state level several counties in Fujian also maintain sister-city agreements with dozens of cities in these 17 countries. ①

Over the past 20 years, Fujian has been demonstrating its interest in establishing cooperation ties with Ceará within the Chinese government's strategy to stimulate the economic exchange of its provinces with promising areas of large emerging market countries such as Brazil. The reasons for choosing Ceará (a small state in Brazil) are not clear. However, the strategic geographic location of Ceará, equidistant from the USA, Europe and

① The complete list of Fujian's sister-province relationship may be is found at the link: http://www.fjfao.gov.cn/english/sistercities/201501/t20150123_908799.htm, access at January 2, 2017.

Africa, may be the explanation for Fujian's preference. ①

The first initiative to approach Fujian in relation to Ceará dates back to January 1996, with the arrival of the first official mission of that province to Ceará. The mission was headed by then deputy secretary of CCP provincial committee of Fujian Mr. Xi Jinping (now the president of China). He had a warm reception by then Ceará state governor Mr. Tasso Jereissati (now a senator in the Brazilian Congress). The Fujian delegation was composed of seven members including Mr. Xi Jinping:

—Mr. Lin Wenbin-general secretary of the Council for Promotion of International Trade of Fujian province;

—Mr. Li Yunda-vice-president of the Fujian province Association of Friendship of Chinese People with Foreigners;

—Mr. Wen Yuanfang-chairman of the company Golden Bridge and Trade in Hong Kong and Fujian in Fouzhou;

—Mr. Fang Yuanguan-chairman of the company Huarong of Macao in Fuzhou;

—Mr. Chen Bin-secretary of the Council for Promotion of International trade of Fujian province, and

—Mr. Wang Weidong-attaché from the Chinese Embassy in Brazil.

In addition to the formal meeting with Ceará's governor Tasso Jereissati, the Fujian delegation had meetings with local businessmen at the Industrial Federation (FIEC). During the visit, the Fujian delegation expressed interest to do business in Ceará state especially in the areas of pharmaceuticals, water meters, electrical meters, shoes, marine salt processing and informatics components.

---

① During the visit of Mr. Xi Jinping's delegation to Ceará in 1996, the attaché of Chinese Embassy in Brazil mentioned the interest of Fujian province to cooperate with Ceará had to do with the advice given by the former Chinese ambassador to Brazil, Mr. Yuan Tao.

As I was the director of foreign Affairs of Ceará state I was the official assigned to receive and provide all the logistic support for Mr. Xi Jinping and the Fujian delegation. I accompanied the Chinese delegation throughout their two day stay in Fortaleza, including all the receptions, banquets and visits until its final departure①.

Some 18 years later, during the BRICS Summit Meeting in July 2014, Mr. Xi Jinping returned to Fortaleza, the capital city of Ceará as China's president. Mr. Xi Jinping acknowledged to the then incumbent president of Brazil (Mrs. Dilma Roussef) that he had already been in Ceará almost 20 years ago. The local press commented the fact the Mr. Xi Jinping had been to the city when he was Fujian's vice governor. ②

The visit of Mr. Xi Jinping to Ceará in January/1996 opened the doors to the trade relations of Ceará with China. The first exports to China began in 1999 (USD 179.6 thousand) while the imports from China began to increase in 2000 (USD 14.89 million). In 2011, Ceará's exports to China reached USD 68.1 million, or 0.15% of Brazilian exports to China, and 16% of all Ceará's exports to the world. In its turn, Ceará's imports from China grew exponentially and reached the highest amount of USD 869.9 million in 2014 or 2.3% of Brazilian imports and 26.3% of all Ceará's imports. The trade balance has been systematically in surplus for China (see table below).

---

① I was myself the director of foreign affairs office of Ceará state with status of a state secretary from September 1995 up to February 2003 and again from May 2003 up to December 2006.

② See LEAL, Jocélio, Xi Jinping e as relações com o Ceará. (free translation: Xi Jinping and the relations with Ceará), Jornal O POVO, Vertical S/A, 06 July 2014. Newspaper coverage. Available at: http://www.opovo.com.br/app/colunas/verticalsa/2014/07/05/noticiasverticalsa, 3277576/xi-jiping-e-as-relacoes-com-o-ceara.shtml.

**Brazil-China Foreign Trade: Ceará state share, 1995 - 2015**

| Year | EXPORTS | | | | IMPORTS | | | | BALANCE | |
|---|---|---|---|---|---|---|---|---|---|---|
| | FROM Brazil to China (US $ FOB) (A) | From Ceará state to China (B) | Chiná's share in Cearás exports (%) | Ceará's share in Brazilizm Exports to China (%) | From China to Brazil (US $ FOB) (C) | From China to Ceará state (D) | China's share in Ceará's Imports (%) | Ceará's share in Brazilian Imports from China (%) | Ceará's Trade Balance with China (B - D) | Ceará's Trade Interchange with China (B + D) |
| 1995 | 1203750528 | 0 | 0. 00 | 0. 00 | 191379625 | 7891636 | 1. 22 | 4. 12 | - 7891636 | 7891636 |
| 1996 | 1113828697 | 0 | 0. 00 | 0. 00 | 402603867 | 9262438 | 1. 14 | 2. 30 | - 9262438 | 9262438 |
| 1997 | 1088213686 | 0 | 0. 00 | 0. 00 | 566977265 | 15741079 | 2. 31 | 2. 78 | - 15741079 | 15741079 |
| 1998 | 904879640 | 0 | 0. 00 | 0. 00 | 628299976 | 12854448 | 2. 12 | 2. 05 | - 12854448 | 12854448 |
| 1999 | 676140777 | 179660 | 0. 05 | 0. 03 | 423330844 | 12035997 | 2. 10 | 2. 84 | - 11856337 | 12215657 |
| 2000 | 1085301597 | 62806 | 0. 01 | 0. 01 | 1222098317 | 14895610 | 2. 07 | 1. 22 | - 14832804 | 14958416 |
| 2001 | 1902122203 | 314975 | 0. 06 | 0. 02 | 1328389311 | 28376147 | 4. 55 | 2. 14 | - 28061172 | 28691122 |
| 2002 | 2520978671 | 908816 | 0. 17 | 0. 04 | 1553993640 | 19695076 | 3. 10 | 1. 27 | - 18786260 | 20603892 |
| 2003 | 4533363162 | 3025533 | 0. 40 | 0. 07 | 2147801000 | 27307281 | 5. 05 | 1. 27 | - 24281748 | 30332814 |
| 2004 | 5441405712 | 10293227 | 1. 19 | 0. 19 | 3710477153 | 37655302 | 6. 57 | 1. 01 | - 27362075 | 47948529 |
| 2005 | 6834996980 | 15505342 | 1. 66 | 0. 23 | 5354519361 | 41891049 | 7. 12 | 0. 78 | - 26385707 | 57396391 |
| 2006 | 8402368827 | 20161773 | 2. 10 | 0. 24 | 7990448434 | 68610546 | 6. 25 | 0. 86 | - 48448773 | 88772319 |
| 2007 | 10748813792 | 23925093 | 2. 08 | 0. 22 | 12621273347 | 187640340 | 13. 33 | 1. 49 | - 163715247 | 211565433 |
| 2008 | 16522652160 | 24080844 | 1. 89 | 0. 15 | 20044460592 | 333260079 | 21. 38 | 1. 66 | - 309179235 | 357340923 |
| 2009 | 21003886286 | 33493146 | 3. 10 | 0. 16 | 15911133748 | 182489244 | 14. 83 | 1. 15 | - 148996098 | 215982390 |
| 2010 | 30785906442 | 39284730 | 3. 09 | 0. 13 | 25595419005 | 469160027 | 21. 63 | 1. 83 | - 429875297 | 508444757 |
| 2011 | 44314595336 | 68100219 | 4. 85 | 0. 15 | 32790634943 | 384197225 | 16. 00 | 1. 17 | - 316097006 | 452297444 |
| 2012 | 41227540253 | 67397136 | 5. 32 | 0. 16 | 34251274099 | 791210664 | 27. 62 | 2. 31 | - 723813528 | 858607800 |
| 2013 | 46026153046 | 62706878 | 4. 41 | 0. 14 | 37303817486 | 869971155 | 26. 35 | 2. 33 | - 807264277 | 932678033 |
| 2014 | 40616107929 | 61248096 | 4. 16 | 0. 15 | 37344985579 | 721431285 | 24. 03 | 1. 93 | - 660183189 | 782679381 |
| 2015 | 35607523612 | 45085974 | 4. 31 | 0. 13 | 30719405022 | 585353690 | 21. 76 | 1. 91 | - 540267716 | 630439664 |

Fonte: MDIC/SECEX; produced by: the author.

Mr. Xi Jinping and Ceará governor Mr. Tasso Jereissatisigned, on 08/01/1996, the Letter of Intent to become sister provinces. The objective of the Letter was to give priority to activities related to information interchange, elaboration, documentation and evaluation of projects with emphasis on partnership ventures in the sectors of electronic, information technology, mineral extraction (marine salt), commerce and other sectors of mutual interest.

**O POVO**

**8/JANEIRO/1996**

# Empresários chineses querem manter parceria com Ceará

Uma missão, composta por sete empresários chineses, tem encontro marcado hoje, às 11 horas, com o governador do Estado, Tasso Jereissati, no Cambeba. O grupo pretende formar parcerias com empresários locais, através de joint-ventures, para a instalação de indústrias de hidrômetros, eletrômetros, informática, aparelhos eletrônicos e processamento de sal marinho. Além da visita ao governador, a missão chinesa terá encontro com empresários locais na Federação das Indústrias do Estado do Ceará (Fiec).

Os sete empresários chineses vão manter contatos ainda em São Paulo, Rio de Janeiro, Brasília e Foz do Iguaçu. O Ceará é o único esatdo do Norte/Nordeste que será visitado pela missão. O grupo é chefiado por Xi Jinping, presidente do Conselho para a Promoção de Comércio Internacional da China em Fuzhou (capital de Fujian, província que fica no litoral leste, na região mais desenvolvida do país). A economia chinesa tem um ritmo de crescimento de 9% ao ano. O Brasil está em torno de 4% - índice registrado no último ano e o mesmo previsto, segundo a equipe do Ministério da Fazenda, para 1996.

## QUEM É QUEM NA MISSÃO CHINESA

*Os sete empresários que manterão contatos com o Ceará*

- ✓ **Xi Jinping** - Presidente da Comissão Permanente da Assembléia Popular Municipal de Fuzhou, presidente honorário do Conselho para a promoção de Comércio Internacional da China em Fuzhou e vice-governador da província de Fujian;
- ✓ **Lin Wenbin** - Secretário-geral do Conselho para a Promoção de Comércio Internacional da China em Fuzhou;
- ✓ **Li Yunda** - Vice-presidente da Associação de Amizade do Povo Chinês para com o Estrangeiro da província de Fujian;
- ✓ **Wen Yuanfang** - Presidente da Companhia Golden Bridge de investimento e Comércio de Hong Kong em Fuzhou;
- ✓ **Fang Yuanguan** - Presidente da Companhia Huarong de Macau em Fuzhou;
- ✓ **Chen Bin** - Secretário do Conselho para a Promoção de Comércio Internacional da China em Fuzhou;
- ✓ **Wan Wuidong** - Adido da Embaixada da República Popular da China

*Fonte: Governo do Estado*

**The local press documented**

In November 1996, the scheduled mission of governor Tasso Jereissati to Fujian was cancelled because of domestic political problem in Ceará state. The delegation was in Tokyo, Japan, and had to come back immediately to Brazil. In March 1997, a Fujian mission led by the attaché of the Chinese Embassy in Brazil visited Ceará. At the time, in addition to proposals for investment partnerships, the Industrial Federation of Ceará (FIEC) was invited to send a delegation of entrepreneurs to the Xiamen Fair (CIFIT) in Fujian in September 1997. The Asian crisis triggered in August/1997 aborted the business mission to Fujian.

In August 1998, another delegation, led by Mr. Li Qingzhou, diretor of Fujian Foreign Affairs Office visited Ceará to propose business partnerships (joint ventures) and reiterate invitation to Ceará state governor to go to visit Fujian.

New joint initiatives were to be put in place by Fujian and Ceará when Brazil was affected by a severe economic crisis in the end of 1999 and during the year 2000. This critical situation temporarily interrupted the missions, but not the regular contacts between officials of Fujian and Ceará.

### 3. Ceará and Fujian Become Sister-Provinces in 2001

In March 2001, a delegation led by Fujian vice-governor (Fujian Provincial Committee chairman). *Wang Yifu* visited Ceará. He was then received by Ceará's vice-governor Mr. Beni Veras. Both parties signed, on 06, March, the agreement of sister provinces. Both parties agreed on promote friendly interchange and cooperation in economy, trade, science & technology, culture, sporting, health and education in equal basis and mutual benefit. It was offered Fujian official support to a Ceará's delegation to attend at the International Trade and Investment Fair (CIFIT) in Xiamem, Fujian.

In September 2002, Mr. Song Minwang, diretor of Fujian External Communication Office led a delegation of six journalists to visit Ceará and

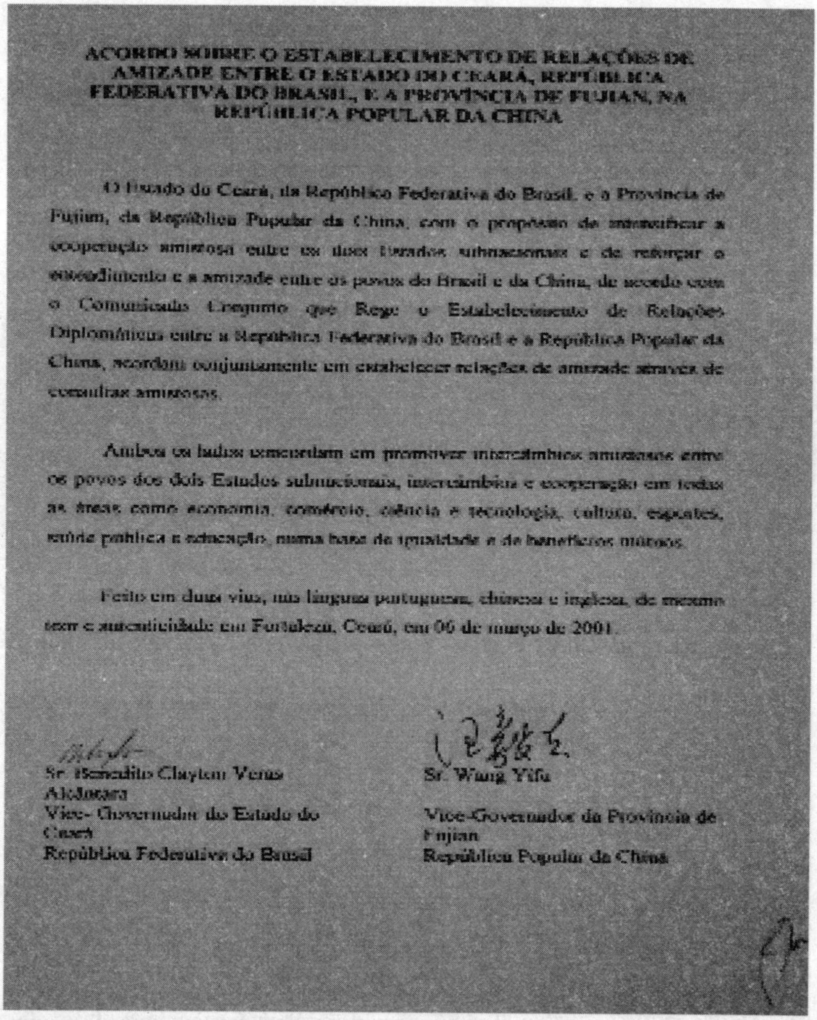

**ACORDO SOBRE O ESTABELECIMENTO DE RELAÇÕES DE AMIZADE ENTRE O ESTADO DO CEARÁ, REPÚBLICA FEDERATIVA DO BRASIL, E A PROVÍNCIA DE FUJIAN, NA REPÚBLICA POPULAR DA CHINA**

O Estado do Ceará, da República Federativa do Brasil, e a Província de Fujian, da República Popular da China, com o propósito de intensificar a cooperação amistosa entre os dois Estados subnacionais e de reforçar o entendimento e a amizade entre os povos do Brasil e da China, de acordo com o Comunicado Conjunto que Rege o Estabelecimento de Relações Diplomáticas entre a República Federativa do Brasil e a República Popular da China, acordam conjuntamente em estabelecer relações de amizade através de consultas amistosas.

Ambos os lados concordam em promover intercâmbios amistosos entre os povos dos dois Estados subnacionais, intercâmbios e cooperação em todas as áreas como economia, comércio, ciência e tecnologia, cultura, esportes, saúde pública e educação, numa base de igualdade e de benefícios mútuos.

Feito em duas vias, nas línguas portuguesa, chinesa e inglesa, de mesmo teor e autenticidade em Fortaleza, Ceará, em 06 de março de 2001.

Sr. Benedito Clayton Veras Alcântara
Vice-Governador do Estado do Ceará
República Federativa do Brasil

Sr. Wang Yifu
Vice-Governador da Província de Fujian
República Popular da China

**The sister-provinces agreement between Fujian and Ceará signed on March 06, 2001**

prepare a video documentary on Ceará for release in China. The State of Ceará provided all the institutional support to the Fujian's mass media delegation.

In March 2004, a delegation led by Mr. Li Quinzhou, diretor of Fujian Foreign Affairs Office, visited Ceará for a second time to propose business opportunities and invite the state governor to visit Fujian.

In October 2004, the then vice-governor of Ceará, Mr. Francisco Maia Júnior, led a delegation of five people to Fujian to promote economic interchange. Ceará's delegation took part at Fujian International Friendship Cities Conference in Fouzhou.

In March 2005, the Fujian vice-governor Mrs. Wang Meixiang led another delegation to visit Ceará aiming at promoting economic cooperation between both provinces. Mrs. Meixiang showed a special interest to import local granite from Ceará.

In September 2005, Ceará's governor, Mr. Lúcio Alcântara, led a delegation of major entrepreneurs to Fujian to promote economic exchanges with China. Mr. Alcântara was received by Fujian's Party Chief Mr. Lu Zhangong. Ceará's delegation took part with a booth at China International Fair for Investment & Trade (CIFIT) in Xiamen.

In addition To Xiamen and Fouzhou, governor Lúcio Alcantara's delegation visited Shanghai, Hong Kong SAR and Macao SAR. In Macao, Mr. Alcântara was welcomed by Macao's chief of executive, Mr. Edmond Ho, and the president of Macao Trade and Investment Promotion Institute (IPIM), Mr. Lee Peng Hong. ①

The perspectives of business between Fujian and Ceará were promising and a new trade mission to Fujian had been planned for 2006. However, the political situation changed in Ceará. With the election in the end of 2006, the PSDB (Brazilian Social Democracy Party) that ruled Ceará since 1987 was defeated. The new governor elect, Mr. Cid Gomes from Brazilian Socialist Party (PSB), had other priorities. The in-

---

① Macao's IPIM documented the Ceará's governor visit with the headline: Business delegation from Ceará state government visits IPIM, Available at: http://www.ipim.gov.mo/en/ccpsc/01.htm.

ternationalization of Ceará would be discontinued.

4. Deadlock in Sister Province Relations from 2007 up to 2014

In 2003, under governor Lúcio Alcântara's administration, Ceará's Foreign Affairs Office (FAO) had gained better operational resources. However, the actions of the Foreign Affairs in the state lacked appropriate legal framework. Due to this deficiency, the FAO was abolished by decision of Mr. Cid Gomes, the governor who took office on January 2007 and ruled until the end of 2014. His government priorities turned from international relations to internal affairs except in fund-raising from multilateral organizations.

As a result of the dismantlement of Ceará's FAO and other state agencies associated to paradiplomacy by Mr. Cid Gomes' administrations, Ceará state lost most of its capacity to act internationally, which led to low dynamism of its international integration in the following years. From 2007 to 2014, relations between Fujian and Ceará were completely interrupted because of the absence of official contacts between both parties.

5. The Resumption of Bilateral Relations since 2015

In January 2015, after the new governor, Mr. Camilo Santana (whose term ends in December 2018), took office, a delegation led by Mrs. Chen Hua, member of CCP in Fujian province, arrived at Fortaleza aiming at reestablishing friendship links between Ceará and Fujian interrupted since 2007. The General-Consul of China in Recife, Mr. Wang Xian, also took part in the delegation of seven people.

The Fujian delegates were welcomed by Ceará government officials who assured they would take actions for providing the state with the better environment for business and strengthening foreign trade relations. One of the points agreed by both parties was the resumption of the friendship agreement Ceará and Fujian. ①As a follow-up, on July 2015, the General-Consul of China in Recife, Mr. Wang Xian, came back to Ceará to discuss with FIEC the Chinese interest in exploiting minerals in Ceará state.

The new Ceará government leaderper ceived the clumsy mistake that had been made by the previous administrationto cut off ties with China. To make up for the lost time, Ceará governor Camilo Santana appointed, on 06 August, 2015, the experienced representative in Federal Chamber, Mr. Antônio Balhmann, to be director of foreign affairs office (FAO) with status of a state secretary and the supervision of the Ceará Export Processing Zone (ZPE Ceará). The stated priority of the new secretary is to enhance economic relations of Ceará with China.

In November 2015, Mr. Antônio Balhmann, led a delegation to Fujian so as to reestablish the friendship links between both parties. He took part at Fujian Programme for ASEAN Government Officials and International Friendship Province/State/City Liaison Officers and discussed investment opportunities with Fujian officials and business people.

In April 2016 – Fujian vice-governor, Mr. Huang Qiyu, led a delegation to Ceará, which visited the Pecém Port premises and the ZPE Ceará. Mr. Qiyu also met Ceará governor Mr. Camilo Santana.

In September 2016, Mr. Antônio Balhmann and a ZPE Ceará delegation took part with a booth at CIFIT Fair in Xiamen. A new memorandum was signed to set up a managing committee to run the sister-province agreement and establish new bilateral priorities in trade and investment.

---

① The arrival of Fujian delegation in Ceará in January 2015, after eight years of no formal contact, was documented by the local media: Antonio Cardoso. Delegação chinesa quer fortalecer relações com o Ceará, available at: http://www.cearaagora.com.br/site/2015/01/delegacao-chinesa-quer-fortalecer-relacoes-com-o-ceara/January 2, 2015.

Finally, in November 2016, Ceará governor Mr. Camilo Santana visited Fujian. During his stay in Fujian province, Mr. Santana himself also visited the South East Motor Co., Ltd., a Chinese automobile manufacturer based in Fuzhou. Before the visit to the automaker, governor Camilo Santana met with the governor of Fujian province, Mr. Yu Weiguo, to discuss trade partnership between Ceará and Fujian. "We have good business prospects between our state and Fujian," said the governor after the meeting, which was also attended by the deputy governor of the province, Mr. Huang Qiyu.

## Ⅴ. The Promising Outlook

After eight years of interruption, the government of Ceará resumed the paradiplomatic initiative in economic affairs with its sister-province in China. The state sent in November 2016 a mission led by governor Camilo Santana himself to the Chinese province of Fujian. The trade doors are open again and investment opportunities are around the corner. Ceará is now more prepared and mature to engage in bilateral relations with Fujian province.

All indicates that Fujian sees in Ceará an emerging area in Brazil and a possible "spearhead" for the Brazilian market, for which the Port and Industrial Complex of Pecém and ZPE Ceará have a strong attraction. For Ceará, this rapprochement could generate significant gains, since Fujian province is nowadays among the most dynamic regions in China. ①

① According to José Nelson Bessa Maia. *A retomada da parceria do Ceará com Fujian* (The resumption of Ceara's partnership with Fujian-free translation), O Povo, 22.02.2016. available at: http://www.opovo.com.br/app/opovo/economia/2016/02/22/noticiasjornaleconomia, 3578234/a-retomada-da-parceria-do-ceara-com-fujian.shtml.

The lack of complementarity between the two regions, while not benefiting Ceará's exports immediately, may lead to the attraction of Chinese investments to Ceará in areas such as mineral extraction (granite and ornamental rocks), as well as in the metallurgical, petrochemical, auto parts, among others.

The advanced negotiations now underway to bring an oil refinery from China to ZPE Ceará will certainly push for additional investment in industrial projects from Fujian and other provinces to be set up in ZPE Pecém. As soon as the Brazilian economy as a whole recovers from two years of recession the outlooks for economic relations between Ceará and Fujian will become very bright.

## References

BUENO, Ironildes. Paradiplomacia Econômica: Trajetórias e Tendências da Atuação Internacional dos Governos Estaduais do Brasil e dos Estados Unidos. Brasília: Verdana, 2012.

CHEN ZHIMIN, 'Coastal Provinces and China's Foreign Policy', in Yufan Hao and Lin Su (eds), China's Foreign Policy-Making: Societal Force and Chinese American Policy (London: Ashgate Publishing, 2005).

CHEN ZHIMIN, "The Provinces and China's Multi-Layered Diplomacy: The Cases of GMS and Africa" *Hague Journal of Diplomacy* Vol. 5 (2010), 331 – 356. Available at: http://works.bepress.com/zhimin_chen/6/.

DUCHACEK, Ivo. Perforated Sovereignties: Towards a Typology of New Actors in International Relations, In: Federalism and International Relations: the role of subnational units. MICHELMANN, Hans; SOLDATOS, Panayotis (orgs.). Oxford: Claredon Press, 1990.

ERVINE, Patrick. Can China be Defined as an Authoritarian State? The University of Hull, February 2011, available at: http: //www. e-ir. info/2011/02/04/can-china-be-defined-as-an-authoritarian-state/.

HOCKING, Brian. Localizing Foreign Policy: Non-Central Governments and Multilayered Diplomacy, London, Macmillan, 1993.

JENKINS, Rob. India's States and the Making of Foreign Economic Policy: The Limits of the Constituency Diplomacy Paradigm. *Publius*; 33 (4), Fall 2003.

KINCAID, Jonh. Constituent Diplomacy in Federal Polities and the Nation-State: conflict and cooperation. In: MICHELMANN, Hans; PANAYOTIS, S. Federalism and International Relations. Oxford: Claredon Press, 1990.

LEVY, John M. Economic Development Programs for Cities, Counties and Towns. New York: Praeger, Second Edition, 1990.

MARCOVITCH, Jacques; DALLARI, Pedro (orgs). Relações Internacionais de Âmbito Subnacional: A Experiência de Estados e Municípios no Brasil. São Paulo: Instituto de Relações Internacionais/USP, 2014.

PAQUIN, Stephane. Les Actions Extérieures des Entités Subétatiques: Quelle Signification pour la Politique Comparée et les Relations Internationales? Revue Internationale de Politique Comparée, Vol. 12, No. 2, 2005.

RODRIGUES, Gilberto Marcos Antônio. Política Externa Federativa: análise de ações internacionais de estados e municípios brasileiros. Rio de Janeiro: Centro Brasileiro de Relações Internacionais-CEBRI, 2006.

ROSENAU, James. Turbulence in World Politics: A Theory of Change and Continuity. Princeton, N. J.: PrincetonUniversity Press, 1990.

The Governance of Fragmegration: Neither a WorldRepublic nor a Global Interstate System. Paper at the Congress of the International Political Science Association, Quebec City, August, 2000.

Patterned Chaos in Global Life: Structure and Process in the Two Worlds of World Politics, International Political Science Review, Vol. 9, No. 4, Oct. , 1988, pp. 327 - 364.

SOLDATOS, Panayotes. Cascading Subnational Paradiplomacy in an Interdependent and Transnational World, in: States and Provinces in the International Economy. Editors: Douglas M. Brown and Earl H. Fry. Berkeley: University of California, Institute of Governmental Studies Press, and Kingston Institute of Intergovernmental Relations, Queen's University, 1993.

Brazilian Web Pages sources:

—http: //www. cearaagora. com. br/site/2015/01/delegacao-chinesa-quer-fortalecer-relacoes-com-o-ceara/

—http: //www. opovo. com. br/app/colunas/verticalsa/2014/07/05/noticiasverticalsa, 3277576/xi-jiping-e-as-relacoes-com-o-ceara. shtml.

—http: //www. opovo. com. br/app/opovo/economia/2016/02/22/noticiasjornaleconomia, 3578234/a-retomada-da-parceria-do-ceara-com-fujian. shtml.

Chinese Web Pages sources:

—http: //www. fjfao. gov. cn/english/sistercities/201501/t20150123_908799. htm,

—http: //www. ipim. gov. mo/en/ccpsc/01. htm.

# Chinese Preventive Consular Protection during the Rio Olympic Games*

Zhou Siyi ** Reng Wang *** Liu Juncheng ****

## Ⅰ. Introduction

Since the 18th National Congress of the Communist Party of China, the national leaders' speech have repeatedly emphasized the importance of developing sports career from the strategic height of the great rejuvenation of the Chinese nation. And they said the construction of sports power should be written to the "13th Five-Year Plan", achieving China's transition from a sports country to a sports power. China has always been an active participant in international competitions. With the country's high attention, there will be more Chinese athletes to participate in international events to promote the development.

The Olympic Games, which is one of the three major events in the

---

* The research is the phased achievements of 2017 – 2018 Chongqing Association of Higher Education Research Project (Project Number: CQGJ17091B), 2017 Sichuan International Studies University Education Reform Research Project (Project Number: JY176009), 2014 Chongqing Graduate Education Reform Research Project (Project Number: YJG143095).

** Zhou Siyi, lecturer of Sichuan International Studies University.

*** Reng Wang, Sichuan International Studies University.

**** Liu Juncheng, Sichuan International Studies University.

world, has been committed to promoting world peace and enhancing the friendship. However, the "Munich tragedy" and some extreme cases, discredited the history of the Olympic Games. In order to ensure the progress of the Olympic Games go well and the people have a peace environment to share the moment of sports festival, not only the host country should pay efforts, but also the participating countries need to do the consular protection work well and centered on the preventive consular protection work.

Before the opening ceremony of the Rio Olympic Games, Brazil is facing a lot of profound crises. In politics, the oil companies corruption case, which embraced a large number of politicians, shocked the entire Brazilian political. After that, state power machine is facing the risk of paralysis. On the economic front, economic structural contradictions are highlighted, economic growth is slow, and the polarization between rich and poor is becoming increasingly serious. And in social security, there are many gangs and violent crimes. Small strikes and protest demonstrations happened very often. Even terrorist organizations threatened to attack citizens. In addition, the mosquito-borne Zika virus increasingly spread to the country. Faced with such a complex situation, the previous Olympic organizers have never encountered, so both the host country or the consular protection mechanism is a major test. Therefore, doing the preventive consular protection work of the Olympic Games well, not only for future international events to provide experience and revelation, but also for other special periods and the normal time consular work to provide reference.

At the academic level, China's research on consular protection mainly focused on the study of consular protection mechanisms in different countries. There is not a lot of consular protection research at the time of special period or major events. Therefore, the author chooses "China's Preventive Consular Protection Analysis during the Rio Olympic Games", and hopes to conduct a systematic and in-depth analysis of China's preventive consular protection during the Rio Olympic Games, to contribute to China's consular protection research, and for other researchers a little reference.

## Ⅱ. Literature Review

At present, research on the system and the special consular protection is only a few at home and abroad, the results can be divided into the following categories.

### 1. Consular Protection from the Perspective of International Law

The general works of international law will briefly discuss the consular protection in the field of diplomacy. The international law *includes Vienna Convention on Consular Relations*, *Oppenheim International Law*, *Draft Arteries Consular Intercourse and Immunities.*

Luke T. Lee's *Consular Law and Practice* introduces the emergence and development of the consular system, the principles, policies and methods of the United States and other Western countries in consular protection. [①]Liang Baoshan's *Practical Consular Knowledge* systematically introduced the knowledge of all aspects of modern consular and consular business, including the origin, development and status of consuls[②].

Apart from the above works, there are some papers also have specific discussion on consular protection. Wan Xia's "Protection of Overseas Citizens Predicament and Solutions—New Trends in Consular Protection in In-

---

① Luke T. Lee. Liang Baoshan etc. Consular Law and Practice Beijing, World Affairs Press, 2012.

② Liang Baoshan. Practical Consular Knowledge, Beijing, World Affairs Press, 2001.

ternational Law"[①] analyze New trends of consular protection in the field of international law. The new development trend of international consular protection mechanism include four aspects: strengthening of national responsibility, multiple consular protection form, the improvement of the content of consular protection and protection behavior. Scholar Alessandro Ianniello Saliceti published the article "The Protection of EU Citizens Abroad: Accountability, Rule of Law, Role of Consular and Diplomatic Services"[②] in the European Public Law, discussed the concept of "national law" that was born in the 17th and 18th centuries, and found the original source of consular protection law.

2. Consular Protection from Nationality Perspective

(1) Study on Consular Protection in Western Developed Countries such as Europe and America

Professor Xia Liping published the article "Features of the Consular Protection Warning System of the US and UK and implications to China" on "Foreign Affairs Review"[③]. It gives China's consular protection construction many enlightening suggestions through the analysis of the characteristics of the British and America consular protection early warning system. Giorgio Porzio published the article "Consular Assistance and Protec-

---

① Wan Xia. "Protection of Overseas Citizens Predicament and Solutions—New Trends in Consular Protection in International Law", *World Economics and Politics*, 2007 (5), pp. 37 – 43.

② Saliceti Alessandro Ianniello, "The Protection of EU Citizens Abroad: Accountability, Rule of Law, Role of Consular and Diplomatic Services." *European Public Law*, 2011 (17), pp. 91 – 109.

③ Xia Liping, "Features of the Consular Protection Warning System of the US and UK and implications to China", *Foreign Affairs Review*, 2006 (87), pp. 70 – 75.

*tion: An EU Perspective*"① in The Hague Journal of Diplomacy, discussed the importance of consular protection from the EU perspective.

(2) Study on Consular Protection in China

Wang Tao published the article "SomeThoughts on Strengthening Chinese Consular Protection Mechanism under the New Situation"② in "Theory Observe". The author put forward lots of proposals about the challenges that Chinese consular protection mechanism is faced with in the new era, and he also referred to the nine way to strengthen preventive consular protection for the China Foreign Ministry: establishing the mechanism, pay attention on the embassy, building a bridge between the government and local area, caring the campus environment, creating a specialized website (China Consular Service Network), Build platforms (Mobile communication platform), utilizing the media and handing out guidebooks.

Xia Liping published "China's Consular Protection Mechanism: a Case Study on Libya Evacuation"③ in West Asia and Africa. She analyzed in the Libya evacuation, China preventative consular protection mechanism has some weak points, while the emergency coordination mechanism's advantages fully played, to some extent making up for the deficiency of the prevention mechanism. Libya evacuation provides some experiences for the future of China's consular protection mechanism construction. Lu Wengang combed the major security incidents of Chinese citizens in southeast Asia in 2014, introduced the present situation of China's consular protection work in southeast Asia, analyzed the existing problems of China's consular protec-

① Porzio Giorgio, "Consular Assistance and Protection: An EU Perspective." *The Hague Journal of Diplomacy*, 2008 (3), pp. 93 – 97.

② Wang Tao, "Some Thoughts on Strengthening Chinese Consular Protection Mechanism under the New Situation", *Theory Observe*, 2012 (5), pp. 28 – 30.

③ Xia Liping, "China's Consular Protection Mechanism: a Case Study on Libya Evacuation", *West Asia and Africa*, 2011 (9), pp. 119 – 104.

tion in southeast Asia, and put forward the countermeasures and Suggestions in the future in "The Situation, Problems and Countermeasures of Consular Protection of Southeast Asia in 2014"①

(3) Study on Consular Protection in Developing Countries Besides China

In "Comparative study of the legal system of consular protection between China and Russia"②, Dumay Kina Valery have made a comparative study on the legal system of consular protection between China and Russia from the perspective of the development and problems of consular protection system in China, the object of consular protection, the conditions of application and the way of protection, and provided relevant suggestions for the construction of the legal system between China and Russia. This is an important reference for China to improve the legal system of consular protection, but it only provided some basic help. In Shi Huina's "Philippine Consular Protection Research and Its Enlightenment to China-Taking Philippine Overseas Labor Consular Protection as an Example"③, she analyzed the changes and institutional present situation of Philippine consular protection Information dissemination, and analyzed the Philippine government to take preventive measures from the information release and delivery. This paper concludes that the recommendations for the construction of China's consular defense from the successful practice of developing countries. It is a expansion of the field of consular protection research.

Insummary, the current research on consular protection is still in its infancy. Although the academic papers and periodicals are relatively rich,

---

① Lu Wengang, "The Situation, Problems and Countermeasures of Consular Protection of Southeast Asia in 2014", Around Southeast Asia, 2015 (5), pp. 25 – 31.

② Dumay Kina Valery, "Comparative study of the legal system of consular protection between China and Russia", Liao Ning University, 2015, pp. 56 – 174.

③ Shi Huina, "Philippine Consular Protection and Its Enlightenment to China-Taking Philippine Overseas Labor Consular Protection as an Example", Jinan University, 2013, pp. 11 – 43.

but mainly concentrated in China and Europe and the United States developed countries. Apart from this, the lack of specialized and in-depth study also leading to the current academic writings are still scarce. In addition, the special period of consular protection research results are relatively small. Therefore, this paper chooses the special period of the Rio Olympic Games, trying to study the preventive consular protection of the period through literature research, case analysis and other research methods, so as to contribute to the consular protection research in China and hope to improve the consular protection mechanism Offer advice and suggestions.

## ◆ Ⅲ. China Preventive Consular Protection during the Rio Olympic Games ◆

### 1. The Risk Factors Existing during the Rio Olympic Games

#### (1) The Rising Number of People going to Brazil in the World

According to statistics, there will be 207 countries and regions, a total of about 10, 500 athletes and staff involved in Rio Olympic Games. In addition, according to the data provided by the Consular Section of the Ministry of Foreign Affairs, the number of Chinese Olympic legions in Brazil reached 711, which is the largest session of the Chinese delegation to participate in the Olympic Games held in aboard. In addition, there are more than a thousand media coverage and tens of thousands of visitors to Brazil and engaged in volunteer service of Chinese citizens, the number of people going to Brazil is a historical record①.

Before the opening of the Olympic Games, South America is becom-

① China News, Foreign Ministry: Chinese Citizens in Brazil Will Hit a Record High. 19 July 2016. http://www.chinanews.com/ty/2016/07-19/7944566.shtml.

ing a new popular destination. There will be set off a tourist boom in Brazil. In the process of handling the Brazilian Olympic visa, the required information is greatly simplified, the processing time is also adjusted to 12 – 15 working days, shorter than the previous half of the time. ①It will drive more Chinese tourists to visit the Rio Olympic Stadium.

According to the data provided by Rio Olympic Organizing Committee on August 7, the Olympic Games tickets totaled 6. 1 million and has sold 6 million and earned 2. 29 billion yuan, of which 1. 1 million for non-Brazilians to buy②. Most of the buyers from the United States, France, Argentina, Germany and Japan.

To sum up, the huge Olympic team and a large number of tourists from around the world will be poured into Brazil during the Olympic Games. There is a huge difference between people's lives and cultural traditions, which can also be a potential factor in the conflict.

(2) Political Turbulence

Before the opening of the Olympic Games, many politicians involved in the "Brazilian history of the largest corruption" case. Brazilian oil companies corruption scandal continued fermentation, shocked the entire Brazilian political. President Roosevelt, Vice President Timuel and the House of Representatives Cunia faced the risk of impeachment. Government officials involved in corruption scandals, leading to general public's trust in the government fell to freezing point. Four months before the opening of the Olympic Games, Minister of Sports Hilton suddenly left, the Olympic Games prospects become increasingly uncertain.

---

① Chinaqw, Visit Brazil Watch Olymics. 14 July 2016. http: //www. chinaqw. com/hqly/2016/07 – 14/95327. shtml.

② General Administration of Sport of China. the Rio Games Ticket Sale are in Good Condition 9 August 2016. http: //www. sport. gov. cn/n318/n352/c738206/content. html.

(3) Sluggish Economy and Bad Social Security

The economic downturn in 2014, the severe economic situation led to a large number of labor unemployment. Brazil's unemployment rate in 2015 is soared to 8.5%.①The whole population is 200 million in Brazil, and the number of unemployed reached 8.6 million. Unemployment rates are often tied to crime rates, and the large number of unemployed people has become an unstable factor in Brazilian security. According to the latest data released by the Rio Public Security Institute, a total of 4111 murders occurred in the state of Rio from January to August 2016, 21% year-on-year. The number of robbery cases totaled 104, 302, an increase of 47.8 percent year-on-year. The Chinese Consulate General in Rio has recently dealt with a number of cases in which Chinese citizens were robbed by armed robbers.

Due to the lack of attention to the gap between rich and poor in a long period of time, coupled with the decline in economic development, the gap between rich and poor Brazil has reached a more serious point. Especially the growing slums, and the increasing number of people, it has become one of the most unstable factors in Brazil, but also one of the focus of the outbreak of social contradictions.

In addition, there are many gangs in Brazil, drugs in the slums, frequent arms trade, gang struggle often happens.

(4) Zika Virus Epidemic and Terrorist Threat

Before the opening of the Olympic Games, a large-scale Village card epidemic outbreak in Brazil. With the spread of the epidemic, the Brazilian government established a caseof forced card reporting system since February this year. Statistics show that as of April 2, 2016, there have been

① China News, Brazil's unemployment rate hit a three-year high of 8.5 percent in 2015. 16 March 2016. http: //www. chinanews. com/gj/2016/03 - 16/7800236. shtml.

more than 1000 cities reported Village card epidemic case. And the largest number of reported cases is the most densely populated southeastern region in Brazil, reaching 35505 cases, northeast and mid-west area is followed. In all cases of suspected Village card epidemic, pregnant women suspected of the number of infections was 7584 cases, of which 2844 cases have been diagnosed. ①

At the same time, Brazil is also facing the threat of external terrorist forces. Three days after the Paris terrorist attacks, French "executioner" Maxime O Shaer threatened, who came from "Islamic country", "Brazil is the next terrorist target."

(2) Preventive Consular Protection Measures

① Various Mobilization, Investigation and Communication

Since the 2014 World Cup in Brazil, the Chinese ambassador in Brazil Li Jinzhang proposed "Rio Olympic Plan" to carry out preliminary investigation, preparation, mobilization. During the preparatory stage, Ambassador Li Jinzhang of the Chinese Embassy in Brazil held a consortium of consulates to study the deployment of the Olympic Games and personally worked as the head of the Rio BOCOG, the federal government, the state and the city government. And he went to the Olympic Games Site many a time. Chinese embassies and consulates in Brazil to participate in the Olympic Games from beginning to end, they also maintain regular communication with the Olympic Games organizers and the host city. In addition, they established contact with Chinese Olympic Corps adaptive training base Sao Paulo authorities. Before the game, all work is in full swing, comprehensive and orderly conducting, such as the Olympic delegation reception, consular protection, news and public diplomacy, promoting "Made in Chi-

① Xinhua News. The Brazilian government has reported the number of suspected cases of zika for the first time. 27 April 2016. http: //news. youth. cn/gj/201604/t20160427_7920872. htm.

na" to participate in the Olympic Games, volunteer mobilization and other work.

At the same time, the consulate also held frequent meetings with Brazilian government officials to conduct in-depth discussions and communicate on matters relating to consular work, in particular establishing the communicate channels with the Brazilian Federal Police Department and the relevant State Security Service. In addition to the above measures, the Ministry of Public Security has stationed a temporary police liaison officer with the consulate in assisting the Brazilian government to deal with emergencies in the consulate in Sao Paulo.

② Printed Educational Materials

The Chinese Embassy in Brazil translates the *Public Safety Guide*, *Citizens' Self-Protection Handbook* (Chinese and Portuguese) of the Rio Security Office to guide readers to develop good safety habit. The Embassy of the Chinese Embassy in Brazil printed *China Citizen Consular Protection and Assistance Concise Guide* (Rio Olympic Edition) to provide embassies and consulates in Brazil address and contact information, consular protection and services, travel safety tips and other useful information to public. And they also printed R*io official tourist map* (Chinese annotation version), *citizen self-protection manual* and other promotional materials. They handed out them in the international airport, hotel, Olympic venues and other public places. In addition, the China Ministry of Foreign Affairs has also published a warm-heart card named "*Abroad safety tips*" for Chinese tourists who visiting Rio.

③ Security Alerts

China Consular Service Network, "Consul General" WeChat and the website of the embassies and consulates in Brazil, "Brazil green" and "Chinese Consulate General in Sao Paulo" WeChat public and "Rio Olympic Tips" Weibo account and other platforms, have set up a special theme of the Olympic Games. They release of travel safety warning message in time. In addition, the Chinese Embassy in Brazil cooperate with the domestic telecommunications sector, launched the Rio Olympic Games security reminder special message service.

④ Emergency Working Group

First of all, the Ministry of Foreign Affairs set up an Emergency Working Group, and make the global consular protection security line 12308 work well. Second, the chinese embassy in Brazil form an Emergency Team and draw up Emergency Response plans in case of need. And then, they also established a special WeChat work group to coordinate the Consulate General. Finally, the Ministry of Foreign Affairs Consolidated Center is widely absorbed overseas Chinese and social volunteers to form a "Rio mission" to help the needs of the Chinese citizens in time by WeChat group.

⑤ "Five in One" Consular Protection System and Team Work of Four Embassies and Consulates

First of all, with the central government attaches great importance, the relevant departments cooperate closely and efficiently to promote the implementation of preventive consular protection measures. Secondly, under the guidance of the Ministry of Foreign Affairs, the consular protection work network, which is linked to the four embassies in the Brazilian embassy and the consulate in Sao Paulo and the Consulate in the West, will be formed to further refine the emergency disposal mechanism and the plan. Finally, under the leadership of the embassy abroad, the consulates, the Chinese groups, business associations, students and other groups participated, the "five pronged strategy" work pattern consist of the central government, foreign ministry, embassies and consulates, individual citizens and social groups have formed. On the one hand, it is conducive to strengthening the awareness of overseas citizens and groups of ideological education and universal security knowledge. On the other hand, it is conducive to the individual and social groups to play their respective advantages to achieve complementary resources, reasonable allocation and help the preventive protection consular work.

## Ⅳ. Analysis and Suggestions on Preventive Consular Protection during the Rio Olympic Games

### 1. Analysis on the Effect of Preventive Consular Protection

Before the opening of the Rio Olympic Games, therewere doubts about hosting of the Olympic Games, but after the game, the overall evaluation is good.

The Video interview entitled "will foreign tourists recognized Rio Olympic Games?" reported by Brazil's largest newspaper "Folha de Sao Paulo" on the website. In the face of the camera, the vast majority of visitors give Rio Olympic Games a positive evaluation, such as "very good" "surprising". According to "the earth" report, despite the security situation is poor before Olympic Games, but after it starting, the security situation improved significantly, especially near the venue. "Although there are a lot of problems, we still have a good Olympic Games, and there is nothing wrong with it. I just want to say it better than expected." Reuters quoted a resident who attend the closing ceremony. Thomas Bach, the president of international Olympic committee, also say Rio Olympic Games is a symbolic Olympic Games during the closing ceremony. Rio proves that the Olympic Games is not the patent of GDP powers. In general. The evaluation of the Rio Olympic Games is still positive.

According to domestic and foreign media reports, there were a lot of insecurity events occurred during the Rio Olympic Games. It mainly about theft case and few about casualties. Such as an athlete Jason Lee from New Zealand suffered "kidnapping" and extortion bribes by the local police and so on.

The security situation during Rio Olympic Games is great in general, expect some cases that Chinese citizens' property security was violated. The diplomats deal with the cases carefully, trying to reduce the loss.

For example, a Chinese citizen in the dangerous area was taken by the police as criminals, so that the staff of the consulate found him through the GPS and clarify the misunderstanding with police.

There is another example. Several staff members of the Anti-Doping Center of the State Sports General Administration were looted by gunmen when traveling to athletes' apartments for doping control. When the staff of the consulate received the report, they immediately accompanied the Chinese officers to the police station on file, making transcripts and coordinating with the local police actively, and soon locked criminals.

There is still a small part of the event eventually failed, which led to the legitimate rights and interests of Chinese citizens did not get due maintenance. For example, when Chinese athlete Shi Dongpeng and a friend arrived in Rio, they met the "gang fishing theft" . This thing has caused the loss of valuable camera equipment. They reported to the patrol, and ultimately did not get a reply.

## 2. An Analysis of the Deficiency of Preventive Consular

### (1) Citizens' Consular Protection Rights Lacking the Basis of Their Own Laws

China has not yet promulgated specialized laws on consular protection and provided legal basis for consular services for citizens.

Although*the Constitution of the People's Republic of China* and some laws have relevant provisions on the maintenance of overseas civil rights, there is a lack of consistent implementation details. This has a lot of randomness. First of all, citizens may be limited by personal qualities and have fluke mind. They put unreasonable demands on consular protection officials, affecting the normal work of the consular officers, and reducing the efficiency of dealing with conspiracy cases. Secondly, consular protection officials in the provision of services may also have a lot of damage to the citizens, because there is no relevant legal basis.

(2) Consular Protection Resources Are Relatively Scarce

The number of consulates is insufficient. Brazil's land area ranks fifth in the world. The communication between Brazil and China are increasingly close, but China has only three consulates in Brazil, consulates in Rio, Sao Paulo and Recife.

Consular staff is relatively scarce. China has more than 260 foreign diplomatic institutions, but there is only five thousand diplomats and two thousand five hundred people work abroad. ①According to the study, in the current Chinese Ministry of Foreign Affairs cadres, full-time consular staff including the consular division of more than 150 cadres, embassies and consulates in charge of consular work of more than 600 people, together a total of about 750 people. In fact, there is less than half of the 750 people in the specialized work of the consular work. According to some officials of the Ministry of Foreign Affairs disclosed the estimated data, at present, each consular officer of the Chinese embassies and consulates abroad to serve more than 180000 overseas citizens each year. This figure is more

① China News. Ministry of Foreign Affairs: China will Increase its Diplomatic presence 31 October 2009. http: //www. chinanews. com/gn/news/2009/10 -31/1940850. shtml.

than 30 times the United States. [1]Ultra-high intensity of work, coupled with the number of domestic exports increased year by year, it is exacerbated by the pressure of conspiracy. In addition, the consular officers of the work ability is also uneven, such as in the Olympic Games, not only Chinese citizens do not understand the local ban on private tickets for sale, but also the staff of the provisions have no idea of the provisions.

(3) Lack of Supervision and Accountability Mechanisms for Consuls

*The Concise Guide on Chinese Consular Protection and Assistance* (Rio Olympic Edition) provides a clear definition of the availability and non-availability of services by consular officers. But it did not mention any supervisory and accountability mechanisms for consular officers. It may lead to citizens encounter unfair treatment and face complaints without the solution in the process of seeking a conscientious service.

## 3. Proposed Improvement of Preventive Consular Protection

### (1) Strengthen Domestic Legislation

We must attach great importance to the construction of the legal system, speed up the consular protection legislation, and constantly improve the system of laws and regulations related to the consular defense, regulate the duties of consular consular protection for the prevention of consular protection to provide a unified and binding planning and implementation basis. So that the consular protection officer could have a legal basis, and in accordance with laws and regulations to deal with things. If there is a violation of the provisions of the law, the people must be investigated. In this way, we can improve the level of consular embassies abroad and safeguard

---

① People. Foreign minister Wang Yi: Continuous Improvement in the Development of Consular Protection and Services. 22 March 2013. http://politics.people.com.cn/n/2013/0322/c70731-20881399.html.

the legitimate rights and interests of overseas citizens and enterprises better. This is also the government "human-oriented" concept of a high degree of expression. In addition, the law clearly stipulates that the citizens enjoy the consular protection rights and obligations to be fulfilled. The law provides legal constraints when the citizens is searching for services. And it also could avoid citizens' fluke mind and unreasonable demands such as freeload, and can further improve the efficiency of the insured officers to ease the work pressure.

(2) Strengthen the Construction of Diplomatic Personnel

First of all, the government construct a good quality and excellent skills of the teaching staff and innovative personnel training model through the increasing investment in all aspects. It can achieve the transformation from traditional theory of teaching to the theoretical teaching combine with practical application, the transformation from only paying attention on language training to focus on language, diplomatic knowledge and international literacy. We can cultivate more consular protection staff who have rich knowledge and practical experience of consular protection by learning foreign advanced foreign talent training model. At the same time, we need to innovate the talent selection mode to come true the change from emphasis on education to ability, the change from the diplomatic team with the outstanding professional competence to the diplomatic team consisting mainly of foreign language talents. In addition, we must also improve the training and assessment system, and continuously improve the staff's ability and quality. Finally, the diplomatic team must be expanded.

(3) Increase the Number of Consulates to Expand the Consular Protection Area

Through the appropriate increase in the consulate or setting up agency in some areas where have not yet have consular but need more insurance services, we can establish a more comprehensive consortium of insurance, expanding its coverage and facilitating the nearest citizens to obtain conspiracy services. At the same time, it can alleviate the work pressure from shortage of consulates.

(4) Cooperation Between Consulates in Different Countries

In order to achieve a reasonable allocation of consular resources in embassies and consulates in various countries, the Chinese embassies and consulates in different countries should strengthen cooperation whether in normal or special period. We should introduce experienced consular officers from areas where consular protection need is relatively small to areas where consular protection need is huge to assist handling of cases efficiently and ease the pressure on work.

At the same time, embassies and consulates in Brazil should strengthen cooperation especially in the special period of time, to improve the preventive mechanism of consular protection, and to effectively prevent and deal with transnational consular cases. The Brics countries can build the Brics consular protection cooperation platform, promote personnel exchanges, perfect cooperation against terrorism and illegal immigration etc.

(5) Promote the Establishment of Supervision and Accountability Mechanisms for Consuls

We should Improve the supervision of the legal system and put supervision and accountability into the legal provisions of the law. So that the law can be followed, and gradually enhance the legal system, coordination, adaptability, operational, and enhancing the effectiveness of the oversight system.

We must perfect the supervision system of the state organs of power, the judicial organs, the higher levels of government, the internal departments and the social supervision, and enhance the overall design coordination. And we should change the way that fight alone and working together to form a strong monitoring mechanism and strengthen responsibility. In the last, we can use the collection of various types of supervision information, use and feedback channels to make full use of supervision of overseas resources. It is conducive to the timely supervision of the main body of supervision, thereby strengthening the supervision of the insured officials.

(6) Attention to the Power of the Social Public

① Recruiting Overseas Students as Volunteers to Help Deal with Emergencies

Foreign students and overseas Chinese. First of all, they have the language advantage of the host country. Secondly, they have a better understanding of the customs of the host country to break the language barrier and help the citizens who are in need of security to communicate with local citizens or government staff.

② Make Full Use of Local Chinese Groups, Overseas Chinese and Local Chinese Enterprises

Launching the advantages of Chinese groups, overseas Chinese organizations and local business associations, these groups themselves have a complete network of contacts. Through these organizations, you can fully revitalize the local resources to achieve resource sharing, so as to make up for the lack of insurance resources.

③ Hire Local Personnel to Handle the Consular Emergencies

Employing experienced local indigenous people to bring their language skills, local laws and regulations, social customs and other in-depth understanding of the rich network of resources and other advantages into helping conscientious officials and local governments to discuss the case of conspiracy to improve efficiency.

## V. The Enlightenment of Preventive Consular Protection to the Construction of Consular in Special Period

### 1. Normalization of Preventive Consular Protection in Special Period

In the new period, with the deepening of reform and opening up, the continuous strengthening of China's national strength, coupled with the promotion of all the way along the way, there will be more Chinese nationals and enterprises all over the world. According to statistics, in 2016, only the number of outbound travel reached 122 million people and continued to rise significantly. In addition, according to the Ministry of Education statistics, the total number of overseas students studying abroad 54. 45 million in 2016, an increase of 14. 49 million compared with 2012, an increase of 36. 26%. In addition, there are more than 20000 Chinese-funded enterprises all over the world. This will inevitably lead to a straight line of demand for consular protection.

In addition, climate change has led to frequent natural disasters, social unrest caused by the overall downturn in the world economy, and the terrorist attacks have intensified in today's world. Because these non-traditional security factors triggered by the occurrence of emergencies, objectively our consular protection work is facing severe challenges. At the same time, China has entered a time which the global outbreak various types of consular protection cases simultaneously, and showed a normal trend.

This also requires China to speed up the construction of consular protection work to meet the growing demand for rapid growth. On the other hand, China has made significant achievements in the preventive consular protection in the special period, whether the Libyan withdrawal action, the Boston Marathon bombing, or the Rio Olympic Games. Ultimately, consular protection work make a contribution for the satisfactory result. This is the concept of our party "human-oriented" and "diplomacy for the people". It is also the best embodiment of the government's purpose" serve the people". Not only the citizens got the dignity and deserved protection and sense of belonging and pride, but also the country established a good image of the great powers to the world and access to the international community's wide acclaim.

Therefore, If the special period of preventive consular protection measures can be used in normal period, it will promote the development of China's consular building and safeguard the legitimate rights and interests of overseas Chinese citizens and enterprises better.

2. Rationalization of Citizens' Expectation for Consular Protection

Economic income of Chinese people continues to improve. At present, more and more people go abroad for visiting relatives and friends or traveling and doing business.

"Consular Protection", which has been a strange foreign vocabulary for people, gradually into the general public's vision and become a hot topic. Consular protection and the vital interests of the people are closely related, so that the public is also more concerned about the government's behavior. They are also looking forward the government's ability could be getting higher and higher.

At the same time, the government is also facing excessive expectations and dependencies from some of the citizens in consular protection services because of the unclear boundaries of consular protection duties. Some citizens tend to think that the government should do everything for their citizens, and responsible for providing citizens with "nanny services", even made many unreasonable demands. Coupled with the development of science and technology, the dissemination of information has been broken by the time and space constraints. In the implementation of consular protection services, a slight negligence will lead to public criticism. Although these things conduce to the supervision of government work, it also exacerbated the difficulty of implementing the consular protection of the government.

Therefore, no matter it is consider how to protect legitimate rights and interests of overseas citizens and enterprises, or considering how to ease the work pressure of the staff and improve the efficiency of work, the citizens consular protection must be implementation.

### 3. Set Up a Cooperation Platform for the Consular Protection of the BRIC Countries

2017 is the "China Year" in BRIC countries. China and Brazil are members of BRIC China and Brazil, they have frequent contacts and close economic dealings. China held held the ninth meeting of the leaders of the BRICS in September 2017, Xiamen City, Fujian Province, which theme is "deepening the BRIC partnership to open up a brighter future" . The meeting reviewed the past 10 years of experience in the BRICS countries and planed future development vision. In the increasing overseas risks and rising numbers of expatriate citizens and institutions, BRIC countries should cooperate with each other in economic dealings and consular personnel protection, it will open up a new areas of BRIC.

We can build a BRIC consular protection cooperation platform to publish and update the passport visa information, expel illegal immigration together, interpret bilateral and multilateral laws and regulations, introduce realistic warning from risk and case, provide consular certification and notarization and other business information. Finally, it must promote the BRICS research into a broader level, wider areas and a deeper degree.

# An Evaluation on Progress of China-Brazil Sustainable Partnership

NIU Haibin* Translated by *WANG Mingshu* & *WANG Han***

## Ⅰ. Introduction

The Brazil government has taken more and more considerations on China-Brazil relationship's influence on the economic structure and sustainable development of Brazil since China became the largest trade partner of Brazil for the first time in 2009. With the rapid development of China-Brazil economic and trade relations based on complementarities, Brazil has to pay attention to China-Brazil partnership. However, with the super cycle of the raw material and the global economic growth slowing down, Brazil has been mired in the economic recession since 2015 and its domestic situation was full of uncertainties under the influence of President Rousseff's impeachment and corruption investigations, which has posed a challenge to understand and improve the bilateral economic and trade relationship. Therefore, the paper tries to analyze the whole process of China-Brazil partnership in the period of Temer administration and discuss how two countries should address

---

* NIU Haibin, associate professor, deputy director of Center for American Studies at Shanghai Institutes for International Studies, Shanghai, China.

** *WANG Mingshu*, *WANG Han*, Sichuan International Studies University, Chongqing, China.

the new challenges facing the China-Brazil partnership and how to promote the development of China-Brazil partnership in a new situation.

## ◈ Ⅱ. The Impact of Domestic Changes of Brazil on China-Brazil Partnership ◈

In recent years, Brazil has been suffering from both political and economic plights, which have made its domestic elites have to thoroughly think about the issues of the country's development model. The global economy was booming when the Worker Party was in power. At that time, Brazil's economic growth mainly depended on the credit-supported consumption, employment increase and the export of the primary commodities. However, Brazil failed to pay enough attention to a handful of structure flaws such as inadequate investment, low production efficiency and the excessive expansion of social spending during the good time. Temer administration focused on the structure adjustment in its economic policy in order to restore the investors' confidence, and continued to carry out Rousseff's policy to loose the price control in the energy field. The inflation rates gradually began going down to the targeting scope of the central bank after it continually went up until reached its peak point within a short-term time, which paved the way to lower interest rates and economic activities. Temer administration's priority is to promote the fiscal health and restore the investors' confidence, thus it needs the help from other political parties in parliament to jointly promote the pension reform, privatization reform, the public-private partnership in the infrastructure field and tightening fiscal policy. To achieve a long-term development, Brazil also calls for more large-scale and diverse investments to improve its productivity and competitiveness, consequently China is regarded by Brazil as a more and more important partner against this backdrop.

Brazil's political disorder, which made Chinese enterprises' enthusiasm to invest in Brazil frustrated, played a negative impact on the cooperation between two countries. Not only the Brazilian political leaders but also important enterprises such as Petrobras and lots of construction companies have been involved in the country's historical corruption investigation. Political and economic uncertainties have led to Brazil's loss of investment-grade credit rating, which will certainly reduce Chinese investors' confidence. After Temer assumed the presidency in August, 2016, the new government has made great efforts to improve its economy. Gradually, the international credit rating agency has upgraded Brazil's credit rating as a recognition of Temer's reform efforts. With an outlook on Brazil's credit rating from the negative to stable, Moody upgraded its notches to Ba2. Moody believed that Temer administration has showed its will and capability to promote the finance reform and social security reform. Although Temer administration gets stuck in investigations of corruption and election funding fraud, it is still a legal and an efficient government so far. The government has reduced its financial support to the Petrobras, which probably helped to lower the risks. Moody predicted that Brazil's inflation rate will achieve 0.5 – 1% growth and is expected to go back to the 4.5% in 2017, and approximately an economicincrease of 1.5% in 2018.

After Brazil's economy started getting recovery, Chinese enterprises restored and strengthened their confidence to make investments in Brazil. For instance, the oil refinery project that Chinese enterprise was about to invest in Brazil has been suspended under the influence of the case of president Rousseff's impeachment. Ceara officials said the economic and political stability was a precondition for Brazil's development. ①On November, 2016, Ceara state government signed MOU with Guangdong Zhenrong Energy Co. , Ltd, and it was estimated that the total investment of this project would be US $6 billion and produce 0. 3 million barrels of oil average daily. ②Now this project is still under a review of Chinese relevant authorities, the deal is expected to produce much more benefits for Brazil, a country much dependent on the gasoline import. A lot of oil refinery projects were suspended or canceled because Petrobras, determined to extend the oil business at home, was deeply mired in the corruption investigation and debt crisis. As a result, some states of Brazil encourage Chinese companies interested in the oil refinery business to make investments there. In order to attract Chinese investments, the Ceara government has provided 900 hectares of land for the project in Pecem, the only port regularly operated Export Processing Zone in Brazil.

It's worth noting that Brazil still has strong attraction for foreign direct investment even though it faces the difficulties in economy and politics. According to the statistics, in 2017 Brazil has attracted FDI of US $11. 528 billion in January, and US $5. 306 billion in February. Net inflows of FDI reached US $84. 4 billion in the 12 months before the March of 2017, approximately accounting for 4. 59% of Brazil's GDP. Brazil has enough foreign exchange reserves totaled US $370. 1 billion by the end of March 2017. Despite the fact that Brazil was full of uncertainties in its economy and politics, Chinese enterprises are still relatively active in making investments when the asset price in Brazil declines. Apart from that, Brazil's enormous market and the lure of long-term profit also attract lots of Chinese investors. In

① Marina Hawk, "Chinese studies install $6 bi refinery in Ceará," Economic Value, April 12, 2017.

② Central Bank of Brazil: http: //www. bcb. gov. br/en/#! /c/news/1715. (available on April 3, 2017).

recent years, China-Brazil cooperation presents a positive trend of stable growth and diverse development. China is willing to provide basic equipment for Brazil's industrialization and infrastructure construction via investments and to promote the diversification of trade forms by win-win cooperation. The investments made by Chinese enterprises in Brazil have gradually shown the tendency of diversification in terms of its investors, ways, regions and industries, which makes current China-Brazil cooperation a sign of resilience and vigor.

For national interests and the development of the bilateral relationship, China and Brazilsee each other as the most important partner in diplomatic affairs under the framework BRICS cooperation mechanism and bilateral strategic partnership, and believe that the cooperation in the industrial capacity field will benefit both sides from now on. Under the background of high interests rates and economic recession, the debt burden on the shoulder of Brazilian enterprises and consumers becomes heavier and heavier, and Brazil is afflicted with the insufficient capital liquidity and the difficulty of getting access to credits. In such a situation, Brazilian government has to loose the control on the entrance of foreign investments to its domestic market, which definitely offers a valuable opportunity for commercial cooperation between China and Brazil. China and Brazil has overcome the difficulties brought by Brazil's domestic unrest and realized capacity cooperation. In 2015, China has a strong rebound of investments in Brazil and confirmed 12 projects totaled US $7.4 billion. ①Under the background of Brazil's economic recession and the austerity package, State Grid of China, with far-sighted eyes, still makes vast and long-term investments in the energy and infrastructure field, which necessarily contributes

① China-Brazil Business Council: "China's Investments (2014 – 2015) in Brazil", Issued on Nov. 2016.

to Brazil's infrastructure construction and employment creation.

In the second half year of 2016, the foreign capital had reentered the Brazilian market and conducted a number of mergers and acquisitions since the Rouseff impeachment case ended and a better domestic situation started. Chinese enterprises have also done a good job in acquisitions. For example, China State Grid's successful purchase of shares of the CPFL electricity power company and China Molybdenum Group's Acquisition of niobium and phosphate assets of European and American enterprieses. Many overseas enterprises also wished that they could expand their market share in Brazil and establish a local platform for business deals besides purchasing high-debted local companies in Brazil. In fact, the well-funded Chinese enterprises have more advantages over the local ones in the market since Brazilian enterprises are generally faced with the liquity shortage. ①On 11 May, 2016, China Transportation Construction Group opened its branch company in Sao Paulo, South America, and spent 400 million REAIS on the construction of a private port in Sao Luis, the state capital of Maranhao state. It will take three years and cost 1. 5 billion REAIS to build this port that is expected to transport agriculture products, fertilizers and containers from the central and western areas to other regions, and it's predicted that the annual transport capacity is around 24. 8 million tons. It is said by China Transportation Construction Group that it is optimistic about the future of Brazil's infrastructure development and wishes to be allowed to fully participate in the franchise bidding and transportation infrastructure construction projects. ②It's not easy for two countries to make achievements

① The Chinese embassy in Brazil: "a new round of m&a boom of Foreign investment in Brazil". Oct. , 14, 2016. http: //www. fmprc. gov. cn/ce/cebr/chn/a_123/t1412295. htm (available on March 12, 2017).

② The Chinese embassy in Brazil: "a China Transportation Construction Group in Brazil Market". 11 May, 2016 http: //www. fmprc. gov. cn/ce/cebr/chn/a_123/t1363788. htm (available on April 5, 2017).

in such a turbulent and complex environment, which undoubtedly proves that China-Brazil cooperation demonstrated a sign of resilience and vitality.

## Ⅲ. Efforts by China to Strengthen the Sustainable Economic Cooperation

One of the most important aspects of China-Brazil sustainable economic partnership is to promote capacity cooperation. Brazil, as an emerging economy and important economic and trade partner of China, plays a crucial role in the international economic cooperation, particularly in China-Latin American industrial capacity cooperation. Chinese government provided special funds of US $30 billion for China-Latin American capacity cooperation in order to promote the transformation of China-Latin American economic and trade cooperation. ①Since the 21st century began, China-Brazil economic and trade relations have developed rapidly. China has maintained its position as the largest trade partner for Brazil since 2009, and its investments has been presented in such fields as oil, automobile and electricity power, which has laid a solid economic foundation for China-Brazil capacity cooperation. During the meeting with president Rouseff in 2004, president Xi Jinping particularly emphasized the urgency in improving the economic and trade cooperation in an all-round way and actively conducting investment and cooperation in agriculture, electricity power, promoting integrated cooperation in mining and oil and strategic cooperation in railway and highway construction. The Two-Ocean railway construc-

① Li Keqiang. "Promotion of China-Brazil Cooperation and Common Development". 19 May, 2015. http: //politics. people. com. cn/n/2015/0521/c1001 - 27032201. html (available on April 20, 2017).

tion project has also been put on the agenda. ①

China and Brazil quickly put the capacity cooperation on the agenda after Chinese government set the goal to promote the international capacity cooperation in 2005, which delivered much benefits to both countries over the last two years and served as a pillar bolstering of this bilateral relationship. During the visit to Brazil in May, 2015, Premier Li Keqiang signed a series of important framework agreements with the officials of Brazil, of which two of the most eye-catching documents are the framework treaty between China National Development and Reform Commission and Brazil plan, budget and management administration about capacity investment and cooperation and MOU of China National Development and Reform Commission and the Brazil, Peru Department of transportation about jointly carrying out the research about the feasibility of two-ocean railway project. The framework agreement of China-Brazil capacity cooperation is supposed to afford more investment and promote cooperation occurring in such other fields as in infrastructure, logistics, energy, mining, manufacturing and agriculture trade, and both sides have placed great hopes on the railway project and longed for its success. During the meeting of Hangzhou Summit in September 2016, both Chinese and Brazilian leaders reconfirmed their commitment to strengthen capacity cooperation. President Temer is willing to enhance cooperation in economy and trade, energy, aviation, agriculture, animal husbandry, finance and infrastructure construction. Hence, a special working group to deal with the trade transactions with China has been founded by Exports and Investment Promotion Bureau affiliated to Brazilian Ministry of Foreign Affairs.

In near future, China will focus on the enhanced investment, the di-

① Two-Ocean railway construction project refers to the project of railway construction across the South America continent to connect the Pacific and the Atlantic.

versity of trade structure and finance guarantee in promoting China-Brazil sustainable partnership. In the investment front, China is looking forward to providing the raw material and basic equipment for Brazil's sustainable industrialization and infrastructure construction and taking advantage of China's available capacity to set up factories in local areas, jointly promoting the development of the processing industries such as steel, building material, etc. All of those are expected to lower Brazil's construction costs and elevate the country's industrialization. Furthermore, China wishes to help Brazil improve the transportation capacity and efficiency by means of offering services of oil exploration and marine engineering equipment, optimize energy exploration and make cooperation in exploitation of clean energy, such as in nuclear power, hydropower and photovoltaic fields, and promote sustainable development. ①Great progress has been made in the cooperation of car manufacturing because Chinese enterprises, like Chery, Foton, JAC and BYD, has successively made investments and established their own factories in Brazil, and earned big market shares and good reputations.

In the trade front, China would like to establish a long-term, steady trade relationship with Brazil and make a series of cooperation agreements with Brazil including agreements on resuming the import of beef from Brazil, the purchase of Chinese automobiles and so on, which aims to promote the diversity of trade structure between two countries. Trade plays a more and more important role in China-Brazil capacity cooperation, and Premier Li Keqiang proposed that both sides should infuse the new energy into China-Latin American capacity cooperation for advancing trade liberalization and convenience during his visit to Brazil in 2015. Specifically speaking, China and Brazil should realize the win-win cooperation via the purchase of

① Li Keqiang. "Promotion of China-Brazil Cooperation and Common Development" . 19 May, 2015. http: //politics. people. com. cn/n/2015/0521/c1001 – 27032201. html ( available on March 20, 2017).

good-quality goods from each other. For example, Chinese enterprises purchase the high-quality industrial and agricultural products from Brazil, and Brazil imports some industrial equipments from China, such as power generating equipments and subway or railway equipments. In 2015, China finished the approval procedures of purchasing 22 aircrafts from Brazil as the first batch of overall 60 Brazil-produced aircrafts, which was the part of agreement signed during President Xi Jinping's visit to Brazil in 2014 and immediately realized its promise to import them all. China reiterated that it will continually implement the agreement on the purchase of aeroplanes and support Chinese enterprises importing airplanes from Brazil. ①

In the finance front, China is devoted to provide financial support for enterprises. On 26 March, 2013, Bilateral Currency Swap Agreement was signed between the People's Bank Of China and Central Bank of Brazil, involving RMB 190 billion/60 billion REAIS within the validity of three years. ②China and Brazil have founded an organization called "Steering Committee of China-Brazil Cooperation in Capacity and Investment", set up a cooperation fund, explored the diversity of finance channel and provided financial support for capacity cooperation. In June, 2015, China and Brazil agreed to set up a special fund for capacity cooperation. For Brazil's needed equipment like giant oil supertankers, liquefied natural gas (LNG) carriers, marine drilling platform, China is willing to set up finance leasing companies to offer leasing service, and improved its middle and long-term credit insurance mechanism to support Chinese exporter to

① Joint Statement by the Government of the People's Republic of China and the Government of the Federative Republic of Brazil. 19 May, 2015. http://paper.people.com.cn/rmrb/html/2015-05/20/nw.D110000renmrb_20150520_3-02.htm (available on March 6, 2017).

② It is said that China-Brazil Currency Swap Agreement has been invalid according to the statistics of China Central Bank's official website since June, 2016. See: http://www.pbc.gov.cn/huobizhengceersi/214481/214511/214541/2967384/2016072010054297624.pdf (available on Dec., 3, 2016).

Brazil.

With the coordinated efforts of both governments and enterprises, China-Brazil economic cooperation has showed a trend of a steady growth and diverse development. The investment from Chinese enterprises in Brazil has constantly mounted and covered varied fields. Chinese enterprises have conducted capacity cooperation in the electricity power, chemical engineering, automobile, telecommunications, engineering machinery and railway sectors. By the end of 2014, the number of Chinese enterprises who made investments in Brazil has exceeded 100. ①According to China Commerce Department, China invested about US $ 20 billion in total in many fields of Brazil, including energy, mining, agriculture, infrastructure, manufacturing, and Brazil has invested about US $ 540 million in the projects of China, including regional jet manufacturing, compressors manufacturing, coal, real estate, automobile spare parts manufacturing, hydropower, textile clothing and so on. ②Chinese enterprises have undertaken the projects to help build infrastructure in Brazil, such as thermal power plant, UHV transmission lines, natural gas pipes and harbor dredging. The investments made by Chinese enterprises in clean, renewable and high-efficiency energy fields, especially in wind and solar power fields, have played an important role in promoting the sustainable development of Brazil.

Investments in Brazil industrialized sectors made by Chinese enterprises have diverse forms, from earlier focuses on energy and mineral resources to industrialized sectors including mechanical equipment, household appli-

---

① Li Keqiang. "Promotion of China-Brazil Cooperation and Common Development". 19 May, 2015. http://politics.people.com.cn/n/2015/0521/c1001-27032201.html (available on April 20, 2017).

② Ministry of Foreign Affairs of China. "Relations between China and Brazil". Dec., 2016. http://www.fmprc.gov.cn/web/gjhdq_676201/gj_676203/nmz_680924/1206_680974/sbgx_680978/ (available on March 1, 2017).

ances and automobiles, service industry, especially financial industry, electric power industry, agriculture and technological industry. First, the bilateral cooperation in the fields of aviation and space should be continually deepened. In May, 2015, the cooperation protocol of China-Brazil Earth Resources 04 Satellite was signed between China National Space and Brazil's Ministry of Science and Technology Innovation. Second, manufacturing, especially automobile manufacturing has been identified as the key industry of cooperation. Chery company and Brazil's government formally signed the agreement of Brazil Industrial Park project in May, 2015. The Chery's Brazil OEM (original equipment manufacturer), with a total investment of $400 million, has been completed and become the largest overseas production base of China's auto enterprises. ①In 2015, the First Engineering Company of Shandong Electric Power Construction and Liugong Machinery have announced plans to invest in Brazilian industries of the energy and mechanical equipment. Then, with the growing attentions paid on Brazil's agriculture, COFCO has announced a US $750 million acquisition of the shares of Noble Group agriculture in February, 2016 after acquiring a 51% stake in Nidera in 2014, and indirectly gained assets of these companies in Brazil. At last, information technology and clean energy have become the new front for China-Brazil capacity cooperation. Following the footprint of internet and information technology, such enterprises as HUAWEI, Baidu, Xiao Mi and Qihoo360 have made investments in Brazil's electronics and information technology market in 2015. BYD invested about US $44.9 million in the renewable energy in 2015 after investing in Sao Paulo's automobile industry in 2014. China Three Gorges Corporation acquired a 49% stake of Brazil's wind power plant in Portuguese electric renewable energy

① Wan Jun. Motivation, "Development and Challenges of China-Latin American Capacity Cooperation," Latin American Studies. 2016 (4): 35.

companies and completed the acquisition of hydroelectric power stations in Saertu and Garibaldi, an electric power trading company, and won the franchise of two hydroelectric power stations in Zambia and Elias at auction with the cost of 13.8 billion REAIS. ①

The diversity of cooperation forms between China and Brazil includes direct investment, the acquisition of Brazilian company and the establishment of partnership and so on. According to the observation of Brazil, China's long-term strategic interests in Brazil are concentrated in the fields of energy, agriculture and infrastructure and its strategic plan has shifted focus from natural resources and agriculture investment to the control of supply chain of primary goods through mergers and acquisition. ②Brailian legislation that limits foreigners buying land undoubtedly holds back the expansion of agricultural investment made by Chinese enterprises, but the merger and acquisition of Brazil's relevant companies can be seen as an alternative way to expand investment which requires Chinese enterprises to grasp the opportunity at the time when asset price declines because of Brazil's anti-corruption campaign and economic recession. State Grid's operation mode in Brazilian market vividly exemplifies the diversity of investment forms. Since 2010, State Grid of China has acquired 100% shares in Brazil's 12 transmission franchise corporations and got franchise rights for 30 years. It has also made successful bids for five power transmission projects including Brazil's Belo Monte UHV DC transmission project, as China's first overseas UHV project, which was bid and won by State Grid and FURNAS and Northern power company affiliated to Brazil national

---

① China-Brazil Business Council: "China's Investments (2014 – 2015) in Brazil", Issued on Nov. 2016.

② Jank Marcos, "Interesseschineses no Brasil," Folha de S. Paulo, January 7, 2017.

power company. ①

China-Brazil cooperation is also a positive symbol of how commercial cooperation benefiting society. Apart from the employment creation, a kind of business strategy has attached importance to the research cooperation, local operation and the regional sustainable development. On implenting social responsibility, State Grid of China has been integrated into the local economic and social environment actively and sponsored the activities of China-Brazil culture and sports exchange and educational projects for Brazil's teenagers in poverty. Thus, State Grid of China has established a good image in security, management, public welfare sectors and won the "best practice award for social responsibility management" issued by the United Nations Global Compact, and Brazilian authoritative media dubbed the local subsidiary "Brazil's best electric power company", all of which won a good reputation for Chinese enterprises that have invested in Brazil. State Grid Corps actively asked Brazil to speed up environmental licensing of a planned power line after successfully bidding for Brazil's Belo Monte UHV DC transmission project. ②The branch company of Liu Gong Group in Brazil won the "excellent investment prize" awarded by Sao Paulo state in 2015. According to the agreement, Sany Heavy Industry Co., Ltd. is supposed to offer practice opportunities for students who participated in Brazil's program "Science without borders" and HUAWEI declares its research cooperation with Brazilian Communications Technology Center on the work of the innovation of 4G network.

---

① The Chinese embassy in Brazil, http://br.china-embassy.org/chn/a_123/t1314091.htm. (available on March 2, 2017).

② China Daily, State Grid Corp asks Brazil to speed up power line approval, http://www.chinadaily.com.cn/business/2017-01/05/content_27867187.htm (April 5, 2017).

## Ⅳ. Opportunities and Prospects in Future

### 1. opportunities brought by Chinese economic transformation

Different from the demand for the iron ore as China became the center of global manufacturing since the start of 21st century, Chinese economy has been more and more dependent on the consumption and domestic market, and the growing number of newly emerging middle class who require a high-level quality life have brought new business opportunities for Brazil. The increasing demands for high-quality agricultural and livestock products, including Brazil's beef, juice, coffee and so on, have made Brazil's exports to China much more diverse.

In 2015, China and Brazil decided to take a new international certificate of hygiene for the beef exported to China and signed the protocol of quarantine inspections of Brazil beef and hygienic condition, then China restored the registered Brazil enterprises to export beef. In May 2017, China stopped importing meat products from Brazil, shortly after the Brazil police announced to begin its investigation on poor-quality meat. In 2016, China imported Brazil's beef worth of more than US $703 million. After Brazil immediately took effective measures to solve the problem, both countries overcame the negative impact by the scandal of poor-quality meat, and maintained the cooperation on the beef deal, which indicated the enhancement of the bilateral collaboration ability and mutual trust. Recently, Temer, president of Brazil, has released a statement representing the gratitude to China for resuming imports of beef and promised to strengthen the BRICS collaboration.[①] According to the International Association of Coffee, China's annually average growth rate of coffee consumption reached 16% and that of specialty coffee consumption increased 50% annually in the past 10 years despite the lack of traditional habit of coffee consumption in China.[②] For entering the strategic market of Chinese coffee consumption, Brazil enterprises not only participated in exhibition held in Shanghai, but also conducted roadshow and promotion activity under the guideline of the project called "Brazil: coffee empire" jointly launched by Brazil's Exports and Investment Promotion Bureau and the Association of Specialty Coffee.

The new normal of Chinese economy, industrial transformation and upgrading has prompted it a priority for China to export its surplus advantaged capacity. With the strategy of the Belt and Road Initiative carried out, Chinese equipment manufacturing speeds up to "go out", and Chinese technology and equipment, such as high-speed railway, nuclear power and UHV (ultra high voltage) are continuing to enter more foreign markets. China strengthened capacity cooperation between two countries and optimized the trade structure, which might be seen as a positive response to Brazil's pursuits of the industrialization, the improvement of domestic infrastructure and innovation. The most important thing is that China-Brazil capacity cooperation of "3 × 3" model proposed by China is perfectly in line with Brazil's regional development strategy and its social reality. This indicates that China have a deep understanding of Brazil's development strategy and local market.

---

① Marta Beck, "Brazil and China defend strategic partnership between the two countries," April 8, 2017, http://oglobo.globo.com/economia/brasil-china-defendem-trategic-partner-between-the-paises-21182267#ixzz4dvEjYiiw (available on April 10, 2017).

② Apex-Brasil, "Growing Chinese Interest in Brazilian Specialty Coffees," April 14, 2017, http://www.exportnews.com.br/2017/04/cresce-interesse-chines-por-cafes-especiais-do-brasil/ (available on April 16, 2017).

China has supported the inter-connectivity program in the South America continent, which is in line with Brazil's strategic interests to advance the integration process of the South America. China puts emphasis on following the rule of the market economy, and cooperation patterns such as joint venture, public private partnership (ppp), franchise rights, which perfectly matches economic adjustment strategies formulated by Termer government to help get rid of economic recessions. China has set up cooperation funds and encouraged settlement in local currency, which alleviated the pressure brought by Brazil's weakened fiscal capacity. For instance, China-Latin America capacity cooperation funds, as a SPV (special purpose vehicle) launched by investors and Three Gorges group, was used to bid for 30 years of franchise right of two hydropower stations in Zambia and Elias. The project was estimated to cost US $3.7 billion, including US $1.9 billion debt financing. With the help of US $600 million investment from China-Latin America capacity cooperation funds organization, accounting for the shares of 33%, and the support of external capital like bank loan, SPV was bid and won as scheduled and two countries successfully signed franchise operating agreement. Seventy percent power generating capacity of hydroelectric power dam was acquired by the Brazil government and another 30% was freely sold on the market, and the project was expected to have an stable economic returns. Apart from that, this project involved franchise transfer of the hydroelectric power station and partners had rich experiences in operation and management, therefore, the risk is necessarily controllable. ①This collaboration showed that Chinese enterprises have shifted their focuses from earlier project contract to equity investment in order to expand their overseas markets and China-Brazil col-

① Han Deping. "China-Latin American Fund and Development of Infrastructure Construction," http://finance.qq.com/a/20160602/051869.htm, (available on April 3, 2017).

laboration involved more parties.

The establishment of China-Brazil sustainable partnership is guaranteed by a series of institutional resources. China and Brazil are the founding members of BRICS Development Bank, Contingent Reserve Arrangement and Asian Infrastructure Investment Bank. HongKong's Universal Credit Rating Group that does not belong to three traditional rating agencies, is expected to provide references for Brazil's market credit rating. Chinese financial system including Union Pay, CIPS and Alipay provides an important support to develop overseas economic cooperation. Chinese government released its second policy document targeted to the China-Latin American collaboration and set up a series of special cooperation funds. According to the arrangement of planning department, the total amount of US $20 billion China-Brazil capacity cooperation fund donated by CLAIFUND and Brazil's relevant finance institutions is supposed to operate in July, 2016. The fund was the part of agreement reached during Premier Li Keqiang's visit to Brazil in 2015 and Termer government ratified it in 2016, which indicated the sustainable relationship of China-Brazil economic cooperation. The fund is expected to first assist the project that is considered the most important one by both sides and will be allocated in accordance with distribution model of 3 : 1 (China/Brazil) to support the project.

2. building closer economic partnership in a changed external environment

The concerns of whether Brazil will continue to participate in BRICS collaboration are triggered by the domestic unrest and the new administration of pro-market Termer government. Some Brazilian young scholars are increasingly thinking the role of China from the perspective of international order and global governance, and these research findings are expected to have an positive influence on the future of China-Brazil cooperation. To strengthen the relationship with China is a strategic judgment for Brazilian strategic thinking community based on the international situation with a shifting international power structure. For example, they think that BRICS countries are now creating a post-western system or a new international order, the international power is transferring from the West to Asia esp. China because China is becoming the world largest economy, China has already shouldered more responsibility, and the contemporary international order limits the emerging powers to elevate their international status. ①

A return of nationalism and protectionism into America and Europe aggravates the global economic uncertainties. China and Brazil, both as the major economies, are determined to integrate themselves into globalization, which has a great significance on the domestic development of two countries and the healthy growth of the global economy. China and Brazil pay attention to the enhancement of their bilateral economic and trade relationship while making efforts to maintain the economic and trade relations with America. Since 2014, FUNAG and Brazil-China research institute began to jointly hold the Brazil-China innovative dialogue annually and the Science and Technology Departments of two countries are supposed to put the ten-year collaboration plan into practice. Pedro Parente, as the chief of staff of Cardoso administration, was appointed as the new leader of Petrobras by Termer government. Petrobras formulated the new operation strategy in the times of low-price oil by lowering the debt ratio through the sale

① Oliver Stuenkel, "The post-western order," March 27, 2017. http://www.ips-journal.eu/regions/asia/article/show/the-post-western-order-1870/ (available on April 6, 2017).

of assets, developing partnership and focusing on the oil and gas production that was the core business of the corporation. External investors who are keen on observing Brazil's economic situation should pay attention to Petrobras's strategic transformation as an indicator. China tries to grasp the new cooperative opportunities from Petrobras's transformation and the policy changes in Brazil's oil sector.

According to Jimmy Storey, the USA Consul General in Rio De Janeiro, American Brazilian Chamber of Commerce founded in 1919 is the largest commerce chamber in the USA, most of aeroplanes produced by Brazilian Airline are exported to the USA, and 99% passengers of the flight are Americans, which indicates a closer relationship between Brazil and the USA. ①Compared with America-Brazil relations characterized by an earlier start and dislocation competition, China-Brazil relations are characterized by a late start, synchronous progress and filled with competitions, therefore the pursuit of more cooperative and sustainable economic relationship is needed to widen the horizon and to be more creative. The new growth points of China-Brazil relationship may appear in the tourism, infrastructure facility, oil and gas and security sectors.

In building the regional market, the South American Common Market is trying to make dialogues with Pacific Alliance to establish a more gigantic South American free trade network since Latin American countries gradually recognize that the inactivity of regional trade is an important factor holding back the economic development. Sixty-nine percent regional trade is made in euro area and 55% in Asia, but only 18% in Latin America. If the breakthrough is made in the process of Latin America's economic and trade integration, it must have a far-reaching influence on China-Brazil e-

① Nelson Belen, "No U. S. Brazil Setbacks Under Trump Says U. S. Consul General," *The Rio Times*, November 17, 2016.

conomic and trade relationship. On the one hand, China will have more choices of investment destinations in Latin America and be able to choose the low production cost and good investment environment in Latin American countries to make investment, and no longer have to invest in Brazil in order to open its consumption market. On the other hand, Brazil will gain more mechanic advantages than China on competing for the export market of Latin America because of the development of the regional free trade network. Undoubtedly, this new vitality may aggravate the competition between China and Brazil, but China believes that the integration of Latin America market probably provides more rooms for the bilateral cooperation.

The recovery of Brazil's fiscal health needs more time to do its homework, which probably takes a negative impact on China-Brazil's strategic financial cooperation. Therefore, both sides should stick to the economic cooperation from the perspective of the establishment of long-term and sustainable relations. Brazil is a founding member of the Asian Infrastructure Investment Bank but failing to deliver capital on schedule and has now been granted extension. Currency Swap Agreement was signed in 2013 and now expired without renewal, which indicates that Brazil has enough confidence in its financial system and devalued the impact of China's financial clout. For the dynamic bilateral economic and trade relations, China and Brazil need to strengthen the institutional and reciprocal trade cooperation. China is trying to speed up the capital export to Brazil and make Brazil the second largest investment destination for China in the infrastructure field, but Brazil's investment in China is very limited. More dialogues and coordination are needed to promote the Twin Ocean Railroad Connection project among other strategic infrastructure projects. In short, China and Brazil needs fully participate in each other's domestic economic growth in order to gain benefits from their common development.

# Perspectives on Sino-Brazilian Relations

Claudio Puty *

## Ⅰ. Introduction

Brazil and China have developed a robust trade flow but in the last ten years and the bilateral relation has also assumed a strategic relationship that goes beyond short term commercial interests. Initiatives in financial cooperation, science and technology, not to mention coordinated efforts to expand the productive capacity demonstrate the soundness and the potential for a deeper integration of political and economic strategies.

Notwithstanding this fact, bilateral cooperation faces challenges in at least two crucial dimensions. In politics, regime change in Brazil, with the ascension of a government that sees in practice south-south diplomacy as a secondary item in the country's diplomatic agenda. In the economic front, the tensions associated with deindustrialization and low productivity of Brazilian industry. Imported manufactured goods competition in Brazil has caused hundreds of antidumping measures against products originated in mainland China, that reveal more about the standoff in Brazilian develop-

* Claudio Puty, associate professor, Faculty of Economics, Federal University of Pará (UFPA).

ment strategy (if, actually, there is one) than an issue of trade policy.

This article aims at discussing the future of Sino-Brazilian relations at the light of the recent events. In part 1 we briefly analyze the trends of bilateral trade, direct investment and finance cooperation. In part 2 we look at the economic and political difficulties that have arisen in Sino-Brazilian relations. Conclusion prospects alternatives for policies that could promote an enduring relationship.

## Ⅱ. An Overview of Recent Bilateral Economic Relations

### 1. The Cooperation for trade and FDI

Bilateral trade between China and Brazil has grown exponentially since the end of the 1990's, when then rise of China as an economic powerhouse created an ever-increasing demand for commodities required for its industrialization effort-like iron and oil-and foodstuff, particularly soybeans, sugar and meat.

The trade flow between the two countries has had a rampant increase. From US $ 2.3 billion to US $ 66.3 billion in 2015, reaching a peak of US $ 83.3 billion in 2013, when China surpassed the US and became the biggest trade partner of Brazil. Exports to China reached 20% of the overall Brazilian exports in 2016. In spite of plummeting commodities prices, Brazil has a significant trade surplus with China.

In addition to the trade relations, the past 13 years have seen governments in both countries embarking in a broader range of economic relations that involve significant interaction among private and State owned enterprises in matters of technological cooperation, reciprocal direct investment, not to mention joint initiatives to create institutions to finance development, like the Brics' New Development Bank (NDB).

Each dimension of the interaction between the two economies express different motives. For example, Brazilian private direct investment in China is residual and express mostly a defensive movement from Brazilian manufactures, like the shoes producers trying to escape from the burden created by extended appreciation of the Real and the competition from Chinese industrial goods.

On the other hand, Chinese direct investment in Brazil experienced a surge in the last decade. This is in part explained by the combination of three factors. The first one is the importance of Latin America for China's long-term interests. Either for access to arable land for commodities, our region maybe caught in the middle of XXI Century's strategic conflict between the USA and China. The second factor is the large amount of foreign reserves that China's central bank needs to reinvest. Finally, the fantastic overcapacity in Chinese economy, particularly in iron & steel related industries, a problem that has forced some of China's most important infrastructure enterprises to look for markets abroad.

Chinese direct investment started initially in sectors associated directly with its imports, like mining and energy and thereafter in a wider array of industrial segments-mostly more technologically intensive and oriented at the Brazilian and Latin American markets. More recently, Chinese companies have also demonstrated interest in investing in the services sector.

At the finance front, Chinese banks have opened branches in Brazil and performed some acquisitions. Chinese funding has been crucial for some highly indebted Brazilian companies like Petrobras in a context of great economic uncertainty created by the fall in oil prices and the corruption scandal that hard hit the holding.

In the last ten years, China Development Bank and China Export-Import Bank have provided more than \$125 billion in loans to Latin American and Caribbean countries (Table 1). In 2015 China lent US $29, 1 billion dollars to Latin American and Caribbean countries, which was more than World Bank and IADB's lending to the region in the same year. It is worth mentioning that 94 percent of the loan commitments are concentrated in four South American countries: Venezuela (US $65B), Brazil (US $21. 8B), Argentina (US $15. 3B) and Ecuador (US $15. 2B)

In 2015, Brazil was the top borrower in Latin America from the Exim-bank and the China Development Bank (CDB). In that year, Chinese banks' Credit operations in Brazil were also larger than those operated by the World Bank and the Inter-American Development Bank (IADB).

**Table 1 Chinese Loan Commitments to LAC countries –2005 –2015**

| Year | Number of Operations | Amount (US $ Billion) |
|---|---|---|
| 2005 | 1 | 0. 03 |
| 2006 | – | – |
| 2007 | 4 | 4. 8 |
| 2008 | 1 | 0. 356 |
| 2009 | 8 | 15. 7 |
| 2010 | 11 | 35. 6 |
| 2011 | 6 | 7. 9 |
| 2012 | 7 | 7 |
| 2013 | 10 | 14 |
| 2014 | 6 | 10 |
| 2015 | 14 | 29. 1 |

Author's elaboration. Source: Inter-American dialogue (http: //www. thedialogue. org/map_list/).

Multilateral initiatives in finance were also highly important for the bilateral relations. It is worth mentioning three types of cooperation.

The first one was the creation of new institutions to finance development and promote financial stability, like the aforementioned NDB (and the CRA, Contingent Reserve Arrangement), the Asian Infrastructure Investment Bank (AIIB) and IADB's window for non-sovereign investment, the so-called NewCo.

The second initiative was to promote Chinese participation (or cooperation) in existing institutions, as in the IADB, Fonplata and Latin American Development Bank (CAF).

The third one was the joint promotion of funds for the expansion of productive capacity, like the Brazil-China fund (Brazil-ClaiFund) and the China-Celac fund. The Central Banks also signed a money swap agreement but so far with no impact in trade operations.

## 2. The Cooperation for the expansion of productive capacity

As we see, Sino-Brazilian relations have been marked by a combination of common interests in trade and a growing consciousness of a broader geopolitical agenda. That involves from the Brazilian side a search for different gateways to the world: trade partners beyond the industrialized north, possibilities of technological cooperation in strategic areas for national development and, most recently, attraction of foreign investment in infrastructure in times of dire fiscal constraints. From the Chinese perspective, access to transport-intensive commodities, search for new markets for its industrialized goods (including steel) and portfolio diversification in the investment of its foreign exchange reserves.

In 2015, both countries agreed to develop an agenda for the joint expansion of productive capacity materialized in the signing of a *framework agreement* between the Brazilian Ministry of Planning (MPOG) and the Chinese National Development and Reform Commission (NDRC).

During the visit of Prime Minister Li Keqiang to Latin America in May

2015 a new initiative for the promotion and development of productive capacity was launched. At a meeting with President Dilma Rousseff both countries agreed in creating a joint committee for the establishment of priorities and coordination of reciprocal investment.

This coordination mechanism was housed at the Office of International Affairs at MPOG in Brazil and at NDRC in China. It involved the construction of a list of investment priorities, a situation room to deal with potential complications in project pipeline and the negotiation of the terms of a Brazil-China fund of US $ 20 billion for the expansion of productive capacity.

The initial version of the framework agreement proposed by the Chinese Prime Minister already listed a series of investment priorities in Brazil that, according to the official estimates could reach US $ 53 billion. Sixty percent of the value of the planned investment was concentrated in the electricity sector (hydroelectric and wind power plants, electrical energy transmission lines, etc.) and another thirty percent was focused on infrastructure, mainly transportation associated with the logistics of commodity exports. The remaining ten percent of the investment in the priority list involved multiple industrial ventures by Chinese companies, including a car assembly facility.

Brazil presented a list of investment priorities some months later, in a meeting at the NDRC office in Beijing. The list involved the indication of investment opportunities in Brazil and Brazilian investment in China.

On what concerns investment in Brazil, priority was given to the Program of Investment in Logistics (PIL), to the Program of Investment in Electrical Energy (PIEE) and to the projects of regional infrastructure integration approved by the South American Council of infrastructure and planning (Cosiplan[①]). It was also pinpointed the possibility of investment in

① For more info: http://www.planejamento.gov.br/assuntos/planejamento-e-investimentos/integracao-sul-americana/cosiplan-conselho-sul-americano-de-infraestrutura-e-planejamento.

oil. Great part of the PIL portfolio was composed by greenfield railways under study and brownfield roads. The railways presented as priorities were also in the Chinese list.

As for investment in electrical energy, the Brazilian government called attention to upcoming auctions of transmission lines and for the renewal of the concession of two dozen hydroelectric plants. On the regional integration side, the list comprised two waterways: in the Rio de La Plata basin and in the Putumayo/Iça Rivers, connecting Brazil to the Pacific Ocean through Colombia and Ecuador.

Brazil also presented a list of concerns of the private sector organized by the sectoral confederations. They mostly concerned regulatory questions and a wide range of difficulties faced by Brazilian companies while investing in China: either in the trade or in direct investment.

A situation room was established and regular meetings were held between MPOG and NDRC staff. The purpose of the meetings was to exchange information on infrastructure projects on a regular basis and eventually help identify bottlenecks in project pipeline.

An important part of the framework agreement was the decision to establish a US $20 billion fund for the expansion of productive capacity. Whereas it was always referred as a bilateral fund for reciprocal investment, in fact it would serve mostly as funding for direct investment in Brazil. For the Brazilian government it was crucial, in a moment of strong economic deceleration and explosive political crisis, some robust signs of funding availability that could circumvent standard budgetary sources. In addition to that, it should also serve as a practical demonstration of the concrete results created by the strategic cooperation with China, as the local press-traditional supporter of an automatic Brazil/US alignment policy-would usually question the purposes of a bolder south-south diplomacy.

Still in 2015, during the visit of the Vice-Prime Minister Wang Yang to Brazil, a joint declaration on the fund for the expansion of productive capacity was released. The fund subscription should be composed by a Chinese quota corresponding to the three fourths of paid-in capital and the remaining quarter-up to US $5 billion-would be Brazilian treasury share. Shortly afterwards, negotiation on the details of the fund were held in Brasilia and Beijing between the Office of International Affairs/MPOG, NDRC and the Chinese State Administration of Foreign Exchange (SAFE).

In the negotiation table on the operational details of the fund, Brazilian government suggested that the fund should be used on a broader strategy to stimulate long run infrastructure financing through capital markets instruments in the form of an equity or debt security investment fund. This fund would focus on the priority investment list established in the framework agreement but also follow policy guidelines that assured investment with long run return and financial sustainability. As a practical matter, the possibility that a startup operation could finance eligible investment in areas where Chinese companies had already won auctions-particularly in the electrical sector-was also considered. In September, 2016, a Memorandum of Understanding (MoU) was finally signed between the two counterparts and the implementation of the fund in underway.

While the Brazil-China fund was under negotiation, at least four other important initiatives in multilateral long run finance that involved China and Brazil were taking place: the beginning of the NDB operations, the establishment of the AIIB, the debate on the China-CELAC[①] fund and the creation of IDB's New Co.

As it is widely known, the NDB was established at the Fortaleza Brics summit in 2014 and effectively started operating in 2016 with the decision

① Community of Latin American and Caribbean States.

to finance at least one operation at each of the member countries. The directory of the bank decided that the initial operation in Brazil would finance clean energy. NDB is also looking for a first floor operator in the region in order to speed up its operations in Brazil. In this sense, the Fund for the Development of the Rio de La Plat Basin (Fonplata) has signed a MoU with NDB in order to operate infrastructure lending at municipal level.

Brazil was the only country in the Americas to join the AIIB, with a relatively large subscription promise. Brazil's participation in the bank, with 3% of voting capital was supposed to be the third largest non-regional contribution, after France and Germany. Due to a change in political perspective, the current government of Brazil has not yet ratified the subscription pledge and it does so, will acquire a much smaller amount of shares in the Bank.

During Li Keqiang visit to Latin America, a China-CELAC fund was also proposed by China. Brazil suggested at a CELAC meeting held in Quito that a multilateral financial institution with good record of operations in the region should manage the fund. The reason was to allow some mechanism of common governance of the fund and respect to principles of sound long-term financing. CELAC's executive secretary initiated contacts with CAF and the aforementioned Fonplata.

Finally, China played an important role in the transformation of IADB's Inter-American Investment Corporation (IIC) into the so-called NewCo, a fusion of the multiple non-sovereign lending facilities of IADB. Following China's entry in IADB in 2009 and the constitution of a China co-finance fund at the IADB in 2013, the country supported the constitution of the new corporation at IADB. The US and the non-regional countries like France and Germany had firmly opposed new subscription commitments and supported the transfer of funds from sovereign operations to the new facility. Brazil and other regional countries defended the consolidation of the Newco through a new capitalization process and the role of China was crucial to approve such a decision at IADB's Busan Assembly in 2015. The NewCo is already operational with a subscribed capital of US $ 2 billion.

## Ⅲ. Challenges in Bilateral Relations

### 1. Imports competition and the market economy status

As a byproduct of the growing trade flow between the two countries in the recent years, an increasing commercial contentious arose in the form of a multiplication of anti-dumping measures by Brazilian government. Notwithstanding the fact that product from China are the main targets of the commercial defense mechanisms launched by Brazil, the growth in anti-dumping investigations seems like a question that concerns the trade relation between Brazil and a much larger set of partners.

In fact, a recent report published by the World Trade Organization (WTO)① reveals that from 2013 to 2015 Brazil accumulated the largest amount of new anti-dumping investigations among its member countries. Picture 1 shows that, in spite of a decline in 2014 and 2015, Brazil opened 112 new investigations in the period against 100 new investigations launched by the USA-the larger importer in the world.

The WTO noted in the last four years a generalized increase of trade barriers under many forms. New trade restrictions increased from an average of 15 measures per month to 22 per month in the latest observation pe-

① WTO, "Director General Report: Overview of Developments in the International Trading Environment," https://www.wto.org/english/news_e/news16_e/trdev_22jul16_e.htm, 2016.

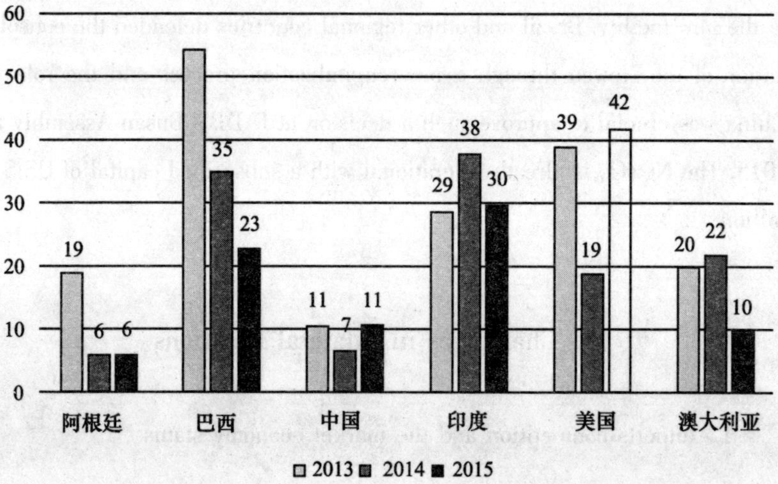


**Picture 1 Initiations of Anti-dumping Investigations**

Author's elaboration with data from WTO (2016).

riod a phenomenon normally observed in periods of prolonged economic crisis and sluggish recovery that foster beggar-my-neighbor policies in the forms of exchange rate depreciation and protectionism.

Brazil joined for the first time anti-dumping agreements in 1979, right after the Tokyo round (Araujo Jr., 2017), but only in 1987 the first national regulation on the issue was finally released.

Picture 2 shows the amount of anti-dumping investigations since the inception of its first regulations in 1988.

From 1988 to 2016, Brazilian government opened 638 anti-dumping investigations, including new cases and five-year revisions on anti-dumping rights. After an initial period of implementation and learning of anti-dumping policies in the 1990's and a relatively small number of investigations from 2000 to 2005, we observe a striking change in the pattern from 2006 on, with an increase of new investigations to unprecedented levels. From 2000 to 2005 Brazilian opened an average of roughly nine new investigations per year. This number jumped to almost twenty-seven cases

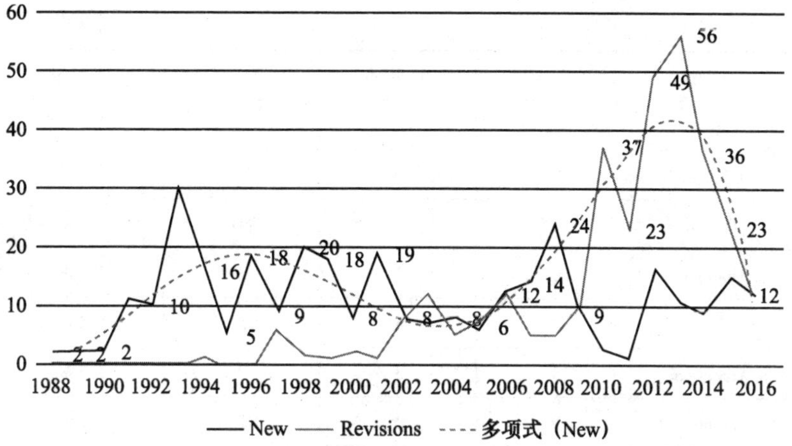


**Picture 2 Anti-dumping investigations-Brazil (1988 – 2016)**

Author elaboration with data from www. mdic. gov. br.

per year between 2006 and 2016.

During the entire period, and more evidently in the latest years, a very significant part of the investigations led to definitive anti-dumping measures, in which products originated from mainland China ranked first among Brazil's trade partners (table 02). Almost 30% of all definitive measures were taken against Chinese products in different sectors. The second position, products from the USA, was object of only 10, 4% of all measures.

**Table 2 Definitive anti-dumping measures (1988 – 2016)**

| Country | Original | Revision | Total | % total |
|---|---|---|---|---|
| China | 68 | 40 | 108 | 29. 5% |
| USA | 27 | 11 | 38 | 10. 4% |
| India | 12 | 6 | 18 | 4. 9% |
| Mexico | 8 | 6 | 14 | 3. 8% |
| South Korea | 12 | 1 | 13 | 3. 6% |
| Germany | 11 | 2 | 13 | 3. 6% |

续表

| Country | Original | Revision | Total | % total |
|---|---|---|---|---|
| Taiwan | 12 | 0 | 12 | 3.3% |
| South Africa | 11 | 0 | 11 | 3.0% |
| Russia | 7 | 3 | 10 | 2.7% |
| Thailand | 9 | 1 | 10 | 2.7% |
| EU | 4 | 4 | 8 | 2.2% |
| Argentina | 6 | 3 | 9 | 2.5% |
| France | 5 | 2 | 7 | 1.9% |
| Ukraine | 5 | 1 | 6 | 1.6% |
| Bangladesh | 2 | 4 | 6 | 1.6% |
| Chile | 3 | 2 | 5 | 1.4% |
| Finland | 4 | 1 | 5 | 1.4% |
| Indonesia | 4 | 1 | 5 | 1.4% |
| UK | 3 | 2 | 5 | 1.4% |
| Romenia | 2 | 3 | 5 | 1.4% |
| Others | 45 | 13 | 58 | 15.8% |
| total | 260 | 106 | 366 | 100% |

Author's elaboration with data from MDIC (2017).

The large increase in anti-dumping investigations in Brazil seem to confirm studies that relate the degree of imports penetration and the private industrial sector demand for anti-dumping policies (Blonigen e Prusa, 2001, apudCastelan). Picture 03 – where the monthly real effective exchange rate of Brazilian Real from 1994 (1) to 2016 (7) is shown-seems to demonstrate to exist a very straightforward correlation between the exchange rate, imports penetration and the defensive movement from Brazilian industrial sector through government instruments[①]. The period that roughly starts in the end of 2005 is characterized by clear appreciation of the Brazilian currency[②].

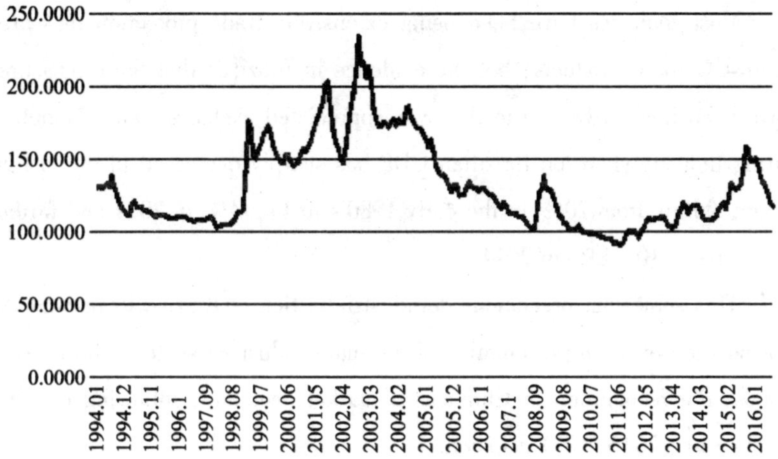


**Picture 3 BRL real efective exchange rate-imports**

Source: IPEADATA.

Notwithstanding the increase in anti-dumping measures in the last ten years, this policy has also been object of fierce criticism in Brazil. Araújo Jr (2017) analyses different anti-dumping decisions by Brazilian government and argues that they are mostly related to protectionism of monopolies or oligopolies that profit from the systematical renovation of anti-dumping duties and the elevation of the competitors' costs. The author suggests a change in the method of analysis of dumping in order to adapt it-particular-

---

① It is beyond the scope of this article the analysis of the pressure mechanism that different economic sectors exert on commercial defense policy in Brazil, but research on the topic ranges from theoretical models of State and private sector relationship (Evans, 1997) and particularly in the design of commercial defense (Baldwin, 1989; Krueger, 1974, Diniz 1977).

② As of April 2017, The Economist's magazine (adjusted) "big mac index" showed the Real as the most over appreciated currency in the world.

ly in what concerns the notions of damage and causal link-to the WTO norms that indicate that anti-dumping measures should be taken considering the particular market structure, especially evidence of high concentration, barriers to entry and market power of the leading firms.

Most countries have been using extensively trade protection measures against Chinese products, but the evidence in Brazil is that these measures have been ineffective due to the over appreciated exchange rate. Manufacturing Industry share on Brazilian GDP has sharply decreased in the last 30 years, falling from 20% in the early 1980's to 17, 4% in 2004 and further declining to 10, 8% in 2014.

This somewhat precocious deindustrialization of Brazil will resonate in the position of the representative of the main industrial sectors who fiercely oppose the recognition of China as a market economy, following the December 11, 2016 WTO decision.

Companies of different sectors have long put pressure on government not to recognize china as a market economy, foreseeing total collapse of Brazilian industry as they claim to be already facing unfair competition from a myriad of Chinese products. The national association of shoemakers (Abicalçados) claims that the 2010 anti-dumping measures recreated forty thousand jobs in only six months and have already been confirmed by WTO, demonstrating, according to the association leaders, that dumping is real①.

2. A turning point in Brazilian foreign policy or no policy at all?

Brazil is facing a political crisis with no parallel in the last fifty years

① João Sorima Neto, "Indústria Brasileira Resiste a Reconhecer a China Como Economia de Mercado," http://oglobo.globo.com/economia/industria-brasileira-resiste-reconhecer-china-como-economia-de-mercado-20744341.

and although we have an appearance of institutional stability and normal functioning of the state powers, we experience in fact a true institutional collapse whose consequences will be felt for many years.

Temer becomes president in a movement sponsored by the Brazilian political elite that profited from the opportunity created by the lack of political leadership and very low popularity of Dilma Rousseff.

This plutocracy articulated by mass media and the judiciary organized an impeachment process since the first days of Dilma's second term in presidency. The accusation was somewhat ridiculous, as Dilma was never formally accused of any Petrobras related corruption crime, but of fiscal pedaling, an accounting maneuver to conceal a growing deficit that had widely used by every government in Brazilian recent history.

In fact, and a recently leaked tap of an important minister of Temer government confirms, one of their main goals is to save part of the politicians accused in the investigations while offering the heads of the PT members on a silver platter①.

Dilma supporters have then used the word *parliamentary coup* to describe what happened in Brazil in May. A "Coup" for the artificially created process against the recently elected president and for the fact that the program of the new government is quite different from the one that was under the scrutiny of voters.

In foreign policy, the main tendency in the new government's freeing policy is a strategic realignment with the United States interests in the region. The official excuse for that will be the fact that the trade flow with that country is composed mostly of manufactured goods whereas the trade with China is characterized by a high level of primary goods and commodi-

① BBC, "Brazil Leaked Tape Forces Minister Romero Juca Out," http://www.bbc.com/news/world-latin-america-36365781.

ties.

However, we need to separate two different movements in government in the near future.

Firstly, the political weakness of the new president, his extreme low popularity and the nomination of a Senator of PSDB① as foreign minister may make government hostage of the strident ideological style of the foreign minister, particularly towards our Latin American neighbors.

Secondly, Michel Temer needs to create economic stability before the 2018 elections②. It means, according to the neoliberal credo, as a necessary condition for economic recovery, a very austere fiscal policy. In addition, unlocking private "animal spirits" through market friendly reforms that reestablish margins of profits, diminish primary spending, promote a sell-off of state owned assets to private investors and even land to foreigners. As Donald Trump's election-and his inner looking economic policy-was somehow a cold douche on the new-government's expectations of automatic alignment with the USA, Temer will be forced to maintain more diversified international economic relations in order to promote his agenda.

In the long-run, the main difference between Temer's government and the workers party-led coalitions is that they aim at putting forward a pro-market agenda of thorough deregulation of the economy, including the labor market.

This orientation traditionally implies, in Latin American foreign policy, disregarding strategies aimed at articulating regional integration and political autonomy in relation to the US interests and downplaying the potential Brazilian contribution for a new world financial order organized around post-Bretton Wood institutions. Therefore, we shall expect a revalorization of the US a-

① First, Senator José Serra, succeeded by Senator Aloysio Nunes Ferreira (PSDB/São Paulo).

② That, by the way, risk not even occurring in case the social crisis scales up.

ligned institutions like the World Bank, IMF and the OAS and, if not an official abandonment, relegation of the role of NDB, AIIB, Unasur and Celac to a secondary position. In other words, the main difference between both governments is the strategic realignment of Brazil to the American hegemony.

In this sense, there is a clear hegemonic opinion in the new government that Brazil's foreign policy during Lula and Dilma's presidential terms was costly and too audacious for the concrete economic conditions of Brazil. They also accuse the south-south foreign policy during the PT years of being ideologically oriented towards "bolivarianism" which led to turning a blind eye on Brazilian economic interests and human rights issues in Venezuela or Iran, for example.

We should expect the closure of many Brazilian embassies in Africa and in the developing world and an aggressive tone against those left leaning governments in South America.

One should not expect, however, a clear and dramatic change in the relation with China, at least in terms of investment and trade. As mentioned before, the Temer presidency is meant to be short-lived and therefore, Temer will make every effort to present good results in economic terms and that means increasing commerce with China and attracting direct investment in every possible area, with less concern with local technological content and with national proprietary rules.

Brazil will focus particularly in agriculture, oil and gas and infrastructure construction, either for the natural pressure of the terms of trade in some commodities, the need for direct investment and the active presence of Chinese companies like GRCC and CREC that lobby for their interests in Brazil. In this sense, the infrastructure projects that are in pipeline-like those in the early harvest list provided by the Chinese government-will not be discontinued for political reasons and acquisitions of troubled businesses by Chinese firms will be encouraged.

There will be less interest in very costly and long maturity projects like the transpacific railway as they involve a timeframe that is far beyond this short-lived presidency and it requires a State participation in a BOT operation that the more liberal approach to investment will probably not support-unless Chinese firms successfully convince the higher staff of the Presidency.

Consequently, we could say that economic cooperation with China may keep going strong, but political coordination will most likely be harmed. The motto will be more business, less strategic cooperation. That means putting Brics in a secondary role, and a good test of this commitment will be the attention to NDB and AIIB.

Of course every conclusion drawn until here depends on the development of the political situation in Brazil. As the country faces worrying conditions at the political level with awful consequences for the economic environment, new findings in corruption investigations that would involve Temer and his supporters may lead us to many places. Either to an overthrow of his government in the form of anticipated elections in congress or to a very weak Temer presidency which will function as a transition government until the 2018 elections.

## Ⅳ. Conclusion and Perspectives

This short and somewhat limited account of the recent development of the relations between Brazil and China is useful to draw some conclusions regarding the main shortcomings and potential for future bilateral cooperation.

The complementarities between both economies allow an enduring relationship that survives political regimes and short-term economic shocks. Brazil and China will continue strengthening trade links, particularly through the demand for foodstuff from the very productive Brazilian agribusiness sector. Chinese companies are already among top direct investors in the country. The tendency for increasing investment in logistics, energy and manufacturing will remain, probably with increasing fusions and acquisitions in a moment when Brazil is "cheap" and margins of profit are being recomposed through recession.

The question is not whether a robust Brazil-China relationship will last but1) at what level it will take place and 2) if Brazil will be able to establish a strategic approach to the partnership and consequently profit as a nation from the opportunities opened by the rise of China in the world arena.

The first question bears reference to quantitative aspects of the current pattern of trade and investment. It depends on China attaining a "new normal" rate of growth compatible with the US $ 100 billion trade current target as announced by both heads of state in various occasions and on the speed of recovery of the Brazilian economy. It should be noted that Brazil's GDP contracted 3.8% in 2016 and will experience some modest-if not negative-growth in 2017.

The more complex question relates to the middle to long run development challenges of Brazil.

Soaring commodity prices in the last decade allowed a recovery of the county's share in international trade. In the year 2000, Brazil's share in international trade was below the 1% threshold. In 2013 the share had risen to 1.3%. This could be explained by the combination of more proactive commercial policy and favorable terms of trade during the first thirteen years of the XXI Century of a basket of commodities including soybeans, cellulose, iron ore, petroleum.

Those are the good news. The bad part was as growing dependency on the exports of commodities that hit hard government corporate tax revenues from 2013/14 when oil and iron prices affected the returns of Vale and

Petrobras, two of the main federal taxpayers in Brazil. Most of Brazil's increasing share in international trade was due to the growth in exports of non-manufactured goods whereas the exports of manufactured goods have kept it share below the 1% level as observed in the year 2000.

In addition, the specialization in exports of commodities also has a side effect as a transport cost intensive activity: it has created a great demand for infrastructure associated with the logistics of the different value chain. Preexisting transportation network associated with exports came close to collapse and had a side effect on manufacturing productivity as overall production costs increased.

A country with the size, population, regional diversity and economic inequality of Brazil cannot resort to an overly specialized development trajectory through commodity exports. The "all eggs in one basket" type strategies will not create the necessary upstream effects in the creation of more complex and integrated productive arrangements that may lead-through innovation-to high-productivity job creation, income distribution and a democratic society.

Brazil and China are still below the potential for economic cooperation. For the reasons mentioned above, the economic relationship will keep getting stronger but there is a big coordination problem in the bilateral economic planning front and a large room for new initiatives in many areas of the economy in both countries.

Economic cooperation between two large countries is naturally a complex issue. Notwithstanding this fact, it seems clear that coordination shortcomings[①] have created inefficiencies, at least in the Brazilian side. These

① Cooperation between China and Brazil in the multilateral finance institutions provide us many examples to illustrate the case. When both countries are creating an investment fund for infrastructure and the newly created NDB is not even mentioned as a possible stakeholder, something may be wrong. The same is valid for the China-Celac fund and for the investment decisions made by NDB that did not consider the "investment priorities list" (NDB probably did not know of the very existence of a "list") exchanged by the two countries just some months before.

coordination problems are of political nature and reveal the deadlock in national development strategy. Only solving the impasse in national strategy will Brazil be able to fully profit from the relation with China and vice-versa.

Another aspect of the cooperation is the relation pattern between private sector and government in matters of international relations.

Brazil had two experiences in private sector diplomacy that succeeded relatively well in defining a working agenda between the parties. The CEO Forum with the USA, where government does not participate directly and companies in both countries debate challenges for fostering investment. The agenda is mostly focused in promoting investment in Brazil, given the size difference of both economies and the strong participation of North-American multinational enterprises in the Brazilian market. In this case, private companies come first and government comes after.

Private sector relationship with Japan has a forum with a curious name: "The Wise man group" . It is a high-level committee between CEOs of large private and state companies, including the financial sector-and some prominent advisors like former ministers and business confederation leaders. In this case, interaction with government is crucial, in Japan and in Brazil.

We know that economic sectors in Brazil have very different opinions concerning the relation with China, plainly explained by the composition of Brazilian balance of payment. While agribusiness is obviously a strong supporter of closer relations with China, we have seen that industrial confederations like CNI have a very defensive attitude towards more liberal economic relations with China. Basic infrastructure and heavy civil engineering firms on the other hand are eager to establish joint ventures in Latin American and African markets and are already interacting for some years now at the Brics Business Forum

What should be the model of private sector diplomacy between Brazil and China? Not ignoring the existing important initiatives present in the many bilateral associations, a high-level forum where Brazilian private sector and Brazilian federal and state governments debate long-run relations with China (and effective measures to make it really work) is truly needed. This will may not wipe out different perspectives on trade and investment, but government presence may enforce a more strategic understanding of the relation with China that sectoral associations (or government alone) have not been able to formulate for its naturally shortsighted perspectives. Another reason why government is crucial in leading private sector is the fact that Brazilian capitalism is largely structured around strong State support, particularly for long run financing of infrastructure investment and exports of services (particularly civil engineering) and heavy manufactured products. Finally, as the counterpart is a country where State directs economic investment, it seems obvious that government must directly lead any model of institutionalized interaction.

But beyond operational questions, the really important issue is that Brazil-China cooperation has a large unexplored room given the complementarities between the economies.

Should China successfully keep a steady GDP growth rate of 6% in the next years, its demand for commodities, particularly food, will most likely keep increasing as result of consumption led-growth, whose mains characteristic is the rise in wage share and in the purchasing power of the population.

On the supply side, China has large overproduction of steel associated with increasing environmental challenges and world pressure to curb carbon emissions. Moreover, it also has an important number of state controlled companies in the infrastructure sector that face a productivity test and must survive in times of "new normal" growth rates and whose survival buoy maybe found abroad. China also has enormous foreign exchange reserves whose carrying cost maybe minimized by investment at better rates of return.

Last, but not least, a country like China has no other choice but to be engaged in the construction of post-Bretton Woods financial and monetary order, as the power arrangement that ascended with the end of World War II shows its shortcomings at every level, particularly for being unable to guarantee financial stability and harmonious development for all nations.

In the realm of existing trade relations, some minimal advances may make a huge difference for Brazil. The purchase of processed food, instead of raw material or primary products adds enormous value added to the exports and generate quite different type of jobs. There has been, for example, a lot of talk about agreements around bigger purchases of soy oil instead of soybeans, but its participation in the exports share is still quite small (1.46% in July 2016). In agribusiness sector, moving towards more value added products shall be the focus of Brazilian strategy.

The potential for other sources of food production in Brazil poorly explored in the relation with China, particularly fishery and exotic fruits. The same is valid for biotechnology, cosmetic and pharmaceutical industry, as Brazil has an impressive biodiversity, particularly in the Amazon.

Infrastructure investment is also crucial for bilateral relations. Given the steel overcapacity production in China, a bold move could be transfer some part of the plants to Brazil, cut carbon emissions in China, use the locally produced steel in the construction of the many railways under planning and export it to other neighbor countries.

The presence of big Chinese companies like CREC and GRCC in Brazil may also open the opportunity for joint ventures with Brazilian companies for South America's integration effort through coordinated infrastructure investment. Celac and the Union of South American Countries (Unasur) might be import institutions to help create minimal political consensus around an executive agenda.

At the energy field, that has been plenty of investment in oil and hydro powered electrical energy. Some more investment had been announced in wind, solar, biomass and coal powered plants. However, there is still space for investment in technologies-like photovoltaic panels and batteries-that allow more efficient energy consumption with short-run aggregate gains in productivity for Brazilian economy.

Brazil and China have a long-standing partnership in science and technology and a good example is the line of satellites CBERS. CBERS has allowed Brazil to be amongst the few nations that produce primary data for remote sensing in multiple areas, like deforestation control, urban planning and agriculture. For Brazil, it should be a priority continue and strengthen cooperation in high technology solutions for peaceful purposes.

Tourism between the two countries could also be promoted with fast results, particularly after Azul airlines sold part of its capital to Hainan Airlines in order to buy TAPAirlines, creating a hub in Lisbon that, according to the company, will allow much faster trips between the countries.

Most of the fields and sectors where potential cooperation is possible will require long term finance for development purposes. Brazil and China have engaged in the creation or reorientation of an important number of multilateral financial institutions. The success of these initiatives will have a long run positive impact in the mobilization of funds for projects that would otherwise need a long process of negotiation with the main shareholders of the traditional multilateral banks. These funds will certainly not be sufficient to fill the entire infrastructure gap in Brazil, but may be come in handy in the mobilization of important projects for the logistic integration of South America.

China and Brazil have a broad horizon for cooperation in the expansion of productive capacity. The uncertainty created by the recent political events in Brazil must be monitored in order to test whether changes in the overall political orientation will represent a step back in the path towards more strategic integration of both economies, in the perspective of higher national autonomy and full-fledged development.

## References

1. Araujo Jr, José T, "Anatomia da proteção Antidumping no Brasil," *Textos CINDES*, No. 45, 2017.

2. Blonigen, Bruce A. e Prusa, T. J. , "Antidumping," *NBER working paper*, series 8398, 2001, available at: http://www.nber.org/papers/w8398.

3. Castelan, Daniel R, "O uso de medidas anti-dumping no Brasil, na Índia e na China," IPEA, *Texto para Discussão*, No. 1756, 2012.

4. Ministério da Indústria, "Comércio Exterior," *Relatório DECOM*, No. 20, 2017.

5. WTO, "Director General Report: Overview of Developments in the International Trading Environment," https://www.wto.org/english/news_e/news16_e/trdev_22jul16_e.htm, 2016.

# China-Brazil Cooperation: What Next?

Renato Baumann *

## Ⅰ. Introduction

History matters; size matters. These two obvious affirmatives come to mind when one observes the trajectory of both the Chinese and the Brazilian economies, as well as the efforts towards broadening the relationship between the two countries.

Brazil corresponds to 2/3 of the South American territory. A society that is little more than 500 years old and independent from the metropolis only in the last 200 or so years, Brazil is traditionally a country of immigrants.

As per its relations with neighboring countries, be it for a different historical trajectory, the natural geographic obstacles, the idiom and cultural distance between Brazilians and their Spanish-speaking neighbors, or whatever other reason, the efforts to promote economic approximation on a regional basis are relatively recent and still not remarkable. Perhaps consequently, Brazil has no conflict with any of its neighbors since the end of

---

* Renato Baumann, Professor of Economics, Universidade de Brasília.

the Paraguay war in 1870.

This makes the focus on economic/institutional issues one of the traditional pillars of the Brazilian diplomacy, with emphasis on the preservation of peace and fair treatment to developing economies.

China has, of course, a quite different historical trajectory.

Even though it is an ancient society, the origin of a number of specific knowledge-be it in medicine, be it in philosophical thinking or in many other areas-the long-standing history of China has often focused on the consolidation of its territory. The Great Wall is the most obvious evidence. This characteristic implies, by definition, that over time China has had conflicts with most if not all its neighbors.

China's important presence in the international market up to the XVIII$^{th}$ century was essentially based on mercantilist policies, trading merchandise but at the same time preserving its isolate position with regard to foreign values. The sheer size of the country and its military might, as well as its technological progress in several areas (gunpowder is just one example) helped to preserve this isolationism. The divine role of the emperors added to that.

This, of course, has changed dramatically in the beginning of the XIX$^{th}$ century, when European powers enforced their pattern of civilization upon a society already weakened by a conflictive domestic political scenario.

The last seventy years have witnessed a significant change in China's relations with the rest of the world, as it has led or sponsored a number of movements favoring developing economies, even though with low profile in multilateral institutions.

In the last thirty years, the world has witnessed a remarkable presence of Chinese products everywhere. Furthermore, the intensity of Chinese investment abroad is also historically unprecedented.

Brazil and China have, therefore, quite different historical trajectories, including their relationship with neighbors.

Both economies are big in geographic as well as demographic terms: Brazilian territory is 8400 $km^2$, and China is 9400 $km^2$ large; in 2015 Brazil had 207 million inhabitants and China no less than 1371 million. ①This allows for domestic markets of significant proportion. Brazil has built upon this characteristic as the main source of dynamism for its industrial sector for several decades now, whereas China has relied upon its export performance as one of the main determinants of its production growth. Two examples of a relatively closed economy perpetuating low competitiveness, and another where the exposure to international competition fosters international standards of production.

The big territories of the two countries hide, nevertheless, one big, determining difference: whereas in Brazil most of the territory is land suitable for agricultural production, in China the relatively limited availability of water supply and extensive mountain and desert areas makes it hard to produce enough food for its huge population.

The last two paragraphs show the main reasons why bilateral trade flows in recent years are so markedly of a North-South character, meaning by that the exchange of food and raw material for industrialized products, with the associated consequences, in terms of different price-and income-elasticity in the demand for these products.

It goes without saying that making explicit the similarities and differences between the two economies and societies would require a lengthy listing, which would very likely be incomplete, whatever its size. This is well beyond the present purposes.

Suffice it to say that we are talking of two different objects of analy-

---

① Data from World Development Indicators, in www. worldbank. org.

sis. They have in common the perception that world governance is not in conformity with their basic interests, as well as the fact that the two societies are experiencing a number of similar challenges related to the so-called 'middle-income trap'. Hence, presumably they have a lot to learn from each other in terms of how they are dealing with the related problems.

The curious aspect to stress is that China reached this 'trap' coming from a high pace of output growth with a good deal of influence from its export performance, now being replaced by the emphasis in domestic consumption. Brazil reached a comparable set of problems coming from a long period of low growth with limited degree of openness, with pro-active distributive policies. In other words, they have experienced opposite trajectories.

Given this background, what can one expect in terms of bilateral Brazil-China cooperation?

## Ⅱ. Bilateral Economic Relationship

As already mentioned, China has only recently shown up in the ranking of important foreign investors, having invested abroad in 2015 almost 2% of its GDP. Not surprisingly, this started with impressive amounts of Chinese investment in US Treasury bonds, than Chinese direct investment in industrial countries, followed by investment in Asia.

More recently, however, one sees significant movement of Chinese investors in Africa and in recent years also in Latin America. One major characteristic of Chinese investment in Africa and in Latin America is that these are essentially resource-seeking flows. Here lies one of the issues in bilateral relations, as discussed further ahead.

Trade relation with Latin America started a little earlier. Already in

1997 the two Latin American economies that have suffered most from the so-called Asian crisis were Chile and Peru, for the simple reason that they already had by then intense trade relations with Asian countries, China in particular.

As for Brazil, since 2013 China is the most important market for total Brazilian exports (15% of total in 2016), and the second most important source of import goods (18% of total in 2016; surpassed only by the European Union).

These figures are particularly remarkable, if one considers that as recently as 2005 Brazilian exports to China corresponded to only 6% of total exports and imports from China were no more than 8% of total Brazilian imports. A breathtaking pace of approximation between the two economies via trade.

Not so much via direct investment: China is the 12$^{th}$ most important investor in Brazil, with an amount that corresponded, in January-November of 2016, to only 2.0% of the total inflow of foreign direct investment into the country.

The reasons for this extraordinary performance in trade have to do with differences in comparative advantage (China has revealed comparative advantage in a much bigger number of products than Brazil①), which allows for a far more diversified export bill on the Chinese side, but also to trade policies. Not only the two economies diverge in terms of their degree of openness to trade or comparative advantage; preferential trade conditions facilitates the intense productive complementarity between China and its neighbors, and this has become a clear source of competitiveness for

① An estimate for years 2006 – 2008 shows that Brazil had revealed comparative advantage in 225 5 – digit products, whereas China had more than twice as much: 547 products. (R. Baumann, 2010 (org), *O Brasil e os demais BRICS-Comércio e Política*, CEPAL/IPEA, Brasília).

products assembled in China.

A recent study by IDB[①] maps the main barriers faced by Latin American and Caribbean exporters in China. It shows that there is a bias in the tariff structure in China towards facilitating the imports of those goods that are part of the production in value chains: the average tariff for consumption goods is 11.1%, whereas the tariff for intermediate goods is 4.9% and for raw materials is only 1.09%.

This is a problem for economies that are rich in natural resources. Soya beans and coffee are among the products most affected by this tariff schedule. Exporters of minerals are also victims of this tariff escalation, since Latin American countries hardly export processed products. This is true for exports of iron, lead, aluminum, copper and zinc.

The increasing network of bilateral preferential agreements signed by China only adds up to this problem, since the tariffs on the products exported by Latin American companies correspond to twice the tariffs charged on the products from China's partners in these agreements.

Latin American exporters also face barriers stemming from domestic Chinese tax policy and subsidies, heavily imposed on agricultural products.

It is estimated that on average the tax structure increases the degree of protection for soya beans, for example, of no less than 73% over the tariff level. There are some 24 active programs in China, which have presumably corresponded to no less than 4% of the whole agricultural production in this country.

As an outcome of this system, the gap between domestic and international prices has widened quite significantly since 2008, reaching no less

① IDB (2016), "Revelando las Barreras del Comercio entre China y América Latina y el Caribe", Monografia No. 474, Washington, DC.

than 24% in 2014, whereas the average tariff was 9.2%. The products that are most affected are meat, pork and chicken.

Furthermore, Chinese imports of a number of agricultural products and raw material are regulated by State enterprises, being subject to price control.

Hence, two elements are natural candidates in the bilateral agenda:

i) what can be done in order to overcome existing trade barriers and how to allow for a diversification of bilateral Brazilian exports and

ii) how to design a bilateral set of mechanisms that might channel direct Chinese investment towards sectors and activities that are priority to Brazilian interests, being at the same time suitable to Chinese investors.

Existing trade barriers have been identified among the BRICS. The five member countries mapped those products where each one has revealed comparative advantage but face high trade barriers in other BRICS members. This has led to the preparation of a substantive report, submitted to the five Ministers of Trade during the BRICS Summit in Fortaleza, in 2014. Presumably, this is all that has happened. No major advancement in trade negotiation has taken place among the five countries, since this issue is considered as something to be dealt with at the World Trade Organization.

There is clearly an unsettled bilateral agenda, as far as trade barriers are concerned. Preferential trade treatment to neighboring countries, as well as preferential trade preferences granted by those countries to Chinese products have clearly negative effects on Brazilian exports of manufactures[①]. This issue should be part of the bilateral initiatives.

As per the investment agenda, China has been extremely active in

① R. Baumann, I. Oliveira, "Os BRICS e seus vizinhos-comércio e acordos regionais", IPEA, Brasília, 2014.

this regard, even though this is a relatively recent movement, and even though its participation in FDI inflows into Brazil is still low, as already shown.

In 2015 two Chinese banks-the China Development Bank and the Export Import Bank of China-held together more than US $ 1. 8 trillion worth of assets, whereas the total assets of other major development banks[①] together reach only US $ 700 billion[②].

Apart from bank loans China has formed a number of bilateral and regional financing funds, which add at least another almost US $ 100 billion to the amount of resources of Chinese origin. In Latin America and the Caribbean, it is estimated that the total amount of resources stemming from various funds[③] are worth some US $ 38 billion.

This makes China one major source of resources in a number of countries: for several of them in Latin America and Africa the China Development Bank is their main source of financing for development projects. In fact, the increasing indebtedness of some Latin America economies stemming from these operations has become a relevant issue.

## Ⅲ. Problems to Solve

The presence of Chinese investors-be it clearly identified Chinese companies, be it somewhat disguised investors coming from tax heavens-

① Asian Development Bank, African Development Bank, Inter-American Development Bank, European Bank for Reconstruction and the World Bank.

② KAMAL, Rohini; GALLAGHER, Kevin P. *China Goes Global with Development Banks*. Washington: Bretton Woods Project, 5 April 2016. In: http: //www. brettonwoodsproject. org/2016/04/20508/.

③ China-CELAC Cooperation Fund, China-LAC Industrial Cooperation Investment Fund, China-Mexico Investment Fund and the recently created China-Brazil Fund.

has raised a number of concerns in several countries, not only in Brazil.

As already said, a good deal of Chinese investment is resource-seeking. This comprises the purchase of significant areas for mineral or agricultural production. One consequence is that this raises a new issue in terms of international relations: given that Chinese companies are predominantly state-owned companies, how to deal with the fact that another State owns parts of the domestic territory. It is hard to forecast how eventual conflicts will be dealt with.

There are different situations, though. In some countries, Chinese investment has been accompanied by the inflow of Chinese workers, whereas in other countries this condition has not been accepted. In some countries (like Brazil) the legislation imposes a ceiling to the amount of land a non-resident can purchase, whereas in other countries there is no such limit. Australia has adopted recently[①] a tougher position with regard to state-owned enterprises purchasing Australian assets, and limiting the amount of land that can be bought by foreigners.

Brazil has so far resisted the immigration of a significant amount of foreign workers. In addition, it maintains the limit to the amount of land in foreign hands. However, these remain as potentially sensitive issues.

Investment in the agricultural sector goes beyond the purchase of land and production of food to meet the huge Chinese demand. There has been Chinese investment also in energy, railways and ports infrastructure, allowing for the control of most of the production and trade chain, as well as the purchase of trading companies. The outcome in the near future is an increasing control by China of an important sector for these primary-producing economies.

① Cf. https://www.ft.com/topics/places/Australia and http://next.ft.com/content/918980ce5f8f11 e6ae3f77baadeb1c93.

Chinese investment in Brazil is not limited, however, to the primary sector. There is an increasing interest in infrastructure projects, at the same time that some Chinese manufacturing firms have started of lately to implement productive units in the country.

Good examples of this diversity are the projects the Chinese government indicates as priority. They comprise energy transmission lines, hydropower station, railways, water supply plants, food processing plants and others. As a matter of fact, the strong presence of Chinese investors in the area of energy transmission in Brazil has already become a controversial issue.

Given the federative structure of government in Brazil the decision with regard to which sectors and projects are to be prioritized takes place both at the federal level as well as directly in negotiations with State governors and city mayors. Brazilian legislation provides a good deal of autonomy to the authorities at the three government levels.

Recently the President of Brazil visited China for the $11^{th}$ G20 Summit in Hangzhou. In this opportunity there was a bilateral meeting with China's President, and it was informed that the two leaders have agreed to stimulate a Comprehensive Strategic Partnership.

According to what came out in the press, Brazilis willing to enhance cooperation with China in economy and trade, energy, aviation, agriculture, financc, infrastructure and reactions to climate change. A rather diversified set of potential opportunities for cooperation. It is understood that this set of areas correspond to the interests of both nations.

On the Brazilian side, this listing of areas correspond to a double interest. There is a clear need to foster investment in infrastructure, and the present Government has announced a more proactive attitude towards attracting foreign capital to help finance the required projects. In fact, it is one of the cornerstones of the present Brazilian economic policy to try to set into motion a number of projects that are ready in their conception but which are not fully implemented so far, due to a number of technical and political reasons in past years.

Furthermore, indicators of export performance as well as the increase in imports of manufactured goods are indicative of a low degree of competitiveness of Brazilian industrial production. China has become a reference in this regard, as witnessed by its trade performance. Hence, it is expected that Chinese investment in the Brazilian industrial sector would be a vector for the transmission of management skills and productive technology.

Chinese investors should not, therefore, consider Brazil only as a source of natural resources nor look at infrastructure projects only as a part of the channeling of raw material. Partnership should comprise also the contribution to foster competitiveness of local producers.

This is not to say that there are no initiatives in other areas.

## Ⅳ. Recent Achievements

It is now almost 30 years that the two countries have signed an Agreement for the Pacific Use of Science and Technology. This has led to the joint construction of five satellites, since 1999. The motive for such joint initiative was to try to avoid the high prices-granted by their technological monopoly-charged by rich economies for the images of the territories of the two countries.

These have proved to be important tools in mapping territories and helping with the monitoring of air pollution and measurement of the humidity of soil, among other uses. Recently the images obtained via these apparatuses have become public utilities, being assessed also by third countries. The training of technical staff, as means to share technological knowledge, complements this initiative.

Common interests of the two countries in their partnership go, therefore, beyond bilateral relations. China being the second biggest economy in the planet, but with a policy agenda that is similar to most developing countries, is a powerful partner in the demand for new patterns of global governance.

The recent economic relationship between China and Brazil is a creature not only of bilateral interests, but also of the overall Chinese and Brazilian activity in the international scenario.

As far as the relation with Latin America is concerned, the most prominent recent initiative is the China-ECLAC Forum. It follows the trajectory established by the annual China-LAC Business Summit, the first promotion mechanism and platform of economic and trade cooperation between China and Latin America and the Caribbean, created in November 2007. This Summit also provides a major trade and investment-promoting program.

CELAC, the Community of Latin American and Caribbean States, was created in 2010, in Mexico. It is ablock of 33 countries, including all South American countries, some Caribbean states and Mexico. Its main characteristic is the very set of participants: this is the only regional organization without the participation of the USA or Canada.

The CELAC-China Forum was launched in July 2014, in Brasília, following a Chinese proposal. The first Ministerial meeting took place in Beijing in January 2015, with the participation of 4 Heads of State and 20 Ministers of Foreign Affairs of the 33 CELAC member countries. The Second Ministerial Meeting of the CELAC-China Forum will be held in Chile in January 2018.

According to the Forum Declaration, the two sides have considered to adopt the China-Latin American and Caribbean Countries Cooperation Plan

(2015 - 2019). This plan covers a diversified set of areas, as follows: Policy and Security, International Affairs, Trade, Investment and Finance, Infrastructure and Transportation, Energy and Natural Resources, Agriculture, Industry, Science and Technology, Aviation and Aerospace, Education and Human Resources Training, Culture and Sports, Press, Media and Publication, Tourism, Environmental Protection, Disaster Risk Management and Reduction, Poverty Eradication and Health and People-to-People Friendship.

It is expected that the bilateral trade between China and Latin America and the Caribbean countries shall double in ten years, reaching a total value of US $ 500 billion. Furthermore, China signals with the intention of investing no less than US $ 250 billion in Latin America and the Caribbean, in selected areas.

China's interest in investing in Latin America is by and large linked to the exploitation of natural resources. Main targets so far have been agriculture, minerals, oil and gas. Latin Americans expect that at least in the biggest economies in the region there will be a change in this investment profile, with a bigger share of resources invested in more technologically advanced industrial sectors.

Other possible intersection between the two countries is the forum for Trade and Economic Cooperation between China and Portuguese speaking countries (with headquarters in Macau). This is, however, "work in progress", and still to be seen how this will materialize into concrete action.

Another dimension of the bilateral potential relations has to do with the fact that both countries share membership in a number of important forums.

Brazil and China are both members of the G20, one of the most important forums for the negotiation of global policy issues. Convergent positions should be helpful in contributing to influence the global scenario in conformity with their interests.

Their joint pledge for the change in the percentage of quotas in the International Monetary Fund, and later their insistence-within the G20 – for that decision to be put into practice is one example of how much a common acting can achieve.

China and Brazil, of course, are also founding members of the BRICS. This is a group originally created aiming at increasing the participation of emerging economies in global governance. Over time, the need to identify and consolidate a shared set of interests has led the group to diversify its agenda, to a point that a number of analysts have started to question how far this exercise can go. Furthermore, the low pace of activity in three of the five members-Brazil, Russia and South Africa-in the last two years has reinforced some skepticism with regard to the perspectives of the group.

Recently two specific initiatives have contributed to give positive signals, namely the creation of the New Development Bank (NDB) and the Contingent Reserve Arrangement (CRA). The former has already started operation, having approved five projects, one in each of the BRICS members. It is to be seen how the Bank will perform in the coming years, diversifying its portfolio, yet having to signal that its operations are market-oriented, and not necessarily in accordance with political preferences.

At the same time, however, China has launched its One Belt, One Road initiative, and the Asian Infrastructure Investment Bank (AIIB), comprising a massive amount of resources involved in total. The former comprises a set of projects that in the end will facilitate the transportation links between China and Western Europe, as well as access by China to Northern Africa. The latter is an institution with a strong capacity to attract resources from several countries (Brazil included), aimed at financing projects in Asian countries only.

The simultaneity of these commitments by China has stimulated a good deal of skepticism by some Latin American analysts, questioning where actually will China concentrate its efforts and to what extent its interests in Asia might weaken its commitments with Latin America.

Recent facts might provide, however, some stamina to the group. This argument is explored later on.

China has created a number of funds with several countries. The most recent one is the China-Brazil Fund, with an unprecedented financial architecture and a new decision-making model: resources will be disbursed on a project basis, the proportion of contribution by the two countries is 3 : 1, and the decision mechanism is 1 : 1. The priority sectors for the operation of the Fund are logistic and infrastructure, energy and mineral resources, advanced technology, agriculture, agro industry, agricultural storage, manufacture, digital services and other services, to be considered of common interest by the two countries.

China has also recently signed Free Trade Area agreements with three Latin American countries-Chile, Peru and Costa Rica. An appraisal of these agreements vis-ὰ-vis the agreements signed by China with countries elsewhere, as well as with the "typical" trade preferential agreements signed by the US and the European Union with a number of partners, indicates that China adopts a rather flexible, pragmatic approach.

Whereas the US and European Union agreements are typically 'one size fits all', with only minor differences among partner countries, the agreements with China are far more flexible, "tailor made", with their clauses adjusted to the interests of each partner. Apparently a more pragmatic approach to the needs and interests of each negotiating country.

This would recommend, in principle, that Brazil should consider the possibility of negotiating a bilateral agreement with China. The chances for that-comprising trade preferences-are, nevertheless, not very high, given that all Mercosur members can only negotiate preferential trade agreements with third parties as a group. The good news is that the present Mercosur "pro-tempore" Presidency, by Argentina, has formally stated its willingness to foster the negotiation of preferential agreements. In the short run, what can and perhaps should be done are initiatives in other issues, like reducing bilateral trade barriers, fostering investment policies, intensifying technical cooperation, stimulating negotiations on governmental procurement and services, among other, specific issues.

Brazil has experienced a recent change of government, following a political process that has led to the impeachment of the former president. The new team has signaled a more favorable approach to external relations, and this raises expectation with regard to a higher profile of the economy in the international scenario, be it in terms of actual negotiations or the creation of more attractive conditions to foreign direct investment. Together with the already mentioned intention by the Mercosur Presidency, this raises the expectation that we might see a more proactive approach to negotiations by the Mercosur members.

Bilateral relations might also intensify in the short run, by some unforeseen events.

Recent presidential election in the US has provoked a debate regarding the likely future perspectives of international trade and other relations. A more defensive, protectionist position if adopted by the biggest economy will probably stimulate an intensification of South-South relations. The bilateral relation between Brazil and China might experience, therefore, an intensification.

The US had stimulated, for several years, the signing of an ambitious agreement dealing with matters that go far beyond simple trade preferences. Indeed, the core of the Trans-Pacific Partnership (TPP) was to influence and homogenize "behind the border" measures, such as labor policies, competition rules and others. Several analysts saw the announcement that negotiations had already come to a happy end, last year, as a strong signal that the set of participating countries had created a way to neutralize Chinese influence on a global perspective.

One of the first initiatives by Donald Trump when empowered as the new US President was to sign a decree opting out from the TPP. The exercise was meant to enter into operation whenever there was the adhesion of countries corresponding to a good share of joint GDP of the member countries (meaning in practice that once the US and Japan had formally approved the whole process would be set in motion). The absence of the most important economy led to the feeling that the remaining partners will hardly go ahead with the same original conditions.

Furthermore, the new US President has, since its campaign, repeatedly pinpointed China as the major challenge to the US economy, and threatens to impose higher tariffs on imports of Chinese products.

At the same time, one of the surprises brought by 2016 was the decision, by British voters, to opt out from the European Union, a result considered very improbable by most analysts. This new situation imposes on both sides-i. e., Britain as well as its European counterparts-the challenge of dealing with an unprecedented situation.

These facts taken together have as probable consequences a more comfortable negotiating position for China with regard to Britain, a country that will have to renegotiate the trade preferences with all its partners when it leaves the European Union-as well as in relation to a number of other countries.

## V. What Next?

To what extent can this scenario affect the Brazil-China relations?

A pessimistic reading would stress some worrying perspectives: if Chinese products start to face higher barriers to enter the US and European markets this might provoke the inducement of trade diversion, with China trying to sell those items elsewhere.

Trade barriers elsewhere might lead China to try to create artificial conditions in order to trade its goods in third markets. As is well known, bilateral trade already provokes the adoption of a good deal of defensive measures based on unfair trade. The incidence of anti-dumping barriers is remarkable. If China adopts additional incentives to its exports, we might see an intensification of these defensive measures.

An optimist reading would emphasize the possible new trade opportunities raised by the dismantling (or postponement) of TPP, as well as by the renewed negotiations with European countries. This might help foster Chinese trade and income, increasing Chinese demand for import goods.

Additionally, the disruption of TPP might provide additional trade opportunity for Brazilian exporters of primary goods, especially food, to Chinese as well as other markets.

China has been very active as an investor abroad. Among other reasons, the heavy load of US Treasury Bonds has meant a very low pace of return to its huge foreign currency reserves. This has stimulated the use of those resources for investment in several countries, aiming at better returns. Brazil is not an exception, in this regard. For example, a good deal of the resources of the China-Brazil Fund are foreign currency reserves, in need of a better rate or return.

A worsening of bilateral US-China relations might stimulate the latter to reduce its stock of Treasury Bonds, or at least reduce the pace of purchase of new Bonds. This would have, of course, negative impact on the financing of operations by the US government, in particular at a time when the new administration puts heavy emphasis on massive infrastructure investment.

From the point of view of a recipient country, however, this might imply a bigger availability of resources to finance investment projects of joint interest. The key issue, if this materializes, is to identify clearly these joint interests.

This new international scenario, with so many new characteristics, in particular a possibly less open US economy and Britain involved in its own vital negotiations, should provide more room for manoeuver by developing economies, as in the beginning of the last decade, but in totally different basis.

If so, then there might be a momentum for reinforcing joint exercises such as the BRICS: there might be some room to try to influence global governance, if the member countries are able to identify joint interests and joint strategies.

In summary, bilateral cooperation will intensify and contribute to the development agenda of both partners to the extent that the two countries are able to identify clearly their goals and the contribution expected from each other.

# China and Latin America: Challenges and Focus, from A Brazilian Perspective

Thais Moretz Sohn Fernandes *

## Ⅰ. The International Relations of Latin America

Since the second half of the 20th century, Latin American countries have been searching for extra regional partnerships to help them overcome the competitive disadvantages of their agro-export based economy. Grounded on the work developed by the Economic Commission for Latin America and the Caribbean (ECLAC), which supported the idea that they should develop their own national industries, instead of importing industrialized products, these countries searched for loans to finance their development, as well as technology and machinery to expand their industrial park.

Due to the international panorama of that time, the greater geographical proximity, historical relationship and cultural ties, the region prioritized partnerships with the United States and Europe. In the beginning of the $20^{th}$ century, the US became the main investors and trade partner of

---

* Thais Moretz Sohn Fernandes, International Business Analyst. Bachelor in Foreign Trade and Business Administration. Holds a master degree in Politics, East China Normal University, and is a PhD Candidate, Fudan University.

most Latin American countries. After the II World War, during the Cold War years, the US intensified its presence in the region and launched innumerous initiatives, in all fronts (security, economic and political), including the Organization of American States (OAS), which is an important sphere for political talks, and the Inter-American Treaty of Reciprocal Assistance (ITRA), which is a mutual defense treaty, in some aspects similar to the NATO.

Currently, there is in Latin America a dense and still flourishing body of writings that emphasize the damaging consequences and adverse effects of theUS power and dominant approaches towards the region. According to these scholars, the US had an arrogant posture and, because of that, most Latin American countries do not perceive them as a friend or partner.

In fact, during the Cold War years, while the US were giving substantial financial help to recover Japan and Western Europe, the amount of money and investment they offered to Latin America was insignificant, when contrasted to the other amount. In Latin America, at that time, poverty was widespread and inequality was a serious problem. Governments did not have money for basic infrastructure projects and their expectations on foreign help, from the US, were never fulfilled.

They say that, rather than working towards building a rich and developed American continent, the US wanted to perpetuate the division and keep themselves as the only rich and dominant power in the continent. As a consequence, in the 1950's, Communism became an attractive alternative to find a new path and solution to their problems. In 1959, Cuba was the first country to start this revolution. Led by Fidel Castro and Che Guevara, they took power and started to nationalize American companies and promote a land reform. The US felt this was a bad example and tried to invade the Bay of Pigs, in an operation led by CIA, which resulted in a big failure.

The US and Cuba relations only got worse over time. They suspended Cuba from the Organization of American States, imposed embargoes and sanctions. But the most dangerous moment was in 1962, when Cuba led the URSS install missiles in the island. Until now, their relations are not normalized yet. And, the US, concerned that other Latin American countries would follow Cuban example, started to organize military coups in the region, and give their support to all types of dictators who would do all means necessary to avoid Communism in the region.

While the US was engaged in an international speech of Human Rights and freedom, they were sustaining authoritarian regimes in their own continent. In the 1990's, when the Cold War was over, Latin American countries re-democratized their regimes, but the sentiment that the US was responsible for this hard past was never overcome. In the 1990's, when the US launched the "Washington Consensus", the feeling was that they would try to dominate the region economically. However, Latin Americans had learned the lessons and were searching for new alternatives to reengage themselves internationally.

From the late 1990s on, and especially in the first decades of the 21st century, a substantial transformation in Latin American international relations occurred. Other coalitions and strategic partnerships emerged, notably with China. Part of this change can be explained in the context of the end of the Cold War in the 1990s, when the political and ideological constraints that defined the old order were removed, and other countries emerged economically, especially in Asia, bringing new opportunities for international business.

With the weakening of the import substitution industrialization model, the dissatisfaction with their partnership with the United States and Europe, and the maturation of their diplomacy, Latin American countries began to prioritize other types of external relations, which allowed them to enlarge their focus and, instead of loans for development, they started to search for deeper types of cooperation, focused on sectors and projects that have a direct impact on job creation and offer technological innovations and new business models.

In this context, the region began to diversify its international participation, meanwhile promoting internal institutional arrangements, by building specific blocks, such as the Common Market of the South (MERCOSUR), the Union of South American Nations (UNASUR), and, since 2011, the Community of Latin American and Caribbean States (CELAC), which encompasses all the 33 countries of Latin America and the Caribbean. This new Latin American front, despite being heterogeneous and not having a deep integration of supply chains, marks the common will to reaffirm the identity of the Latin American region and strengthen their participation in the international agenda.

## ◆ Ⅱ. Latin America and China Relations ◆

With regards to Latin America's relations with China, they deserve special mention because of the numerical magnitude, especially in terms of trade and investment. If in the 1990s the United States was by far the most important trading partner of almost all Latin American and Caribbean countries, between 2000 and 2012, China overcame much of its position, becoming the number one trading partner of many Latin American countries. China alone turned out to be the main export destination for Brazil, Chile and Peru, the second for Colombia, Cuba, Uruguay and Venezuela, the third for Argentina and the fourth for Mexico (ECLAC, 2013). In terms of origins of imports, China, in 1990, was a minor partner. Currently, China ranks among the four most important origins of all the countries mentioned (ECLAC, 2013). Overall, between 2000 and 2012, trade in goods between Latin America and China were multiplied by 21, from USD 12 billion to USD 250 billion (ECLAC, 2013).

The numbers mentioned are a consequence of a change in Latin America mentality, as explained in the previous section, but also a consequence of China's rise, who has, since 2010, the second largest gross domestic product (GDP), and has accumulated annual growth rates of approximately 10% per year from 2000 to 2010 (World Databank, 2014). In addition, China has developed a comprehensive State strategy and a specific industrial policy to feed its development and guarantee the supply of essential raw materials.

In this sense, due to Latin American's abundance of natural resources, such as oil, iron and other metals, the Chinese presence has been increasingly noticed in the region, especially in large mineral exploitation projects and infrastructure construction, for example, in the case of the Chinese companies CNPC and CNOOC in the consortium that won the auction to explore the pre-salt of the Libra field in Brazil in 2013. Similar projects were implemented in Venezuela, Argentina and Peru, in places where China has significant investments in oil, gas and copper mines (Justo, 2014).

Due to its increasing and significant presence in Latin America, innumerous scholars and schools, such as Jadier Vadell, Kevin Gallagher, Ernesto Talvi (Wilson Center, Chicago University, Oxford University, Columbia, IADB) started to call these relations as the "new triangle". According to them, China's presence in Latin America is so significant that we can no longer look at Latin America and US relations without including in the analysis the fact that China is also there.

To many Latin American scholars, China's presence in the region somehow represents a kind ofrelief, and a counterforce to the US. If, in the past, Latin American countries relied exclusively on US help, now, China is a new alternative, bringing new sources of finance and investments. With regards to political relations, China has also created several forums for bilateral dialogue with countries in the region, such as the China-Brazil High-level Coordination and Cooperation Committe (COSBAN). Created in 2004, COSBAN has 11 Subcommittees covering almost the entire universe of the bilateral agenda, including economic, financial, political, cultural and technological issues, as well as specific working groups on investments, intellectual property, customs and others (Brazil, 2013). The existence of such mechanisms reinforces the importance that both sides attribute to this relationship. For both, this partnership should not only focus on trade and investment issues, but also on technology, health, education, among other strategic topics.

During a visit to the region in July 2014, Chinese President Xi Jinping proposed to Latin America a cooperation in the "1 + 3 + 6" format, where "1" would mean a single cooperation plan for the region; "3", would be three common vectors of work; and "6" would be the six priority sectors of action, including, among them, energy and natural resources (China, 2014). Moreover, during his visit, which included participation in the BRICS summit in Fortaleza, State visits to Brazil, Argentina, Venezuela and Cuba, and a global meeting with all CELAC countries in Brasilia, Xi Jinping signed several acts including financial aid and large investment projects (Brazil, 2014).

Notwithstanding it, some authors have pointed out that the profile of bilateral relations is quite asymmetric today, with Latin America clearly at a disadvantage. According to Vadell (2011), instead of a South-South relationship between two equals, there is a reproduction of the North-South relationship pattern in Latin America's relations with China, with a great imbalance for Latin America. In fact, while Brazil imports a wide range of technology-intensive and high-value-added Chinese products, 80% of all Brazilian exports to China are composed of only three primary commodities: iron ore, soybeans and petroleum (Brasil, 2014).

According to ECLAC (2015), the composition of the export basket remains a cause for concern. The persistence of a clear commodity bias in exports to China hinders attempts by the region's governments to move towards a more diversified, knowledge-intensive and socially and environmentally sustainable productive and export structure. In this context, export diversification is an urgent challenge. In 2013, commodities accounted for 73% of the region's exports to China, compared to 41% of its worldwide sales. In contrast, low-, medium-and high-technology manufactures accounted for just 6% of the region's exports to China, compared to 42% of its global exports. Whereas low, medium and high technology manufactures accounted for 91% of regional imports from China in 2013, they represented just 69% of its global imports. Clearly, an inter-industry trade composed of commodities in exchange for manufactures.

Despite the trade imbalance, we should add that commodity markets are implicitly volatile. Increased demand from China, India and other 'emerging markets' during the 2000's led to continued increases in commodity prices, while, during the past few years, some commodity-export countries in Latin America such as Venezuela and Brazil have seen reduced demand for their commodities. Slower demand from countries such as China has resulted in lower GDP growth in Latin America. In Brazil's case, lower economic growth has led to other issues (e. g. rising unemployment). Venezuela, which for years relied on high oil prices to sustain its economic growth, has been adversely impacted by the fall in commodity prices (Ramirez, 2016).

In a World Bank publication (2014), however, it is emphasized that, if well managed, risks related to the export of raw materials can be overcome. In that sense, the appropriate response to these potentially negative effects would not be to restrict commodity exports or create barriers to imports, but to alleviate demand and supply constraints on productive activities, improve infrastructure and create a favorable investment climate, among other essential measures. Dealing with the challenges of this relationship would therefore be another issue in the domestic agenda, which depends on strategy and priority reforms, rather than something to be discussed bilaterally, in international fora without planning. It is also worth noting that concentration on exports is just one of the many risks that exist in the current pattern of bilateral relations.

According to reports from Brazilian companies presented during COSBAN meetings, while Latin America welcomes Chinese investments in key areas, several companies in the region, including Brazil's Embraer, Vale and Marcopolo, face extreme difficulties in consolidating their contracts and expanding their investments and sales in China. Such difficulties include business and governmental bureaucracies, including clear barriers when the business profile is not a priority for China.

In this sense, although Latin America is changing its approach towards China, serious risks and challenges remain the same. Undoubtedly, for Latin America, China is a notable investor and trading partner, being an important counterpoint to traditional markets such as the United States and Europe. In this bilateral relationship, however, while China is guiding the areas of cooperation, clearly demonstrating its strategic projects and interests in natural resources, Latin America seems to float around Chinese demands, without developing its own strategy. As experts point out, it is crucial and urgent that the region restructure itself domestically so that its relationship with China improves in patter, rather than being merely a reproduction of the region's relationship with the North. Additionally, Latin America needs to carry out some internal reforms to deal with the risks of a relationship that is currently predominantly based on exporting commodities.

## ◆ Ⅲ. What can China do to Prove that is Different from Europe and the US? ◆

Some scholars are worried about China's presence in Latin America and bring questions such as "what does China want in the region?", "Is China trying to replace the US and be the dominant power there?", "Is China mainly interested in extracting Latin America's natural resources and is building these infrastructure projects solely to benefit herself from more trade with lower transportation costs?"

To a group of scholars, China does not represent an alternative to Latin American countries. Instead, to them, China's presence in the region should be understood under the neo-imperialist field of power and control, and, therefore, Latin America should keep an open eye to China's real interests.

To many, China's demands for Latin American natural resources should be a topic for concern. Even in Europe, two projects, the "Raw Materials Initiative" and the "POLINARES" (Policy for Natural Resources), launched in 2008 and 2010, respectively, aim of analyzing possible tensions and conflicts relating to natural resources. In both documents, special attention is devoted to China and the fact that she consumed, in 2007, 45% of the entire global production of iron ore, having expanded its presence both in export and import, and international investments in these resources, especially in Latin America (Sievers, Buchholz & Huy, 2010).

Similarly, in a Washington Post (2017) paper, this year, it was argued that China's reputation in Latin America is based on its economic attractiveness. To Cintra (2011), is very difficult to answer what Latin Americans want from China. Instead, we can investigate who is wining, loosing or remaining at the same stage in this relationship. She points out that, while countries like Brazil and Chile benefited from trade complementarities, Mexico lost market access in many places, accumulated trade deficits and is clearly the big looser of all.

In a series of interviews specially made for this paper, I founded that Latin American officials and businessmen do not have high expectations on Latin America and China relations. When I asked them what is the big announcement you would like to hear from the Chinese, they said:

— "More openness to our products, specially processed food. More quickness in granting sanitary licenses to meat producers" (P. A., Brazilian Consulate, Shanghai);

— "Diversification of trade and more investments in infrastructure, advanced technologies and aerospace" (D. C., New Development Bank, Shanghai);

— "Tariff elimination, building railways, and approving more licenses to more Brazilians meat producers" (S. B., Conselho Empresarial Brasil-China);

— "More investments" (R. T., Lawyer, Shanghai);

— "Finance the entire transoceanic railway and manage the operations" (E. C., Engineer, Rio de Janeiro University (UFRJ);

— "Put an end in sanitary barriers, give more licenses and permits to our country's producers of fruits, such as grapes and avocado" (J. H., Ecuador-China Chamber of Commerce, Ecuador).

— "Trade negotiations that respect our differences, our norms and rules, and not destroy our industry" (H. S., Brazilian Ministry of Commerce).

Thus, from the talks to these Latin Americans businessmen and governmental officials, we conclude that they do not expect anything miraculous or very different from what China is already offering. What they want is that China really implement the projects China is announcing, brings more investments and more trade, and that China facilitates trade with Latin American countries, by reducing bureaucracies and giving more licenses and permits.

This may suggest that China and Latin American relations are still not deep, and, although many countries consider China a strategic partner, this partnership is basically dependent on money, trade and investments. Melguizo (2017), however, believes that China-Latin America relationship is taking on new dimensions, well beyond trade. It now encompasses finance (foreign direct investment and loans) and political co-operation. In 2016 alone, governments from the region received $21 billion in loans from Chinese policy banks. Still, he agrees that trade links between Latin America and China will continue to be a defining feature of their relationship in the medium and long term.

In this sense, the recent weakening trade and surge in capital outflows may suggest that China's prestige is about to reduce in other countries as well. And even if the US loses legitimacy, under Trump, China won't necessarily gain it. Rather, China's ability to forge closer bonds with Latin American countries via bilateral and multilateral treaties will be hampered by its stagnant trade relationship. Trade between China and Latin America grew from roughly $20 billion to $290 billion in the 10 years from 2003 to 2013, but Latin American commodity exports to China shrank slightly in 2014, and imports from China declined slightly the following year. This recent history of decreasing trade suggests China won't make diplomatic gains unless it is prepared to make extraordinary new financial commitments to the region (Shenomi, 2016).

To Lopes (2017), in order to overcome this economic based relations, China should invest more in soft power. Despite already having more than 450 Confucius Institutes around the globe, in addition to hundreds of millions of US dollars being spent on CCTV and Xinhua News Agency, two public media outlets run from Beijing, there is not a socially disseminated "the Chinese way of life" concept in Latin America. As a result, the People's Republic of China (PRC), although being a good trade and investment partner, has not won the Latino's hearts and minds, and is not prepared to replace Uncle Sam as their ultimate partner, ad least in the short run.

In the Atlantic Council publication (2015), a series of suggestions were presented, but, again, none of them stand out in originality nor differentiate from much from what China and Latin American countries are already doing. They include, forinstance, a long-term development agenda that pivots away from Latin America's export of raw materials; more studies from regional institutions such as the IDB and ECLAC highlighting the benefits and costs of these bilateral agreements; specific clauses and conditionalities; greater participation from national governments in creating or supporting institutions in the public, private and academic sectors that can help unify individual interests to define common strategies toward China; establish specific bilateral and multilateral working groups between Latin America and China; and trade and FDI agreements with China based on a common understanding and on reciprocity as a foundation for negotiations, in order to address the aggressive or defensive outlooks and instead facilitate a sector by sector negotiation for benefits across the board.

Meanwhile, in his most recent trip to the region, in November, 2016, Xi Jinping stated that he wants to build trust and create a balanced relationship with a strong Latin America, and not a subservient one. In his words, China firmly supports developing countries to increase their rights to have their voices heard under the global governance system, and called on the Latin American countries to proactively participate in the free trade arrangements in Asia and Pacific and oppose all forms of protectionism. He added that China will enhance technology transfer to Latin American countries and boost human resources cooperation with the region (Baijie, 2016).

Xi also presented intentions to expand the trade agreements it has with Peru and Chile to other Pacific-rim countries. During the BRICS meeting in Delhi, in 2016, China also proposed a trade agreement between the five countries. This trade approach, however, was received with suspicious, basically because members fear a trade pact could lead to a surge in imports of Chinese goods, hurting local manufacturing.

Indeed, bilateral agreements, while beneficial for some, could impact others negatively. The use of regional platforms and the development of regional trade agreements should increase the region's competitiveness and strengthen its bargaining power in negotiations with China. Existing platforms, such as CARICOM, the Central American Common Market, Mercosur and the Pacific Alliance, can contribute to building co-ordination mechanisms and designing a strategy vis-à-vis China, while also consolidating a more attractive market for China. Within this dialogue with China, Latin American regional trade agreements should go beyond tariff policies and include non-tariff measures and disciplines in services, investment, government procurement, intellectual property rights, competition policy and regulatory transparency (Melguizo, 2017).

Worth remembering, 11 of the 21 states that maintain diplomatic relations with Taiwan. Another concern among Latinos is that they think Beijing hardly considers Latin America a preferential target, be it for geopolitical or economic concerns. Take the case of Brazil's campaign for a United Nations Security Council (UNSC) permanent seat, China gave little support so far, despite considering Brazil a strategic partner since 1993 (Lopes, 2017). While Brazil's diplomacy considers the current composition of the Council as "inadmissible" and urges for a reform that would give more power to emerging countries, including a seat for Brazil. China only says that China "pays high attention to the desire of Brazil to play bigger role in the UNSC", without expressing stronger commitments to it.

To Melguizo (2017), "this partnership is already poised to go beyond trade. But it is also about trade." The time is now for a new China-Latin America association. A new wave of productive development policies, including policies focusing on skills to facilitate upgrading and diversification, and on regional integration, is vital. While all this is easier said than done, action is essential if we are serious about seizing the business and trade opportunities of a promising China-Latin America relationship.

In fact, a lot can be done to improve this relationship. Latinos want more attention from China, faster and effective implementation of the investment projects and maintenance of trade deals at high levels. From the Chinese side, there is a lot more that can be done to demonstrate trust and friendship. The support of Brazil's struggle for a permanent seat at the UNSC, greater cultural ties, in general, via more scholarships opportunities and more projects in technological areas, for instance, could help to demonstrate that China's interest is not exclusively based on commodities and natural resources.

Finally, we should remember that Latin America also has to do its own homework. According to a World Bank publication, if Latin America wants to break the cycle of being an exporter of raw materials and low price commodities, they should implement reforms to increase industrial competitiveness, rather than trusting the help from the outside. In this case, alternatives should not come from abroad, but from the own region, from governments committed to implementing reforms to enhance business environment and competitiveness (World Bank, 2013).

## Ⅳ. Conclusion

This paper brought an overview of Latin America's traditional relations with the United States and Europe and discussed the special role of China in the region. The question we tried to answer was: how to understand China's presence in Latin America? As shown in this paper, there are different views from scholars, but, predominantly, a lot of criticism about the imbalanced type of their relations, mainly disadvantageous for Latin Americans.

Short interviews with Latin American officials and businessmen showed that, rather than wanting something extraordinary from China, they merely want to rely on China as a partner. They want to keep business at high amounts, want more finance, trade and investment. For this reason, several articles have been produced, lately, showing that China is not yet prepared to replace the US as the most important and reliable partner in the area. Despite having intensified political visits and broadened talks to innumerous subjects, China's interest in Latin America is perceived as an economic one, basically directed to extracting commodities and investing in connectivity (infrastructure and ports).

In this sense, in this paper, we conclude that, from the Academic side, there is a lot of concerns about China's interests in the region, while, from the private sector and governmental side, they want to consolidate this economic relations, deepening it, but without making any substantial change. The future of this relation, therefore, will depend more on China's attitudes, than on Latin Americans' stance. Will China invest more in soft power? Will China build more political relations and fulfill

Latin Americans desires, such as the Brazilian request for the UNSC seat? Or will China be satisfied with incrementing trade and investment and maintaining its role as a crucial economic pole?

We did not bring answers to all these questions, but we believe that the future of this relationship depends a lot on China's attitudes and what China will do to grow its presence and linkages with Latin America, and show the long-term benefits of this relationship. Growing trade, investment, and financing ties need a long-term development agenda that pivots away from Latin America's export of raw materials (Peters, 2017). The current trade relationship is not advancing regional economic development. So, it is China's turn to prove its rising influence is in fact a win-win one.

## BIBLIOGRAPHY

1. Baijie, A. (2016). "Xi: China will share development opportunities with Latin America". *China Daily*. Retrieved from: http://www.chinadaily.com.cn/world/2016xivisitepc/2016-11/22/content_27449788.htm.

2. Banco Mundial. "Implicações de uma china em transformação: oportunidades para o brasil?" Banco Mundial, 2014. Disponível em: http://www wds.worldbank.org/external/default/WDSContentServer/WDSP/IB/2014/07/14/00002 0439_20140714120722/Rendered/PDF/894500WP0P14830nk02014000Portug-uese.pdf.

3. BRASIL, Ministério das Relações Exteriores. "Atos assinados por ocasião da visita ao Brasil do Presidente da República Popular da China, Xi Jinping," 2014a. Disponível em: http://www.itamaraty.gov.br/index.php?option=com_content&view=article&id=5716: atos-assinados-por-ocasiao-da-visita-ao-brasil-do-presidente-da-republica-popular-da-china-xi-jinping-brasilia-17-de-julho-de-2014&catid=42:

notas&Itemid = 280&lang = pt-br. Acesso em 14/12/2014.

4. BRASIL, Ministério das Relações Exteriores. "Concertação e cooperação entre Brasil e China: a terceira reunião da COSBAN", 2013. Disponível em: http://diplomaciapublica. itamaraty. gov. br/24 - brasil-china/45-concertacao-e-cooperacao-entre-brasil-e-china-a - 3 - reuniao-da-cosban. Acesso em 14/12/2014.

5. BRASIL. Ministério do desenvolvimento, indústria e comércio exterior, MDIC/SECEX. "Balança Comercial Brasileira", 2014b. Disponível em: http://www. mdic. gov. br/sitio/interna/interna. php? area = 5&menu = 576. Acesso em 01/10/2014.

6. Campos, F. & Dolhnikoff, M. (2001). Manual do Candidato: história do Brasil. Fundação Alexandre de Gusmão (FUNAG). Brasil, Brasília.

7. CEPAL, Comissão Econômica para a América Latina e o Caribe. "Promoción del comercio y la inversión con China: desafíos y oportunidades en la experiencia de las cámaras empresariales latino-americanas", 2013. Disponível em: http://www. cepal. org/publicaciones/xml/2/51652/Promociondelcomercio. pdf. Acesso em 25/09/2014.

8. CEPAL. (2013). "Promoción del comercio y la inversión con China: Desafíos y oportunidades en la experiencia de las cámaras empresariales latinoamericanas". Santiago, Chile.

9. CHINA, MINISTRY OF FOREING AFFAIRS, MFO. "Xi Jinping Attends China-Latin America and the Caribbean Summit and Delivers Keynote Speech, Comprehensively Expounding China's Policies and Propositions Toward Latin America, Announcing Establishment of China-Latin America Comprehensive Cooperative Partnership of Equality, Mutual Benefit and Common Development, and Establishment of China-CELAC Forum", 2014. Disponível em: http://www. fmprc. gov. cn/mfa_eng/zxxx_662805/t1176650. shtml. Acesso em 10/10/2014.

10. Cintra, M. R. V. (2011). "China na América Latina: suas estratégias, interesses e as implicaçõesdessa aproximação Sino-Latio-Americana no relacionamento triangular China-América Latina-EUA". Retrieved from: http://www.proceedings.scielo.br/scielo.php? pid = MSC0000000122011000300021&script = sci_arttext.

11. JUSTO, Marcelo. "Conheça os principais investimentos chineses na América Latina". BBC, 2014. Disponível em: http://www.bbc.co.uk/portuguese/noticias/2014/05/140505_investimentos_china_venezueala_fl. Acesso em 14/12/2014.

12. Lopes, D. B. (2017). "Why China Is Not Bound to Lead Latin America". *The Diplomat*. Retrieved from: http://thediplomat.com/2017/04/why-china-is-not-bound-to-lead-latin-america/.

13. Melguizo, A. (2017). "It's time for a new era of China-Latin America business relations". World Economic Forum. Genebra, 2017.

14. Pereira d. & Vizentini F. (2006). História Mundial (1776 – 1991). Fundação Alexandre de Gusmão (FUNAG). Brasil, Brasília.

15. Peters, E. D. (2015). "China's Evolving Role in Latin America. Can It Be a Win-Win?" The Atlantic Council. Washington, DC. Retrieved from: http://publications.atlanticcouncil.org/chinalatam//.

16. Ramirez, B. (2016). "How Commodity price shocks have impaired Latin America's Economic Growth". International Policy Digest. Retrieved from: https://intpolicydigest.org/2016/09/16/commodity-price-shocks-impaired-latin-america-s-economic-growth/.

17. The University of Chicago. (2012). "How South America Stopped Listening to the U. S. and Started Prospering".

18. Vadell, J. (2011). "A china na América do Sul e as implicações geopolíticas do consenso do pacífico". Rev. Sociol. Polít.. Brasil, Curitiba.

19. VADELL, Javier. "A China na América do Sul e as implicações geopolíticas do Consenso do Pacífico". Revista de Sociologia e Política, 2011. V. 19, número: 145 – 148.

20. Woodrow Wilson Center. (2013). "China, Latin America, and the United States: The New Triangle".

21. WORLD BANK. (2013). "Contribution to trade and competitiveness reforms in the Latin American Region". Retrieved from: http://www.worldbank.org/en/results/2013/09/11/trade-competitiveness-reform-latin-america.

22. WORLD DATA BANK. The World Data Bank. 2014. http://data.worldbank.org/indicator/NY.GDP.MKTP.KD.ZG? page = 1.

( * ) International Business Analyst. Bachelor in Foreign Trade and Business Administration. Holds a master degree in Politics, East China Normal University, and is a PhD Candidate, Fudan University.

**图书在版编目（CIP）数据**

中国与巴西：发展与聚集：汉英对照/谌华侨主编．
—北京：时事出版社，2017. 12
ISBN 978-7-5195-0174-7

Ⅰ. ①中…　Ⅱ. ①谌…　Ⅲ. ①中外关系—研究—
巴西—汉、英　Ⅳ. ①D822. 377. 7

中国版本图书馆 CIP 数据核字（2017）第 296336 号

出 版 发 行：时事出版社
地　　　址：北京市海淀区万寿寺甲 2 号
邮　　　编：100081
发 行 热 线：（010）88547590　88547591
读者服务部：（010）88547595
传　　　真：（010）88547592
电 子 邮 箱：shishichubanshe@ sina. com
网　　　址：www. shishishe. com
印　　　刷：北京朝阳印刷厂有限责任公司

开本：787 × 1092　1/16　印张：23. 75　字数：340 千字
2017 年 12 月第 1 版　2017 年 12 月第 1 次印刷
定价：108. 00 元
（如有印装质量问题，请与本社发行部联系调换）